刑事政策学

武内謙治 Takeuchi Kenji
本庄 武 Honjo Takeshi

日本評論社

はしがき

　少なく見積もってもこの20年、現実の刑事政策（行動ないし実践としての刑事政策）が活況を呈してきている。相次ぐ刑事関連の立法や大規模な法改正、社会の人口構造の変化（少子高齢化）を受けた刑事司法の変化、刑事司法と福祉との連携が進んだことによる担い手の拡がり、再犯防止の思潮と政策の強まり、自治体レベルにおける犯罪現象への対応の活性化、さらには、裁判員裁判の開始による犯罪現象への社会的関心への高まりなどなど。その例示には、枚挙にいとまがない。こうした現象は、それだけ犯罪現象とそれへの対応をめぐる問題が複雑になっていることを示しているようにも思われる。

　刑事政策学や隣接する犯罪学の分野において既にすぐれた教科書が存在しているにもかかわらず、本書を世に問うことにも意味があるのではないかと考えたのは、現実として刑事政策への関心が高まり、また刑事政策の外縁が拡がっている時代であるからこそ、それを学問として位置づける「軸」が新たに必要であると考えたからである。また、学界の世代交代により自らが学生時代から慣れ親しみ、多くを教えてもらってきた教科書や体系書の入手が困難になってきたこともあり、刑事政策学として蓄積されてきた知見や学理を継承しつつ、筆者たちの世代が直面する課題を理論的に整理することが必要であると考えたからでもある。現実の刑事政策が活況を呈してきたのと時を同じくして、刑事政策や犯罪学を大学で講じはじめてから20年近くの歳月が流れ、どうやら既に「若手」ではなくなりつつある世代に属する研究者・大学教員としての責任をいくばくかでも果たさなければならないという気持ちも、本書の執筆を後押しした。あえて「学」の文字を入れ、「刑事政策学」の名を本書に与えたことも、こうした気持ちから出た、ささやかなこだわりである。

　著者がともに法学部で研究生活を送り教鞭をとってきたという事情から、

本書は、法学部、法学系の大学院、法科大学院で開講されている「刑事政策」や「犯罪学」の講義や演習授業（ゼミナール）での使用を念頭に置いている。教科書としての性質上、基本的事項を的確に整理して学習者に伝達することが本書の第1の役割である。もっとも本書はそれに加えて、著者の分析視角を可能な限り提示することにより、読み物としても面白いと思ってもらえる書物を目指して執筆されている。現実の刑事政策の有り様について読者に問題意識を抱いてもらいたいと考えたためである。著者は、いずれも大学学部生時代から刑事政策のゼミナールに所属し、刑事政策学に魅了され、研究者への道を志したという経験を有している。本書を通じて、多くの方に刑事政策学の虜になってもらいたい、という思いも本書には込められている。さらに、本書執筆に当たっては、刑事政策学の、刑法学、刑事訴訟法学の応用科学としての性質にも留意している。法科大学院等で両刑事実定法学を一通り学んだ方が本書を手に取ることによって、実定法についての理解をさらに深める契機を提供できればと考えている。そして、既述の通り、現実の刑事政策の担い手は拡がり、刑事政策への社会的関心も高まっている。本書が、法曹実務家を含む広く刑事政策に関心をもたれた方々の手にわたり、日々の実務に何らかのヒントを与えることができるのであれば、望外の幸せである。もちろん、以上に述べた欲張った狙いが達成されているかについては、読者諸賢の批判を待つしかない。様々な角度からの批判を得ることができるのであれば、著者として、これに勝るよろこびはない。

　著者の2人は同じ世代に属し、研究生活の最初期の段階から問題意識を共有してきた。本書の執筆にあたっても話し合いを重ねてきたものの、執筆担当箇所に各々の個性が出ているため、目次に執筆担当箇所を併せて明記している。とはいえ、拠って立つ事実と価値、そして思考の筋道を明らかにして、問題の「引き受け方」を模索する姿勢は、本書全体を貫いているはずである。

　本書が成るにあたり、著者が直接指導を受けた福田雅章先生（一橋大学名誉教授）と土井政和先生（九州大学名誉教授）をはじめ、刑事立法研究会のみなさまには、研究者の社会的責任や使命をも含めて、多くを教えて頂いてきた。記して感謝したい。巧みな手綱捌きで本書を刊行に導いてくださった日本評論社の上村真勝さんにも、執筆に長い時間がかかってしまったお詫びと

ともに、お礼を述べなければならない。

　本書は、刑事政策学のいわば総論にあたる問題を講じたにとどまる。各論にあたる問題を講じることは将来の課題とするほかない。本書が読者諸賢の刑事政策への関心を少しでも掻き立て、次なる学問的関心へとつながる何かを蔵していることを、著者としては、願っている。

　　2019 年 11 月

伊都と国立にて

武内　謙治

本庄　　武

v

目 次

はしがき　i

第1講　イントロダクション

第1節　刑事政策の必要性 ……………………………………………… 1

第2節　刑事政策とは何か ……………………………………………… 3

　　1　古典的見解／2　「刑事政策」の新しいとらえ方

第3節　日本の刑事司法制度の概観 …………………………………… 5

　　1　数からみた日本の刑事司法運営／

　　2　理論からみた日本の刑事司法制度／3　日本型刑事司法運営／

　　4　日本における近時の刑事政策の展開

第2講　刑事政策の基礎

第1節　「刑事政策」の概念 …………………………………………… 13

第2節　学問としての刑事政策の方法論 ……………………………… 14

　　1　暗黙裡の価値判断／2　学問としての刑事政策の前提／

　　3　古典的見解／4　古典的な理解に対する批判／

　　5　学問としての刑事政策における事実と価値／

　　6　判断プロセスの透明化のために

第3節　犯罪統計の見方 ………………………………………………… 22

　　1　犯罪を大量現象としてとらえることの意味／

　　2　統計による犯罪把握の基礎知識

第4節　犯罪原因論 ……………………………………………………… 27

　　1　犯罪原因論と犯罪対応論／2　犯罪原因論の諸相／

　　3　新たな「犯罪」の理解

第5節　犯罪原因論と犯罪対応論とのつながり ……………………… 33

　　1　犯罪防止の戦略配置／2　犯罪予防論の新たな展開

第6節　犯罪化・非犯罪化 ……………………………………………… 37

　　1　「犯罪」のレッテル貼り／2　犯罪化・非犯罪化

第7節　刑事立法論 ……………………………………………………… 43

　　1　戦後の刑事立法と立法の停滞期／2　刑事立法活性化の時代／

　　3　特定の事件と刑事立法／4　再犯防止の強調／

5　刑事立法の評価のあり方

　第8節　犯罪被害者の保護と支援……………………………………………48

　　　1　犯罪被害者の時代／2　犯罪被害の実態／

　　　3　犯罪被害の多様性、実態解明の困難性／4　犯罪被害者の権利論／

　　　5　経済的被害の回復／6　刑事手続への参加／7　修復的司法

　第9節　犯罪予防とコミュニティ……………………………………………63

　　　1　犯罪予防の概念／2　犯罪予防活動の展開／3　犯罪予防活動の課題

第3講　刑罰論

　第1節　刑罰の本質論…………………………………………………………69

　　　1　刑罰の種類／2　刑罰の本質／3　刑罰の目的／

　　　4　刑罰が現実に果たす機能

　第2節　刑罰の歴史……………………………………………………………77

　　　1　概観／2　刑罰の歴史的展開／3　歴史からの示唆

　第3節　行政制裁・民事制裁と刑罰の違い…………………………………82

　　　1　行政制裁と刑罰の違い／2　刑事制裁と民事賠償の違い

　第4節　死刑……………………………………………………………………87

　　　1　現行制度の概要／2　死刑の適用状況／3　死刑存廃の動向

　第5節　無期刑・終身刑………………………………………………………91

　　　1　無期刑／2　終身刑

　第6節　自由刑…………………………………………………………………94

　　　1　現行制度の枠組み／2　自由刑の歴史／

　　　3　自由刑の内容と許容根拠／4　自由刑改革の諸問題

　第7節　財産刑………………………………………………………………103

　　　1　現行制度の概観／2　財産刑をめぐる歴史／3　両罰規定／

　　　4　科刑の手続／5　財産刑改革の諸問題／6　付加刑としての没収・追徴

第4講　処分論

　第1節　保安処分……………………………………………………………125

　　　1　処分の意義／2　保安処分の種類／3　刑罰との異同／

　　　4　保護処分との異同／5　若年者に対する新たな処分／

　　　6　保安処分を支えているもの

　第2節　補導処分……………………………………………………………131

　第3節　精神障がい者による触法行為への対応……………………………132

vii

　　　1　心神喪失者・心神耗弱者への対応／2　措置入院制度／
　　　3　心神喪失者等医療観察制度
第4節　資格制限 ………………………………………………………… 139
　　　1　資格制限の意義／2　資格制限の種類／
　　　3　資格制限の法的性格と課題／4　資格の回復
第5節　恩赦 ……………………………………………………………… 144
　　　1　恩赦の沿革と基本的性格／2　恩赦の種類

第5講　刑事司法過程論

第1節　総説 ……………………………………………………………… 149
第2節　警察の組織と責務 ……………………………………………… 150
　　　1　警察の組織／2　警察の責務／3　近年の警察改革
第3節　捜査活動上の問題 ……………………………………………… 154
　　　1　犯罪発生前の捜査／2　取調べの機能／
　　　3　未決拘禁による身体拘束／4　代用監獄問題／
　　　5　未決拘禁者の処遇／6　微罪処分
第4節　検察官の訴追裁量 ……………………………………………… 167
　　　1　検察官の役割／2　検察官の終局事件処理／3　起訴猶予／
　　　4　入口支援と起訴猶予に伴う再犯防止措置／5　検察審査会
第5節　裁判所における対応 …………………………………………… 176
　　　1　刑事裁判の役割／2　裁判の公開と犯罪報道／
　　　3　自白事件の簡易・迅速な処理／4　司法取引／5　裁判員制度／
　　　6　刑の量定／7　執行猶予

第6講　処遇論

第1節　処遇(論)の位置づけ …………………………………………… 201
　　　1　処遇の意義／2　処遇のモデル
第2節　施設内処遇 ……………………………………………………… 213
　　　1　総説／2　既決施設被収容者の法的地位／3　施設内処遇の内容
第3節　社会内処遇 ……………………………………………………… 247
　　　1　総説／2　仮釈放／3　保護観察／4　更生緊急保護／
　　　5　新しい社会内処遇

事項索引 ………………………………………………………………… 276

viii

【本書では以下のように執筆を分担した。】

［武内］
　第1講
　第2講　第1節〜第6節
　第3講　第2節・第6節・第7節
　第4講
　第6講　第1節・第2節

［本庄］
　第2講　第7節〜第9節
　第3講　第1節・第3節〜第5節
　第5講
　第6講　第3節

【法令名略称】

恩赦	恩赦法
刑	刑法
刑処	刑事収容施設及び被収容者等の処遇に関する法律
刑訴	刑事訴訟法
検審	検察審査会法
検	検察庁法
更保	更生保護法
再防	再犯の防止の推進に関する法律
裁判員	裁判員の参加する刑事裁判に関する法律
自動車運転死傷行為処罰	自動車の運転により人を死傷させる行為等の処罰に関する法律
少	少年法
医療観察	心神喪失等の状態で重大な他害行為を行った者の医療及び観察等に関する法律
精神保健	精神保健及び精神障害者福祉に関する法律
組織犯罪	組織的な犯罪の処罰及び犯罪収益の規制等に関する法律
犯給	犯罪被害者等給付金の支給等による犯罪被害者等の支援に関する法律
被害者保護	犯罪被害者等の権利利益の保護を図るための刑事手続に付随する措置に関する法律
通信傍受	犯罪捜査のための通信傍受に関する法律
売防	売春防止法
社会内処規	犯罪をした者及び非行のある少年に対する社会内における処遇に関する規則
薬物	薬物使用等の罪を犯した者に対する刑の一部の執行猶予に関する法律

第1講 イントロダクション

第1節　刑事政策の必要性

　「XはVの胸部を刃渡り20cmの刺し身包丁で刺し、もってVを死に至らしめた」。刑事法の授業では、こうした事案をよく耳にするであろう。刑法総論でこのような事案が扱われるとき、「VがXに急遽襲いかかってきたという事情がある場合、Xの行為に犯罪は成立するか」であるとか、「Vに襲いかかられていたAを救うために通りすがりのXが、やむをえず行為に及んだ場合であればどうか」であるとか、「Xが行為時に物事の是非を判断できなかったりその能力はあったものの行動を自分で制御できなかったりした場合であればどうか」とかいったことを考えるに違いない。また、刑法各論であれば、「Xの行為に何罪が成立するか」を問い、「Vが出産中の母体から半分しか出ていない状態であったような場合や脳死状態であった場合どのようになるのか」（「果たしてVは刑法199条にいう『人』にあたるのか」）などといったことを考えることになる。さらに、刑事訴訟法であれば、「『Vを刺して殺した』とXが捜査段階で自白をし、そのことが調書にも記されているものの、公判段階でXがその供述を覆した場合、有罪とするための証拠としてその調書を用いてよいか」といったことや「Xは裁判中どのような要件の下で身体拘束（未決勾留）が許されることになるのか」といったようなことを考えることになるであろう。

　このことを少し距離を置いてみてみる。刑法総論では、主には現在妥当している実体的な法規範を前提として「犯罪」はどのような場合に成立するのか、「犯罪」を構成する要素にはどのようなものがあるのかを考えている。

刑法各論では、現行法において「犯罪」はどのような場合に成立するのかを、「罪」を規定している法規範で用いられている言葉の意味を明らかにしながら、考えていく。刑事訴訟法でも、同様に、現行の手続法規範を前提として、「犯罪」の認定を行う手続のあり方を考えることになる。刑法においても刑事訴訟法においても、歴史分析や哲学的思惟、比較法の知見を交えた考究が行われることは、もちろんある。しかし、そこでの中心は、現在妥当している法規範を解釈する作業である。

　それだけで「犯罪」の実態やそれへの対応のあり方を考えるのに十分であろうか。法的な議論は、実際には複雑に絡み合う「事実」の中から法的な要件と効果にとって重要な意味をもつものを拾い上げ、切り取っていく作業である。しかし、実定法のいわば「のぞき穴」からみえる世界は限られている。犯罪行為の背後には行為者の性格傾向や資質、生育歴、家族関係、現在置かれている社会状況があるはずである。それがどれだけ犯罪行為と結びつくのか、あるいは結びつかないのか、それにどのように対処するのがよいのか、あるいは対処しないのがよいのか、といった事柄は、法的議論の枠組みでは必ずしも重要ではない。刑事施設をはじめとする刑罰の執行機関における「犯罪行為者」の扱いや犯罪被害者の支援措置のように、犯罪行為への対応や犯罪行為の影響を受ける人の扱いも、法的な要件や効果という枠組みでは十分に掬い取ることが出ない。さらに、本人や他の社会の構成員が同様の犯罪に及ばないようにするための刑罰や処分による予防効果にかかわる事実も、実定法を通した物の見方からは抜け落ちやすい。現在の制度より犯罪予防効果の高い措置を探求することやそもそもある行為を「犯罪」とすることの意味、そしてその適切さといった問題もある。

　実定法分野における物の見方が万能でないことは、特に法制度を改革したり新たな立法措置を行ったりする際に一層浮かび上がる。実定法の解釈論に基づいても、これまでの制度では体系的に整合性を保った解決を導くことができなかった問題を浮き彫りにしたり、その観点から立法で解決を図るべき課題を明らかにしたりすることはできる。しかし、社会の変化や新たな技術の発展を受けて刑事規制を新たに行うべきか、行うとしてそれをどのように具体化すべきかは、実定法を前提とした解釈学の方法だけでは十分な議論を

なしえない。そこでは、どのような社会的事実に基づきその立法を行うのか、その立法を行うことで現実にどのような効果が期待できるのか、その立法に副作用はないか、本来その制度は何を目的としてどうあるべきかといった問題を考究することが不可欠である。学問としての刑事政策は、こうした解釈論で十分な解決を与えることができない問題領域について学術的に検討を加えて、解決策を考えるものである。

第2節　刑事政策とは何か

1　古典的見解

　こうして刑事政策の学問としての必要性が確認されたとしても、まだ刑事政策とは何かを説明したことにならない。刑法でも刑事訴訟法でも足りない領域があることがわかったにすぎず、刑事政策とは何かが明らかになったわけではないからである。

　刑事政策とは何かという問いに対する古典的で今日でも代表的な回答は、次のようなものである。「刑事政策とは、犯罪を防止することを目的として行われる国および地方自治体の施策」をいい、「学問としての刑事政策（刑事政策学）は、これらの施策を検討することをその内容とする」。広義の刑事政策と狭義の刑事政策とを区別し、前者を「犯罪の原因と犯罪の防止（防遏、防圧、鎮圧・予防）対策の探求」と説明し、後者を「犯罪対策を直接の目的とした」ものや「刑事法ないし刑罰制度による」ものに限定するものもある。こうした代表的見解によれば、刑事政策は、行動ないし実践としての刑事政策と学問としての刑事政策とに分けられ、学問としての刑事政策の対象となる行動ないし実践としての刑事政策は、①国および地方自治体が主体となることと②犯罪防止を目的とすることをメルクマールとしている。そして、③学問としての刑事政策は、こうした施策を検討することを内容とすることになる。

2 「刑事政策」の新しいとらえ方

　古典的な理解は、行動ないし実践としての刑事政策の主体を「国および地方自治体」に限定し（①）、その行動ないし実践を「犯罪防止」という目的をもつものに限っている（②）。学問としての刑事政策の対象となる行動ないし実践としての刑事政策の中身は、果たしてこの理解でよいであろうか。

　刑事政策の活動主体として当初想定されていたのは国家であった。それがやがて公的な存在である地方自治体にまで拡げられた。迷惑防止条例や暴力団追放条例にみられるように、地方自治体で制定される条例は、これまで刑事政策上も重要な役割を果たしてきたし、被害者保護条例や再犯防止条例の制定にみられるように近時ますますその動きは活況を呈している[1]。

　刑事政策の活動主体を国および地方自治体という公的機関に限定することは、「刑事政策」として行われる諸策や活動の外縁を画し、統一的な把握を可能にする。しかし、行動ないし実践としての刑事政策の主体に限定をかけることで却って犯罪防止に関連する新しい動きを捕捉できなくなるおそれがある。犯罪の防止を目的とする活動は今日広がりをみせており、それに伴い担い手も多様化している。主体を公的機関に限定した場合、例えば私人によるパトロール活動や民間の警備会社の活動、「PFI刑務所」の運営、NPOによる活動、さらには国際機関による刑事司法運営に関係する活動などを把握できないことになる。現在、行動ないし実践としての刑事政策の主体に限定をかける必要性は乏しく、そのことによる問題の方が大きい。

　その行動の目的を「犯罪を防止すること」に限定することはどうか。まず、行動の目的に犯罪予防を含めることは、犯罪への対応手段は刑法や刑罰しかないといった考えを否定することになる。その意味で刑法や刑罰による対応は相対化される。しかし、ここでも、限定をかけることには問題がある。例えば、近時大きな関心を呼んでいる高齢者犯罪や累犯障がい者の対策では福祉と司法の連携が重要な課題となっている。その連携が社会防衛の要素をも

---

[1] もちろん、このようにいうことは、地方自治体が制定する条例の内容を全面的に肯定的に評価できることを意味しない。むしろ、国法との関係性といった形式面の問題だけでなくその中身についても、慎重な吟味が必要である。

つ（べき）ものなのかそれとも個人の福利の増進を図る（べき）ものなのか
ということ自体が、大きな争点となりうる。刑事政策の目的を犯罪対策を直
接の目的としたものに限定すると、こうした福祉的支援と結びついた再犯防
止措置などの近時の新たな動きを分析の俎上に載せることができない事態が
起こる。また、関係機関における犯罪行為者の扱われ方（処遇）や犯罪に対
する社会的不安、法の威信の回復、被害者支援の活動といった社会現象も検
討対象からこぼれ落ちることになる。

　犯罪行為者の処遇を含めた犯罪への反動や犯罪から生じた社会葛藤の積極
的な解消を刑事政策の内容とする見解（小川太郎）であるとか、被害者の生
活破綻の修復、被害者・その周辺者たちの怒りの宥和、犯罪防止を含めた抗
争解消ないし調整のプロセス（所一彦）として刑事政策をとらえ直す試みが
登場してくるのは、このような問題意識からである。こうした見解は、犯罪
とそれへの対応にかかわる問題を広く捕捉できる点ですぐれている。本書で
も、学問としての刑事政策を「犯罪とその対策についての研究」と広く理解
する。

第3節　日本の刑事司法制度の概観

1　数からみた日本の刑事司法運営

　「刑事政策」の概念が広くとらえられるべきものであるとしても、その考
察の中心にあるのは刑事司法制度である。そこで、犯罪統計[2]を手がかりに
して、数的な観点から事件処理の現状を把握し、併せて日本の刑事司法制度
を概観することにする。

　2017年の数値[3]で、刑法犯・危険運転致死傷・過失運転致死傷等の検挙

---

[2] 主要な官庁統計として、『警察庁の統計』（警察庁刑事局）、『検察統計年報』（法務大臣官房司法
法制調査部）、『司法統計年報』（最高裁判所事務総局）、『矯正統計年報』（法務大臣官房司法法制調
査部）、『保護統計年報』（法務大臣官房司法法制調査部）、『出入国管理統計年報』（法務大臣官房司
法法制調査部）がある。また、政府による『警察白書』、『犯罪白書』、『犯罪被害者白書』といった
「白書」は、こうした統計を用いて犯罪処理の現況を概観し、一定の解説を加えている。

6

者は 68 万 304 人（うち過失運転致死傷等 46 万 4,648 人、刑法犯 21 万 5,003 人。窃盗を除く刑法犯は 10 万 5,765 人）である。

　そのうち 6 万 3,762 人が、犯罪の嫌疑はあるものの犯罪が軽微であることを理由に警察限りで処理される「微罪処分」となっている。

　事件が検察庁に送られ、検察庁が新規受理したのが 105 万 5,327 人（うち刑法犯 21 万 6,957 人、過失運転致死傷等 46 万 867 人、特別法犯 37 万 7,503 人（うち道交違反を除く 8 万 8,981 人）、終局処理となったのが 106 万 3,320 人である。このうち起訴されたのは 32 万 9,517 人である。その内訳は、公判請求されたのが 8 万 3,988 人、100 万円以下の罰金を賦科するための簡略化された手続である略式手続を検察官により請求（略式請求）されたのが 24 万 5,529 人となっており、略式請求の方が圧倒的に多い。

　他方、起訴せずに事件を終局させる不起訴は 67 万 1,694 人である。そのうち犯罪の嫌疑があるにもかかわらず検察官の起訴裁量に基づき起訴しない起訴猶予となったものは 60 万 6,256 人である。

　起訴された事件は裁判所で処理されることになる。裁判が確定した 29 万 310 人のうち無罪は 130 人にすぎない。刑罰（主刑）の種類には死刑、懲役、禁錮、罰金、拘留、科料があり、懲役と禁錮には無期と有期がある。刑種別にみてみると、死刑が 2 人、無期の懲役・禁錮が 18 人、有期の懲役・禁錮が 5 万 2,232 人である。そのうち執行猶予が付されずに刑事施設で身体を拘束される実刑は 1 万 9,969 人で、そのうち一部執行猶予となったのが 1,525 人である。全部執行猶予は 3 万 2,263 人おり、そのうち保護観察がつけられたのは 2,595 人である。拘留は 5 人、罰金は 24 万 4,701 人、科料は 1,919 人である。

　刑事施設に入所した受刑者は 1 万 9,336 人（うち一部執行猶予によるものは 1498 人）おり、出所受刑者は 2 万 1,998 人である。そのうち満期釈放となったのが 9159 人、仮釈放が 1 万 2,760 人である。

　以上の概観から、証拠で裏づけられる「犯罪」が起訴され有罪を言い渡され実刑に付されることが定式的で正式（フォーマル）な事件処理であるとす

⑶ 統計の単位は人員で表す場合と件数で表す場合があるが、ここでは人員を用いる。

れば、非定式的（インフォーマル）な事件処理が多用されているのが実際の刑事司法運営の姿であることがわかる。実際の刑事事件の処理では、必ず「犯罪」となる事件が起訴され、それに刑罰が科されるようにはなっていない。むしろ、犯罪の嫌疑が存在したとしても、微罪処分や起訴猶予として裁判所に起訴されずに処理されている事件が多くを占めている。定式的で正式な事件処理から外したりそらしたりする措置のことをダイバージョン（diversion）という。警察段階における微罪処分、検察段階における起訴猶予、裁判所段階における執行猶予、行刑・矯正段階における仮釈放がこれにあたる。この言葉を使っていい換えれば、日本の刑事司法運営は、関係機関に広い事件処理裁量を認めることにより、ダイバージョンを幅広く活用している点に特徴をもつ。

2 理論からみた日本の刑事司法制度

　以上の事柄を、法理論の観点を交えて別角度からみてみる。日本の刑事司法制度は、実体法（刑法）のレベルでは、責任原理に服する刑罰により犯罪に対応することを予定している。日本の現在の法制度は、将来の危険性に着目した保安処分を採用していない。

　刑罰の本質を応報とみるか（応報刑論）、それとも予防とみるか（目的刑論）には争いがあるものの、応報を主軸に据えて理解する立場が支配的である。応報刑論は、自由意思に基づいてあえて犯罪行為に及んだことに対する非難として刑罰をとらえる。そのため、刑罰の種類や重さの選択（量刑）は、犯罪とされる行為に及んだ責任（行為責任）の大きさや重さに相応するように行われる。それを超えることは責任を超えることを意味し、許されない。責任の重さや大きさは、通例、犯罪の態様、結果、動機、計画性、犯行後の情況といった犯罪行為と密接に関連した事実[4]を中心として評価される。反対からいえば、犯罪にまつわる事実が法的評価として大きな意味をもつのは、こうした犯罪行為と密接に関連する場合である。ここでは、行為者が再び犯罪に及ぶことを防ぐ特別予防や、行為者以外の社会の構成員が同様の犯罪に

---

[4] こうした事実は「狭義の犯情」と呼ばれる。また、それ以外の事実は「一般情状」と呼ばれる。

及ぶことを予防する一般予防も、処分決定にあたり考慮されうる。しかし、支配的な考え方によれば、それはあくまで行為責任の限度内で考慮することが許されるにとどまる（相対的応報刑論）。

応報に基づく刑罰によって犯罪に対応する制度体系（⇒第３講第１節刑罰の本質論）では、過去に本人が及んだ犯罪行為を超える国家的介入を許さないという責任主義を堅持できる。その意味で国家介入の限界を画することができるのであるから、この制度体系は、自由権保障に資するという長所をもつ。反面、こうした制度のあり方を徹底すれば、犯罪予防効果という現実的な効用が見込まれない場合でも刑罰の賦科を強いる事態が引き起こされる[5]。そのため、犯罪の背後にある本人のニーズに個別的に対応できなかったり、処理能力を超えた過剰な負担が刑事司法制度にかかったりすることで硬直した運用を招きやすい。実体的には応報を軸に据えつつその枠内で特別予防や一般予防を考慮し、手続的には各種猶予処分を制度に組み込み、その積極的な活用が図られているのは、こうした実際上の不都合を回避するためでもある。

3　日本型刑事司法運営

それでは、非定式的でインフォーマルな事件処理を多用すればよいかといえば、そうともいい切れない。確かに、一般的にいえば、インフォーマルな事件処理は、個別事案の特性に応じた柔軟な対応を可能にし、事件の処理段階を早め、迅速にすることで刑事司法制度にとってはコストを、刑事司法制度に取り込まれた本人にとっては烙印押し（スティグマ）を軽減することができるという長所をもつ。反面、事件処理の公正さや平等性の担保、判断プロセスの透明性確保の面で課題が生じる。それは、インフォーマルな事件処理を行うには、関係機関に事件処理の裁量を認めることが必要になるためである。インフォーマルな措置を積極的に多用している実際の事件処理は、それだけ広い裁量を関係機関に認めていることになる。

---

[5] 責任に国家による介入の上限を設定する機能（消極的責任主義）にとどまらず、犯罪が行われ責任が認められる以上は国家が介入しなければならないという形で下限を設定する機能（積極的責任主義）まで認める場合、とりわけこの問題が深刻になる。

日本の刑事司法制度に沿って具体的にみてみよう。刑法典の第二編「罪」中の各条項に規定されている法定刑は幅広い。刑事裁判所が具体的事件において量刑を行う場合、この法定刑から出発し、刑の加重・軽減事由による修正を加えて処断刑を決めた上で、宣告刑を考えることになる。宣告刑には、事件の個別具体的な事情が反映される。しかし、その際考慮すべき要素と方法を定めた明文規定は、現行刑法中に存在していない。こうしたこともあり、裁判実務ではインフォーマルな「量刑相場」が慣習的に形成されており、裁判所の量刑は検察官の求刑の7割の「相場」に沿ってきたともいわれる。刑の全部執行猶予の運用も一定の要件下において「情状により」裁判所の裁量として付けることができるものとされており（刑法25条）、この相場の中で運用されている。このように、裁判所は量刑にあたり小さくない裁量をもつ。

同様の事柄は、刑の執行の段階や施設内処遇や社会内処遇の段階でも妥当する。施設内処遇のあり方を規律する刑処法や社会内処遇のありようを規整する更保法では刑事施設の長や保護観察所の長の幅広い裁量が認められている。

しかし、日本の刑事司法制度とその運営の最大の特徴は、実は、事件が裁判所に係属する前の段階にある。この段階では、検察官が大きな起訴裁量をもっている。このことは、犯罪の嫌疑がある場合でも起訴しないことができることを意味する。それが検察庁受理事件の半数以上を占めていることからもわかるように、起訴猶予は実際の事件処理において大きな役割を果たしている。しかし、この起訴猶予の基準もまた、法律上明らかでない。刑事訴訟法は、「犯人の性格、年齢及び境遇、犯罪の軽重及び情状並びに犯罪後の情況により訴追を必要としないとき」（刑訴法248条）という規定を置いてはいるものの、考慮要素を抽象的に示すにとどまっている[6]。

このように、日本の刑事司法制度とその運営の特徴は、刑事司法制度に取り込まれる可能性のある市民が予め認識できるよう法律で明確に権利義務関

---

[6] そのため、起訴裁量が不当に行使されないようにするための統制手段が問題になる。不当な不起訴がなされた場合については検察審査会や付審判の制度のあるものの、不当な起訴の場合に関しては制度が存在していない。公訴権濫用論などの理論が生み出されたのは、こうした背景があるためである。

10

係が規整されるのでなく、関係機関に幅広い裁量が認められており、実際にもそれに基づきインフォーマルな事件処理が多用されている点にある。これを、「日本型刑事司法（運営）」と呼ぶ。その中でも検察の権限は特に大きく、日本の刑事司法（運営）のあり方を決定づけている。日本の刑事司法（運営）のあり方が「検察官司法」と呼ばれることがあるのは、このためである。

4 日本における近時の刑事政策の展開

2000年代半ばから日本では「再犯防止」が強調されるようになった。

現在までの流れを概観しておくと、2003年、犯罪対策閣僚会議は、「犯罪に強い社会の実現のための行動計画——「世界一安全な国、日本」の復活を目指して」を策定し、警察官など治安維持に当たる公務員の大幅な増員や地域における防犯ボランティア団体に対する支援の充実などを謳った。「再犯防止」のための施策を初めて閣議決定したのは2005年の「経済財政運営と構造改革に関する基本方針2005」（いわゆる「骨太の方針」）であった。その後、2008年の犯罪対策閣僚会議による『犯罪に強い社会の実現のための行動計画2008』において刑務所出所者等の再犯防止のための具体的施策が示された。これ以降、高齢・障がいのある刑務所出所者等を対象とする福祉との連携が本格的に展開することになった。さらに2012年の『再犯防止に向けた総合対策』（犯罪対策閣僚会議）は、特に地域生活定着促進事業を推進し、高齢や障がいのために自立した生活を送ることが困難な者に対する「指導及び支援」を強化することを盛り込み、「再犯防止」対策の数値目標を掲げた。また、厚生労働省元局長無罪事件などを契機として行われた、いわゆる検察改革を受けて策定された「検察の理念」は、「警察その他の捜査機関のほか、矯正、保護その他の関係機関とも連携し、犯罪の防止や罪を犯した者の更生等の刑事政策の目的に寄与する」ことを「検察の精神及び基本姿勢」の一つとして明らかにした。2013年になると、2020年の東京オリンピック・パラリンピックの開催を見据えて『「世界一安全な日本」創造戦略』（閣議決定）が策定され、安全なサイバー空間の構築やテロ対策とともに、再犯防止対策の推進が戦略構成の一つとして掲げられた。2014年には、『宣言：犯罪に戻らない・戻さない〜立ち直りをみんなで支える明るい社会へ〜』（犯罪対策

閣僚会議）において、「再犯防止につながる社会での居場所づくり」が謳われ、高齢者・障がい者といった自立が困難な受刑者の割合が増えている現状を踏まえて、関係機関がシームレスに連携した医療・福祉的支援を更に強化する必要があることが指摘されている。2016年には、議員立法により再犯防止推進法が制定された。この法律は、政府に推進計画の策定を義務づけるとともに、国の推進計画に基づき地方自治体も「地方再犯防止推進計画」を定めるよう求めている。これを受けて、翌2017年には、犯罪対策閣僚会議において「再犯防止推進計画」が決定されている。ここでは、「刑事司法関係機関がそれぞれ再犯防止という刑事政策上の目的を強く意識し、相互に連携して職務を遂行することはもとより、就労、教育、保健医療・福祉等関係機関や民間団体等とも密接に連携する必要があること」などが盛り込まれた。2018年には『再犯防止推進白書』が刊行された。この施策は、地方自治体も巻き込む形で「地方再犯防止推進計画」として具体化されてきている。

　このように、近時展開されている「再犯防止」施策は、包括的であり多岐にわたってもいる。この流れの中で、刑事司法関係機関と福祉関係機関との連携も盛んに行われるようになっている。しかし、「再犯防止」という概念の中身は、実は明らかでない。刑事司法制度と福祉制度との「連携」のあり方にしても、前者にまつわる権力的な作用と後者の本質である支援との関係性は不明確なままである。

　こうした課題は原理的なものであり、事柄の根本にかかわる。それだけに、「再犯防止」施策とそれを支える考え方が日本型刑事司法（運営）にどのような影響を与えるかについては、精査が必要である。具体的には、それが応報という実体法レベルで基本とされている考え方の修正にまで至るのか、手続法レベルですでに幅広く認められている関係機関の裁量の幅をさらに押し広げるよう作用するのかという問題である。前者は、本来不必要であった事案や類型において過度に応報が加えられていなかったか、問い直しの契機を与える一方で、「福祉」や生活再建のための「支援」を隠れ蓑として犯罪危険性に着目した保安処分類似の発想がもち込まれ、却って過度な国家介入を認めることにならないかという問題をも射程に含む。また、後者は、関係機関の裁量が拡大される場合に、自由権保障や公正さの担保をどのようにする

12

のか、制度のあり方として司法機関にとどまらず行政機関に幅広い事件の処理権限を与えてよいのかという課題と関連する。いずれについても、原理論を踏まえて冷静な分析と検討を行うことが必要である。

【参考文献】
小川太郎『刑事政策論講義（第一分冊）』（法政大学出版局、1967年）
刑事立法研究会編（土井政和＝正木祐史＝水藤昌彦＝森久智江編集）『「司法と福祉の連携」の展開と課題』（現代人文社、2018年）
所一彦『刑事政策の基礎理論』（大成出版社、1994年）

第2講 刑事政策の基礎

第1節 「刑事政策」の概念

　学問としての「刑事政策」とは何か。その概念の内容と方法論を考えてみよう。

　「刑事政策」という言葉は、日本では、ドイツ語である Kriminalpolitik の訳語として 1900 年頃から使用されてきたとされる。その Kriminalpolitik は、元々刑事法学の補助科学を形成するものとして理解されていたものの、徐々に独立した分野を指すようになった。1800 年代初頭、それは、犯罪予防を含んだ刑罰および犯罪に関する立法政策学（フォイエルバッハ）として理解された。1800 年代末葉に至ると、「犯罪の原因論の研究と刑罰の効果に関する考察を基礎に置いた一切の犯罪闘争政策」（リスト）と説明されるようになった。これは、「全刑法学」の構想と符合しており、「刑事政策」の概念を広くとらえる理解であった。もっとも、この考えの主唱者であるリストは、「全刑法学」を①刑事解釈学（Strafrechtliche Dogmatik）、②犯罪学（Kriminologie）、③刑事政策（Krimonalpolitik）に細分化してもいた。ここでいう狭い意味での③刑事政策は、犯罪防止のための効果的方法を考究する学問である政策学であるとされ、①法規範の意味を明らかにする学問である規範学とされる刑事解釈学や、②犯罪の原因や犯罪現象を考究する実在（sein）の科学である事実学とされる犯罪学とは区別されている。一定の理念や価値判断を含む点で事実学とは異なり、現行の法規範を必ずしも前提としない点で規範学とも違う政策学である点に、刑事政策の独自性が見出された。

　他方、英米法圏では、日本で「犯罪学」の訳語があてられる criminology

14

が[1]発展してきた。criminology は犯罪原因論と犯罪対策論を主たる対象としており、Kriminalpolitik と重なる部分がある。しかし、criminology は、伝統的に経験的、実証的な研究手法を採用してきた点で、Kriminalpolitik と異なっている。

　日本における学問としての刑事政策の歴史を振り返ってみれば、1900 年代のはじめからドイツの影響を受ける形で、「刑事政策」やこれと同様の内容をもつ「刑事学」が、独立した学問分野として講じられてきた。これが独立した学問分野として認識された背景には、当時刑法典を新たに制定する機運が高まったことで、立法の基礎となる知見が必要とされたことがある[2]。その後、1923 年に東京帝国大学の法学部で「刑事学」が刑法、刑事訴訟法とならぶ第三の講座として開かれ、1930 年には「刑事政策」が高等文官試験の科目に加えられた。第二次世界大戦後になると、英米法圏で発達してきた犯罪学の影響が強まったこともあり、他の法学領域と同様に、学問としての方法論に関する模索が始まった。1960 年代半ばから、刑法、監獄法、少年法の全面改正の動きをも背景として、この模索は本格化した。先にみた刑事政策とは何かという問題をめぐる議論も、これと密接に関連して展開した。

第2節　学問としての刑事政策の方法論

1　暗黙裡の価値判断

　行動ないし実践としての刑事政策を検討するのが学問としての刑事政策学であるとして、それはどのような方法論をとるものなのであろうか。とりわけ問題になるのは、価値判断の扱いである。

---

(1) criminology という言葉は、ラテン語で訴追を意味する crimen とギリシャ語で理論を意味する λογία からつくられたものである。

(2) 大場茂馬『刑事政策大綱』（中央大学、1909 年）同『最近刑事政策根本問題』（三書樓、1909 年）、牧野英一『刑事学の新思潮と新刑法』（警眼社、1909 年）、山岡萬之助『刑事政策学』（巖松堂書店、1914 年）、泉二新熊『刑事学研究』（集成社、1920 年）といった初期の体系書が、この時期に刊行されている。

日本では刑事政策が伝統的に法学部の開講科目とされてきた。また、刑法、刑事訴訟法、監獄法、少年法といった法律の制定や改正という立法の動きを契機として、学問としての必要性が認識されてきた面をもつ。こうしたこともあり、戦前期から、刑事政策が価値判断を含むことは暗黙のうちに当然のこととされてきたといえる。しかし、こうした価値判断や価値選択が無自覚のものであってよいわけではない。刑事政策は国家や社会が行う施策を対象とする。犯罪の予防・制圧を善とすることも実は価値判断に基づいたものである。そして、それを優位に置くべきであるという価値判断や価値選択は、通例、多くの社会構成員にとって肯定的にとらえられるものであるがゆえに、犯罪を予防・制圧する側、社会の多数の側のものと一体化しやすい。反対からいえば、犯罪を予防・制圧される側は少数派となりやすい。とりわけ個人の尊厳を社会にとって重要な価値として認めている自由社会では、一層、刑事政策の土台となる価値判断や価値選択につき自覚が求められることになる。

2 学問としての刑事政策の前提

元々、学問としての刑事政策では方法論への関心が低くなく、戦前期から、「存在」（sein）と「当為」（sollen）とを区別することが前提事項として認識されてきた。「であること」と「であるべきこと」との区別は、新カント学派の影響を受けた方法論であり、近代以降の科学全般に共通する。ところが、戦後になると、方法論の面でも英米の criminology の影響が強まった。ドイツの Kriminalpolitik が価値判断に基づく当為を重要な要素とするのに対し、criminology は、伝統的に存在に焦点をあてた経験科学の手法をとる。そのため、学問としてとりわけ価値判断をいかに扱うかが、「刑事政策」という言葉が何を指すのかという問題とも密接に関連して、激しく問われることになった。

3 古典的見解

日本において戦中期までに確立したといえる刑事政策の方法論に関する古典的立場は、ドイツで発展した Kriminalpolitik の影響を強く受け、対象を①犯罪原因論と②犯罪対策論とに分けた[3]。そして、①犯罪原因論の領域を

「であること」を明らかにする存在学、事実学であるとする一方で、②犯罪対策論の分野を「べきである」という当為を論じる政策学、規範学であると位置づけた（例えば、小野清一郎）。

そうすると、とりわけ②犯罪対策論の分野において、解釈学である刑事法学との違いが問題になる。刑事法学（解釈学）は、伝統的に、「べきである」（「〜せよ」、「〜するな」）という当為の形式をとる法規範を学問の対象とし、かつ「べきである」との当為の形式をとって体系性をもった主張を行う方法論をとってきた。そうすると、学問としての刑事政策の少なくとも②犯罪対策論において、刑事政策と刑事法学は、あるべき姿たる当為ないし規範を対象とする点で共通することになり、方法論において大きな違いをもたないことになる。両者の違いは、刑事法学が現行の実定法規範の意味をそれに内在する目的にしたがった解釈方法で理解していくのに対して、刑事政策は現行の実定法の制約を受けない点にある。そこで、この見解は、「事実」を明らかにする刑事学に基づく認識を基礎として、一定の理想を前提として判断された合目的的な犯罪対策と現行制度として現に行われている犯罪対策とを比較して具体的な政策論的結論を導くのが学問としての刑事政策学であると考えた（木村亀二）。

4 古典的な理解に対する批判

しかし、戦後になると、こうした考え方を批判し、研究手法を経験科学に一元化する試み（経験科学への方法一元化論）が登場し、論争を引き起こすことになった（代表的なものとして「所－須々木論争」がある）。この見解の要諦となる問題意識は、価値相対主義の立場を前提として、科学としての客観性をもたせるために、経験科学の手法で明らかにできる事実の問題に限定して刑事政策の問題を取り扱うことにあった。反対の面からみれば、当為や価値判断の問題として扱われる領域を学問として認めれば、ブラックボックスを置くことになり、事実の問題として客観的な検証が難しくならないかが危惧

---

(3) 逆に、学問としての刑事政策を犯罪原因論と犯罪対策論に分けるのは、存在と当為とを切り離す学問的手法を前提としているからであるともいえる。

された。この立場では、従前規範科学の対象とされてきた犯罪対策の領域の扱いが問題になる。この問題については、制度の機能に光をあてることで、犯罪対策の領域を経験科学的な研究の対象にしうるものと主張された。したがって、この立場では、原因論と対策論との研究手法には差がないことになる。どちらの領域も経験科学の手法を用いられるべきものであり、両者はいわば基本と応用の関係に立つにすぎない（所一彦）。

　しかし、この見解に対しては、そもそも価値判断と無関係に経験科学の基礎となる事実認識や研究テーマを設定しうるのかとの疑問が生じる。また、経験科学の手法で明らかにされる一般的で法則的な関係が刑事政策の場面でどのように利用されうるのか、その是非につき学術上の検討の必要がないかも問題になる。こうした批判を受ける形で、経験科学への一元化論は、研究テーマの選定や問題設定が価値判断に基づいていることは認めた上で、政策論の検討にあたり前提となっている価値判断を括弧で括って学問の外に出し、「その価値判断を前提とすれば」という仮言的な形で語られる部分のみを学問の対象とするよう見解の修正を図っている。そのことで、犯罪原因論も対策論も事実判断に限定するよう試みていることになる。

　こうした学問としての刑事政策の方法論をめぐる議論の背景には、大陸型の Kriminalpolitik と英米型の criminology との代表的な研究手法の違いがあった。また、同時期に法学の領域でも法解釈論争が繰り広げられたことを思い浮かべればわかりやすくなるように、社会科学の学問としての客観性や科学性に対する関心が高まる中で経験主義や機能主義に立つ研究手法が注目を浴びたこともあった。さらに、社会科学領域の研究者の政治責任に対する鋭敏な問題意識もあった。戦前・戦中期において果たした役割や、権威主義的・国家主義的であるとも批判された刑法改正作業に直面する中で、研究者はどこまでどのような責任を負うべきかが問題とされたのである。

5　学問としての刑事政策における事実と価値

　事実と価値判断は、ともに学問としての刑事政策の方法論において重要な位置を占める。

　経験科学への方法一元化論により問題提起された、価値判断や形而上学へ

の安易な逃げ込み、そのことで「ブラックボックス」がつくられることへの危惧は、反証可能性の問題としてとらえ直すことができる。例えば、反証可能性がない形で、国家などの権威や無謬性をもち出し無条件に議論の正当化を図ることは、今日、学問的な議論としては認められがたい。ここで、対象を事実の問題に限定した上で経験科学の手法を用いることは、確かに、議論に反証可能性をもたせるだけでなく、タブーや聖域、疑うことの許されない権威をつくらないようにするために有効な手段である。このことは、また、行動ないし実践としての刑事政策を事実に基づかせることにもつながりうる。この意味での世俗化は、刑事司法制度の中に取り込まれ、刑罰や処分の対象となる本人への説明可能性を高めもするであろう。

　しかし、議論に反証可能性をもたせるための唯一の方法が経験的手法を用いることであるというわけではない。学問の出発点となる問題設定のあり方、そして学問の対象となる行動ないし実践としての刑事政策との関係を考えても、価値判断や価値選択の問題は避けて通ることができない。

　研究テーマを選定する際、それを論究すべきテーマと認めるという認識のレベルからすでに価値から逃れえない。社会的な事象は無色透明で価値中立的に認識できるわけではない。

　また、学問としての刑事政策の対象となる行動ないし実践としての刑事政策が前提として選択している価値の扱いも問題になる。行動ないし実践としての刑事政策は、多かれ少なかれ、当為の形式をとる法規範に支えられている。しかも、その行動ないし実践は、一つの法規範から一義的に導かれる解釈に基づいているわけではない。意識的であるか否かにかかわらず、そこでは、複数の可能性の中から一つの解釈が選択されている。また、その行動なり実践は、効果として生じうる複数の作用を考慮した上で対立しうる複数の利益の調整を図る中で遂行されるのが普通である。例えば、薬物の自己使用に刑罰をもって臨むことは、薬物使用の潜伏化を招くよう作用しうる。その結果、感染症の蔓延や医療機会の喪失など公衆衛生上・医療政策上の問題をも引き起こしうる。犯罪予防効果のみの追求に限定するとしても、ある措置をとることが新たな犯罪が広まるきっかけとなるために、そもそもその方法をとるのが社会的に望ましいのかが問題になることも少なくない。ある詐欺

の手口の規制を強化する結果別の手口が用いられるようになったり、監視措置を強化する結果別の場所で犯罪が行われるようになったりすること（移転効果）が、その例である。やはり、どのような規範に基づき、どのような価値判断や利益調整の結果、どのように行動ないし実践がとられたかは、学問としての刑事政策の分析対象とされるべきであろう。

　実際にとられている行動ないし実践としての刑事政策から距離を置く場合でも、とりわけ犯罪対策論では価値評価を避けることができない。ある措置に犯罪予防効果が「ある」という事実が経験的手法を用いて明らかにされているとしても、それを刑事政策として採用「すべき」であるか否か、とりわけそれを他の利益との関係で許容できるかには価値判断が必要である。次のような仮想例題を考えてみよう。脳の特定の部位を切除すれば特定の行動傾向に対処でき、高い確率で犯罪を防止できるというメカニズムが事実として科学的に明らかになっているとする。これが事実である場合、学問としての刑事政策はこの事実を指摘するところでとどまるべきであろうか。次のような例はどうであろうか。犯罪行為に及んだ者を刑事施設に拘禁する措置は、その者を物理的に隔離し犯罪を行う機会を奪うがゆえに、少なくとも拘禁期間中は一般社会において再犯を防止する高い効果をもつと考えられる。それでは、犯罪行為に及んだ者を永遠に拘禁すべきであろうか。学問としての刑事政策は、当該措置が犯罪を防止に資するか否かということに関する事実を記述することで満足すべきであろうか。

　以上の議論を次のようにまとめるといくぶんわかりやすくなるかもしれない。事実関係の精査はもちろん大切である。しかし、人工知能（AI）の発展に伴い、分析やインプットの対象を選定する行為やその基準の重要性が認識されてきていることからも明らかなとおり、事実関係を分析する際の「入口」でも価値判断は不可避であり、その重要性は科学技術の発展により却って高まっている。また、価値観が多様化し利害の対立が複雑化している現代社会においては、事実を踏まえた上での価値判断がますます重要になっている。とりわけ、当該措置をとる必要性だけでなくその措置をとることが許されるのかという許容性の判断は重要である。刑事政策は、行動ないし実践としてであれ学問としてであれ、国家や社会と個人とが対立しやすい問題を扱

うことを本質としている。そして、ここでの構図は、犯罪の予防・制圧・対応の局面であるだけに、国家や社会の側による措置が社会の多数から肯定的に評価をされやすいものである。

犯罪精神医学、犯罪心理学、犯罪社会学など「犯罪学」として扱われる領域が他の学問分野で講じられているにもかかわらず、日本やドイツにおいて、刑事政策学の講義が伝統的に法学部で開講されてきたことの意味は、この点に求めるべきであろう。それは、この学問分野が、人権保障のあり方をはじめとする多様な価値判断を含んでおり、利害の調整を図る中で特定の措置をとる必要性だけでなく許容性を考慮せざるをえない特性をもつがゆえのことであると考えられる。経験科学で明らかにされる当該措置をとった場合に期待されうる効果や副作用を踏まえながら、当該措置を受ける個人の権利や利益、社会として共有されるべき価値について検討することも、やはり刑事政策の課題とされるべきであろう。

6 判断プロセスの透明化のために

それでは、どのようにすれば事実と価値判断の両面において判断過程を透明なものにすることができるであろうか。

行動ないし実践としての刑事政策と学問としての刑事政策の関係性を事実の側面から考察し、一つの方向性を示しているのが、エビデンス・ベイスト・ポリシー（Evidence based Policy、EBP）の議論である。これは、元々、医師の個人的な経験や慣習などに依存した治療法を排除し、科学的に検証された最新の研究成果に基づいた医療の実践を求めるエビデンス・ベイスト・メディスン（Evidence based Medicine、EBM）の考えを土台としている。EBPは、導入される政策（インプット）とその直接的帰結（アウトプット）、直接的帰結がもたらす最終的結果（アウトカム）などを明示した上で、インプットとアウトプット、アウトプットとアウトカムの間にある因果関係について実証的・科学的根拠を要求し、当該政策の有効性や政策形成過程の妥当性を検証することを求める。

この議論は、直接には立法の局面も含めて行動ないし実践としての刑事政策を念頭に置いたものであるものの、それを分析対象とする場合の学問とし

ての刑事政策に対しても示唆するところが大きい。行動ないし実践としての刑事政策は、エビデンスを踏まえるべきことを求める場合でも、なお価値の選択を伴う。どのような事実と価値選択を踏まえてどのような政策がどのように実行され、どのような結果が生じたのかという事実は、再び経験科学の手法を用いた検証の対象となり、さらにそれが、価値判断を含む評価と政策提言へとつながる。つまり、政策が下敷きとする事実と価値判断は経験科学による検証対象となり、それへの評価と政策提言を踏まえた新たな政策へとつながる循環の形をとることになる。このことを考えれば、エビデンスとなる事実を解明する営為はもちろん、下敷きとされた価値判断をも踏まえた政策決定のプロセス、その歴史的な蓄積を検証することも、学問としての刑事政策の重要な役割ということになろう。

　しかし、その上でもなお問題が残る。ある政策に対する評価や政策提言には価値判断が含まれざるをえないとしても、それが「正しい」ものといえるかという問題である。価値相対主義に立つ場合、確かに価値の「正しさ」が疑われることになる。しかし、この場合でも、判断の筋道は問題にしうる。行動ないし実践としての刑事政策が犯罪や人権という社会的な事情や公的秩序に密接に関係している以上、憲法秩序に沿うか否かはその重要な基準になるであろう。これまで人類が蓄積してきた歴史的な経験や智慧の所産であるという点でも、憲法秩序は価値判断の基準として重んじられる必要がある。

　肝要なのは、事実の問題にせよ価値の問題にせよ、ブラックボックスに逃げ込む構造をできるだけなくし、判断や思考の過程を可能な限り説明可能なものにし、言語的な命題に基づき論証や反論を積み重ねていくことである[4]。

---

(4) 実は、このようにいうことは、「『犯罪』は悪いものだ」、「刑事法や刑罰制度はいいものだ」という暗黙の前提も疑ってかかる必要があり、いまある制度が「正しい」ものかどうかに関する評価も無条件に行いえないことをも意味している。

第3節　犯罪統計の見方

1　犯罪を大量現象としてとらえることの意味

　学問としての刑事政策においても行動ないし実践としての刑事政策においても、事実が基礎となることは間違いがない。それを確認する際に有用な資料となるのが、犯罪統計である。

　犯罪にかかわる現象を捕捉するために用いられる代表的な統計は、警察庁や警察庁、法務省といった官公庁が作成している官庁統計である。具体的には、警察統計、検察統計、司法統計、矯正統計、保護統計、出入国管理統計といったものがある。

　そもそも犯罪を数的に捕捉することはなぜ重要なのであろうか。犯罪統計は、犯罪の増減を把握し、統制活動のあり方の変化をも含めてその増減の要因を探索する手がかりを提供する。

　犯罪を社会現象として法則的にとらえる場合、その有用性が一層高まる。「犯罪」は行為態様や結果、背景など歴史的な一回的行為として、個別性を強くもっている。それを大量現象としてとらえることへの関心は、19世紀初頭、フランス革命を経て中央集権化をいち早く進めたフランスにおいて、ゲリーやケトレーにより司法統計を用いた犯罪の数に関する研究が行われたことから本格化した。それは、集合としての「犯罪」がもつ一定の法則性を明らかにすることへの関心と結びつくものであった。19世紀後半になると、統計を用いた犯罪の研究は、犯罪の社会的要因を解明することへの指向と結びついた。犯罪原因論の歴史に引きつければ、それは、ロンブローゾによって牽引され、とりわけイタリアにおいて強まっていた、個別犯罪をも法則性の下に研究する動向、特に個体的素質を犯罪原因として強調する犯罪人類学説に対抗するという意味合いをももった[5]。

---

[5] 個別の犯罪行為や犯罪者とは別個に説明・解明されるべき対象として犯罪性を設定することは、その後アメリカ犯罪学に継承された。

第2講　刑事政策の基礎　　23

2　統計による犯罪把握の基礎知識

(1)　犯罪統計用語の基礎知識

(a)　刑法犯、特別法犯

　統計を用いる際の第一歩となるのは、それにより何が捕捉されているかを明らかにすることである。そのため、言葉の定義や概念内容の明確化が、まずもって必要になる。そこで、『犯罪白書』を用いて、代表的な言葉の定義や概念をみておくことにする。

　『犯罪白書』では、「刑法犯」と「特別法犯」とが区別されている。現在、「刑法犯」[6]には、刑法および以下の特別法に規定された罪が含まれている。①爆発物取締罰則、②決闘罪に関する件、③印紙犯罪処罰法、④暴力行為等処罰法、⑤盗犯等の防止及び処分に関する法律、⑥航空機の強取等の処罰に関する法律、⑦人の健康に係る公害犯罪の処罰に関する法律、⑧航空の危険を生じさせる行為等の処罰に関する法律、⑨人質による強要行為等の処罰に関する法律、⑩組織的犯罪処罰法。また、「特別法犯」は、「刑法犯」、「危険運転致死傷」[7]および「過失運転致死傷等」[8]以外の罪のことをいい、条例・規則違反を含むものとされる。

　もっとも、警察庁の統計、検察統計年報、矯正統計年報、保護統計年報、司法統計年報では、「刑法犯」や各犯罪の内容が一部これと異なっている[9]。

---

[6] 刑法犯の基本罪名には、未遂、予備、教唆および幇助、強盗致死傷等の結果的加重犯、業務・目的・身分等による刑法上の加重減軽類型、盗犯等の防止及び処分に関する法律による加重類型が含まれている。また、次の刑法犯の罪名には、括弧内の罪名が含まれている。①殺人（自殺関与、同意殺人）、②強盗（事後強盗、昏睡強盗、強盗殺人、強盗・強制性交等）、③傷害（現場助勢）、④脅迫（強要）、⑤窃盗（不動産侵奪）、⑥公務執行妨害（封印等破棄）、⑦偽造（刑法第2編第16章から第19章までの罪における文書等の各偽造（不実記載・不正作出等を含む）および同行使（供用等を含む）、⑧職権濫用（特別公務員暴行陵虐）、⑨強制性交等（準強制性交等、監護者性交等、強姦（平成29年法律第72号による改正前の刑法177条および178条2項に規定する罪）、⑩強制わいせつ（準強制わいせつ、監護者わいせつ）。

[7] 自動車運転死傷処罰法2条、3条、6条1項および2項に規定する罪ならびに平成25年法律第86号による改正前の刑法208条の2に規定する罪が、この概念の内容である。

[8] 自動車運転死傷処罰法4条、5条、6条3項および4項に規定する罪並ならびに自動車運転過失致死傷（平成25年法律第86号による改正前の刑法211条2項に規定する罪）、というのが、この概念の内容である。

（b）認知件数、検挙件数、検挙人員

「認知件数」とは、犯罪の発生を統制機関（特に警察）が認知した数のことをいう。

「検挙件数」とは、統制機関（特に警察）が検挙した事件の数のことをいう。検挙とは、被疑者を特定して警察で行うべき捜査を遂げることをいう。逮捕されると通常は検挙と扱われる「検挙票」は、被疑事件について検挙もしくは解決（犯罪でないことが判明した場合）または被害品回復をしたときに作成される。その件数が「検挙件数」である。「検挙人員」という概念を使われている。これは、統制機関（特に警察）が検挙した事件の被疑者の数を指している。

「人口比」[10]という概念が用いられることがある。これは、通例、人口10万人あたりの認知件数の比率を表している。絶対数で認知件数をとらえる場合、その増減は人口の変化による影響を受ける。この影響を取り除いて変化をみるためのものとして、人口比が用いられるのである。

（c）検挙率

検挙率とは、認知件数を分母、検挙件数を分子としたものに100を掛けた数値のことをいう。

話を簡単にするために①検挙件数と②認知件数のどちらか一方が変わらないものとすれば、分子である①検挙件数が減った場合の他、分母である②認知件数が増えた場合にも検挙率は下がる（検挙率が上がるのはその逆の場合である）。

認知件数や検挙件数の増減に影響を与える事柄には、どのようなものがあ

---

(9) ちなみに、平成13年版から27年版まで『犯罪白書』では、「刑法犯」とは別に「一般刑法犯」の概念も用いられた。「一般刑法犯」は、刑法犯全体から自動車運転過失致死傷等を除いたものを内容としたが、「自動車の運転により人を死傷させる行為等の処罰に関する法律」が平成26年5月から施行され、自動車運転過失致死傷が刑法の対象から除外されたことなどから、現在は使用されなくなっている。

(10) 人口比は、「発生率」といい替えられることもある。しかし、後述のとおり、犯罪統計で表される「犯罪」の数は統制する側とされる側との相互作用とを不可欠の要素とする。この観点からすれば、「発生率」という表現は誤解を招きやすい。

るか。刑事司法制度における犯罪処理の典型的なプロセスは、次のようなものである。犯罪が発生すると被害者などにより届出がなされたり統制機関の探知活動が行われたりする。そのことで統制機関が犯罪を認知し、捜査などの活動が行われることで検挙に至る。このプロセスから示唆されるように、犯罪の発生状況、被害者などによる届出、統制機関による探知活動は、犯罪の認知件数に影響を与えうる。また、統制機関の捜査能力や捜査官の数（マンパワー）は、犯罪の検挙に影響を与えうる。その他、犯罪統制機関内における事務処理のあり方や統制活動の方針の変更は、認知と検挙の両方に作用しうる。

　統制機関の方針が検挙率の変化に影響を与えた例として知られているのは、刑法犯、とりわけ窃盗の検挙率が1989年から1990年にかけて低下した現象である。この現象について、『平成2年版 警察白書』は、「窃盗犯、特に自転車盗、万引き等の大幅な減少」は、「被害意識の希薄な事案の捜査等を合理化し、地域住民が不安を感じ、その解決を期待する犯罪の捜査に重点を置く方針を採ったことなどの理由によるもの」と説明している。もう一つの例は、1999年から2000年にかけての検挙率の変化である。桶川ストーカー事件（1999年10月）を受け、警察庁では、告訴・告発の受理・処理の適正化と体制強化を行うための通達が出された（「告訴・告発の受理・処理の適正化と体制強化について」（2000年3月））。そのことで、警察に持ち込まれる相談、事件通報には積極的対応がとられることになった。その結果、認知件数は増加した。しかし、1人を検挙した際に余罪追及を行う余力があるわけではないため、事案の処理に追われて余罪解明率が低下した結果、検挙件数は低下した。

(d) 再犯率と再犯者率
　「再犯率」とは、犯罪行為に及び検挙等された者がその後一定期間内に再び犯罪を行うことがどの程度あるのかをみる指標のことをいう。これに対し、「再犯者率」とは、検挙等された者の中に過去にも検挙等された者がどの程度いるかをみる指標のことをいう。
　両者は、似て非なる概念である。再犯率では、過去から現在をみて、前向

きに追跡を行い「再犯」をとらえることになる。それに対し、再犯者率では、現在から過去をみて「再犯」をとらえる。両者は、算出方法も違っている。再犯率は、過去のある時点において検挙等された者の数を分母、そのうち一定の時間内に再び検挙等された者の数を分子として算出される。それに対し、再犯者率は、ある時点で検挙等された者の数を分母、そのうちそれよりも過去に検挙等された経歴のある者の数を分子とする。

　再犯者率を算出する数式の分母は、ある時点で検挙等された者の数であり、これは過去に検挙等された者だけでなく初めて検挙等された者も含む。過去に検挙等された者の「検挙等」がどれくらい過去のものなのかは、人によってまちまちである。また、検挙等された者の数が変わらなくても、分母に組み入れられることになる初めて検挙等された者が減少すれば、再犯者率の値は上昇することになる。こうした特性から、再犯者率が仮に高くても、それだけで再犯の発生が多くなっているとはいえないことになる。再犯者率を用いて再犯の問題を議論することは、ミスリーディングを引き起こしやすい。

　再犯率に関しても、①分母の値・母集団をどのように措定するか、②分子となる再犯をカウントする（追跡調査を行う）期間をどのくらいに定めるか、③何をもって「再犯」とみなすか、が問題となる。②追跡期間については、当然に、これが長くなればなるほど再犯率は高くなることに注意する必要がある。③に関しては、「再犯」としてカウントする犯罪の罪種を問わないのか、それとも同種の犯罪に限定するのか、後者とする場合何をもって「同種」と考えるのかを明確にしなければならない。

(2) 犯罪暗数とその把握

　犯罪統計は、社会の中で起こっている「犯罪」と評価されうる出来事のすべてを捕捉できているわけではない。官庁統計であれば、あくまでそれは公的に処理された「犯罪」をとらえているにすぎない。このように、統計に表れていない「犯罪」の数のことを「犯罪暗数」と呼ぶ。

　この「暗数」がどれくらいの規模で存在するのか把握することは、犯罪発生から認知に至るまでどのような作用が存在するのかを理解する上でも重要である。

暗数を把握する伝統的な方法として、①自己報告犯罪の研究と②被害者調査がある。①では対象者に犯罪行為に及んだ経験を、②では犯罪被害に遭った経験をアンケートや聴き取りで尋ねる、というのが代表的な手法である。②として、1989年から国際犯罪被害実態調査（ICVS: International Crime Victimization Survey）が行われている。日本もこれに参加しており、法務総合研究所が2000年から4年ごとに「犯罪被害実態（暗数）調査」を実施している。全国から選んだ16歳以上の男女を対象としたアンケート調査等の結果は、「犯罪白書」などで公表されている。

①②のどちらも、官庁統計によることなく犯罪発生状況を把握しようとするものであり、それを補う調査を独立に行うものである。そのため、統制機関の検挙方針などに左右されにくいという特性をもつ。他方、この方法には、記憶違いや質問項目を誤解して回答する危険性がある。また、反応行動のパターンが各人で同じであるとは限らない点も、その限界として指摘される。

被害調査の結果の一般的な傾向として、とりわけ性犯罪については被害経験があるにもかかわらず届出が行われていないものの割合が多い。こうしたことは、統制機関による認知以降のプロセスを反映させた官庁統計のみだけでは理解できない。

もっとも、こうした各種調査によっても、社会の中で起こっている「犯罪」と評価されうる出来事のすべてを把握できるわけではない。そもそも犯罪統計や各種調査は、それぞれの制度や実施主体の問題関心が反映せざるをえない構造をもっている。官庁統計は、統制する側と統制される側との相互作用の中で「犯罪」を一方側から見ている反作用の活動記録としての意味をもっている。

第4節　犯罪原因論

1　犯罪原因論と犯罪対応論

犯罪原因論は、伝統的に、行動ないし実践としての刑事政策において犯罪

対策の前提に据えられてきた。また、学問としての刑事政策においては、価値判断の土台に据えられる、事実で記述される部分として位置づけられてきた。もっとも、犯罪原因論は、犯罪対応論と断絶しているものではない。むしろ犯罪原因が語られる際には、同時にありうる対応を意識するのが自然であろう。その意味で、犯罪原因論では犯罪対応論との、犯罪対応論では犯罪原因との結びつきを可視化することが重要である。

2　犯罪原因論の諸相

(1)　見取り図

　非行・犯罪の生起や終息のメカニズムについては、犯罪学の分野に知見の蓄積がある。もっとも、「犯罪学」と一括りにいっても、社会学、心理学、精神医学など軸足は様々であり、そこでとられている方法論も多様である。ここでは、その基本的な発想とアプローチに着目して簡単に見取り図を描くにとどめる。

　理論の発展の歴史を捨象して大まかに平面に置けば、犯罪原因論の見取り図は原因を因果的にみるのかラベリングの作用を重視するのかという軸と個人的な資質か社会的環境かという軸を立てて描くことができる。

(2)　因果的把握——個人への着目

　因果的発想に立ち、かつ個人的資質に着目するアプローチには、個人的資質そのものに着眼するものと環境が人格に与える影響を重視するものとがある。個人的資質そのものに着目するアプローチを代表するものには、生物学的要因や心理学的要因に着目するものがある。この系譜は古い。例えば、ロンブローゾは、進化論、遺伝学の影響下、「犯罪者」にみられるという先天的な身体的・精神的な特徴を「先祖返り」ととらえた上で、①生来的犯罪者（born criminals）、②精神異常の犯罪者（insane criminals）、③クリミナロイド（criminaloids）という犯罪者類型を示した。これは臨床的方法を用いた調査を土台にしていたものの、運命論、決定論的な犯罪者観をとるものであった。生来的犯罪人に対しては終身刑よりも死刑が重視され、その他の犯罪者に対しては不定期刑、罰金刑、精神病院送致の有効性が主張されるなど、これは

犯罪原因論と犯罪対策論とを強くつなげる議論でもあった。このアプローチ
は、犯罪原因論の分野では、家系、双生児、養子、染色体異常、性ホルモン
異常、神経生理（脳波・脳障害）などに着目した犯罪生物学へと継承された。
また、犯罪対応論では、フェリの犯罪人類学を通して、保安処分一元主義の
主張へと展開した[11]。

　環境が個人に与える影響に着目する見解の代表は、サザランドによる分化
的接触理論（differential association）である。これは生来的犯罪人説や生物学
的決定論とは対照的に社会的学習理論を土台とするものであり、「犯罪」を
内容と過程を要素とする学習行動として理解し、「犯罪者」を学習以外で
「非犯罪者」とは区別されない「通常人」ととらえるものである。その発想
は、「朱に交われば赤くなる」というのと同じものである。

　ハーシィによるコントロール理論（社会的絆理論（social bond theory））も、
この範疇でとらえることができる。もっとも、この見解は、「なぜ人は犯罪
や非行を犯すよう動機づけられるのか」ではなく「人々に逸脱的動機に基づ
いて行為するのを差し控えさせているものは何か」を問い視角を転換した。
非行を犯すのを防ぐように働く社会的絆とされるのは、①アタッチメント
（attachment）（心理的情緒的愛着）、②コミットメント（commitment）（合理的
な損得感情。投資の水泡、不利な扱いの予測）、③インヴォルヴメント
（involvement）（打ち込み。非行を行う時間・機会の欠如）、④ビリーフ（belief）
（信念。価値の内面化、一貫した行動基準の価値体系の形成）である[12]。

(3) 因果的把握—社会構造への着目

　因果的で社会構造なアプローチを代表するのは、マートンのアノミー理論
（緊張理論）である。「ある種の社会構造がその社会の一部の人々に特定の圧
力を加えて、同調的行為よりもむしろ非同調的行為をとらせるのはなぜか」

---

[11] それを体現した 1921 年イタリア刑法草案（フェリ草案）は、保安処分一元主義をとったため
に「責任と刑罰のない刑法典」としても知られている。
[12] このアプローチは、後にゴットフレッドソンとの共同研究により「犯罪の一般理論」（「自己コ
ントロール理論」）へと展開された。これは、①アタッチメントと④ビリーフを中心としており、
幼児期に家族における社会化によってもたらされる「自己コントロール」の欠如を非行と犯罪の原
因として措定するものである。

30

を問うこのアプローチは、均等に開放された目標とそれを達成する合法的な機会が不均衡に分布していることによって生じる矛盾が合法的な機会に恵まれない層に無規範状態（アノミー）をもたらすことを主張する。その上で、社会的・文化的構造の重要な要素である文化的目標と制度的手段を承認しているか拒否しているかで、個人的適応の類型化を図った。

対抗文化論の影響を受けたコーエンによる非行副次文化論は、下流階級の少年非行は「経済的成功」といった目標ではなく、伝統的な文化への敵対感情から生じる副次文化の中で非行集団内での地位を向上させることが目標として設定されることを主張する。

(4) ラベリング―個人への着目

以上のアプローチは、何らかの「原因」が因果的・条件的に「犯罪」と結びついていることを前提としている。それに対して、最終的にはレッテルを貼る行為が「犯罪」の要素をなしているとして、レッテルを貼る行為と貼られる行為の相互作用として「犯罪」をとらえる見解が「ラベリング・アプローチ」である[13]。この視角に立ちつつ、個人に着目する見解の代表は、ベッカーによるものである。それは、「社会集団は、これを犯せば逸脱となるような規則をもうけ、それを特定の人びとに適用し、彼らにアウトサイダーのレッテルを貼ることによって、逸脱を生み出す」との言葉に表される。具体的には、①「逸脱」を規定する「規則」はつくりだされる、②つくられた「規則」が万人に平等に適用されるとは限らない、③逸脱者というラベルを貼りつけることが逸脱を生み出す、ということを内容とする①は第一次逸脱、③は第二次逸脱と呼ばれる。社会統制の強化が逸脱的アイデンティティー

---

(13) この基本的発想の源流は比較的古くまで遡ることができる。「ある行為が犯罪であるからわれわれはそれを非難するのではなく、われわれがそれを非難するから犯罪なのである」との主張はすでにデュルケムによってもなされていた。また、このアプローチの基礎には、社会学の領域においてシカゴ学派により展開されたシンボリック・インタラクショニズム（象徴的相互行為論）がある。これは、「意味」をめぐる人々の具体的な相互行為や（①人間は意味に基づいて行為する、②意味は社会的相互作用過程において生じる、③意味は人間によって解釈される）、人々の「自分自身に与えている意味」（＝自己イメージ）に着目するものである。他の人々との相互作用を通して構築され、自分に付与されている意味に従って、自分自身に行為する、というものである。

（＝逸脱者としての自己観念）を形成し、それにふさわしい生活スタイルを選択させるというのが、第二次逸脱の内容である。

このアプローチは、4D主義の政策の土台となった。4D主義とは、①非犯罪化（decriminalization）、②非施設化（deinstitutionalization）、③ダイバージョン（diversion）、④適正手続（due process）のことをいい、その名称は四つの言葉の頭文字に由来している。①〜③はラベリングの回避を、④はセレクティブ・サンクション（選択的な処罰）の防止を眼目としている。

(5) ラベリング—社会構造への着目

ラベリング・アプローチをとり、かつ社会構造を視野に入れて「犯罪」を理解するのが、ヤングやクイニーの見解である。この見解は、レッテル貼りが社会的に行われる構造に目を向け、①刑法・刑事司法を資本家階級が労働者階級を抑圧するための道具と、②犯罪を社会的弱者の国家へのレジスタンスとみる。このアプローチは、③戦争、人種差別、公害（環境破壊）、大企業の犯罪（カルテルや脱税）、高級官僚の逸脱行為など非難されるべき真の「犯罪」があるにもかかわらず、現在の「犯罪」はなぜ「犯罪」とされているのかを問う。また、④犯罪の増加についても、モラル・パニックによる幻想や「法と秩序」政策を正当化するためのトリックである側面をもつことを指摘し、⑤犯罪学の最終目標を「国家と刑罰なき社会」の達成に据えている。

3 新たな「犯罪」の理解

(1) 新たな「犯罪」の理解の態様

こうした犯罪原因論の展開は、それに対する悲観論につながりもした。単一の犯罪原因を考えることは難しく、それを論究すること自体に対して悲観的な見方が拡がったのである。しかし、その後、「犯罪」の発生と終息に関しては、いくつかの新しいアプローチが生まれている。その背景には、刑事司法における医療モデルの退行[14]、「小さな政府」の下での保守イデオロギーの拡がり[15]、さらには大量の情報処理を可能にした技術の発展がある。

新しいアプローチの一つ目は、人間は合理的で自由な意思に基づいて犯罪を選択していると考える合理的選択理論である。二つ目は、現実に「犯罪」

が起こっている以上それへの対応が必要であるとの認識を前提として、「原因」とのつながりを必ずしももたせない形で現実主義的な対応を図る見解である。三つ目は、従前の理論を踏まえながらも、人生の中で犯罪経歴の継続と離脱の要因を析出するアプローチ[16]（縦断的分析）をとる発達犯罪学（ライフコース論）である。二つ目のアプローチは犯罪予防論で扱うこととし（⇒第5節2犯罪予防論の新たな展開、第9節1犯罪予防の概念）、ここでは一つ目と三つ目のアプローチを取り上げる。

(2) 合理的選択理論

合理的選択理論は、犯罪を合理的な計算の上で行われているものとしてとらえる。これは、「人間は期待される自己の効用関数を最大にするように行動する」という経済学上のホモ・エコノミクスの仮説を犯罪現象についても適用しようとするものである。犯罪は合理的な人間が自由な意思に基づいて行うものとみる合理的な人間像に立ち、逮捕の危険性と刑罰の重さを掛け合わせたリスクを犯罪の利益が上回る場合に犯罪が実行されるとみるため、この見解は、「古典派犯罪学の復活」[17]とも評価される。

この見解は、①警察のパトロール強化、②犯罪予防政策の実施、③応報に基づく量刑の実施、④量刑ガイドラインの導入、⑤刑務所の運営強化といった政策と結びつく[18]。

---

(14) これは、1974年にマーティンソンにより公表され、「効果があるものは何もない（"nothing works"）」と結論づけた処遇技法に関する231の研究を検証した研究に象徴される。これに代わる形で、ジャスティス・モデル（公正モデル、正義モデル）が台頭することになった。

(15) 応報、隔離、抑止に基づく「犯罪との闘い」、タフな政策（get tough on crime）、「不寛容」、「ゼロ・トレランス」がその政策上の基調である。

(16) 従前の犯罪原因論は、「犯罪なし」群との比較で「犯罪あり」群の特徴を析出する手法（横断的分析）をとるものといえる。

(17) 「古典派犯罪学」と称されることがあるベッカリアやベンサムの見解は、必ずしも実証的手法によらずに思弁的に犯罪の発生について考察を行うものであった。合理的選択理論は、犯罪を合理的計算の産物とみる点でこれと共通する部分をもっているため、こうした評価がなされる。

(18) ①②は逮捕の危険性を高める施策、③④⑤は刑罰を重くする施策である。そのことで犯罪の抑止を図ろうとするものである。

(3) 発達犯罪学（ライフコース論）

発達犯罪学（ライフコース論）を代表するサンプソンとラウブの研究は次のような知見を提供している。①児童期・青年期の非行は、家庭や学校によるインフォーマルな統制の良否でよく説明できるが、それには出身家庭の社会・経済的地位などの社会構造的な要因が影響を与えている。②反社会的行動は児童期から成人後まで継続することが多い。その機序としては、自己統制力の低さなど幼少期に形成された犯罪促進要因が継続性をもって逸脱行動につながっていることのほかに、過去の非行がその後のライフチャンスに悪影響を与え、累積的に社会的絆を弱めていることが考えられる。③過去の犯罪経歴にかかわらず、職業への愛着や結婚など、成人期における重要なできごとやそれに伴う社会的絆の形成がある場合、成人後ではあっても犯罪経歴からの離脱が促進される。

このアプローチは、人間を成長や発達を遂げる存在とみて、人生という時間軸を組み入れて犯罪・非行現象をみる。そこから、個人的資質や環境的要因の重なりで幼少期から問題行動がみられる場合でも、犯罪経歴からの離脱は可能であること、そこでは社会資源（ソーシャル・リソース）や社会関係資本（ソーシャル・キャピタル）との結びつきが鍵になっていることが指摘される。

第5節　犯罪原因論と犯罪対応論とのつながり

1　犯罪防止の戦略配置

「見取り図」の軸がすでに示しているように、とりわけ伝統的な犯罪原因論は犯罪対応論の方向性を示唆しており、特定の犯罪対応論とのつながりやすさ（またはつながりにくさ）をもっている。例えば、犯罪原因を個人的資質や社会構造に求めれば、犯罪対応もそこに焦点をあてることになるし、ラベリングに着目するのであれば、その回避を講じることになるのが自然である。

人格/環境		遮断		抑止		矯正 治療		教育	環境調整	健全育成	社会政策	ダイバージョン	優生保護	再統合
		隔離	遮蔽	威嚇	条件づけ	生理	心理	教育						
人格 — 生物学的	遺伝	○				△							○	
人格 — 生物学的	後天的	△				○				○				
人格	情緒障害						○							
人格	学習				○			○						
人格	社会的絆								○					
環境	利害状況			○	○							○		
環境	目的機会構造								△	△				
環境	ラベリング									○		○		
コンフリクト														○

所一彦『刑事政策の基礎理論』（大成出版社、1994 年）34 頁

　しかし、犯罪原因論は、犯罪対応論や刑事政策に直結できるわけではない。犯罪原因を事実として実証したとしても、犯罪対応論や刑事政策では価値判断が必要になる。例えば、遺伝による生来的な資質的要因が犯罪行為に結びつくことが事実として明らかになったとしても、優生学的な対応や本人の隔離でなく本人の任意に基づいて福祉的措置で対応することもありうる。つまり、直接・間接の対処は複数ありえ、「刑事政策」の枠組みを用いるべきかどうか自体が問題になりうる。換言すれば、特定の「原因」に「刑事政策」で対応すべきでないとすることをも含めて、対応の枠組みやあり方は価値判断に依存せざるをえない。単一の「犯罪原因」を措定することはできないことや、そもそも人間という存在や社会自体が複雑であることを考えれば、なおさらそうである。

　また、犯罪の対応を講じる際には、短期的効果と中長期的効果を考慮する必要がある。短期的な効用の追求は長期的な政策の選択肢を狭めうる。例えば、特定の居住区域には一定の階層に属する住民しか通行できないとの政策

をとったとする。その場合、短期的にはその区域で街頭犯罪を減らすことができるかもしれないものの、長期的には閉鎖的な社会が生み出されうる。また、刑事施設からの出所者に電子的な監視措置をとる場合、監視期間は再犯が起こらないかもしれないものの、長期的には自律的な生活を送らせることが難しくなることも考えられる。ここでも、価値判断を避けて通ることができない。

2 犯罪予防論の新たな展開

(1) 土台となるアプローチ

犯罪原因論においてみたように、1970年代半ばから処遇論と犯罪原因論に対する悲観論が広まっていった。こうした流れの中で、犯罪原因論と必ずしも直結させない形で、犯罪予防論が展開してきている。

その土台となる、犯罪原因論と結びつかない現実主義的な犯罪対応には、いくつかの形態がある。日常活動理論（ルーティーン・アクティヴィティ理論（routine activity theory））（フェルソン）は、ふさわしいターゲット、動機づけられた違反者、有能な監視者の不在を犯罪の要素とし、この三つの条件が一定の時間と空間においてどのようにかかわるかに着目して被害者化の抑止を考える[19]。犯罪は日常的な活動の機会構造の中で発生するとの認識から、犯罪を減らすには犯罪機会の減少を目的としたライフスタイルの変化が必要であることを主張する。状況的犯罪予防（環境犯罪学）（クラーク）も、類似するアプローチから犯罪防止のためのテクニックを講じる[20]。これは、「人」ではなく犯罪とされる行為が行われる状況なり環境に着目し、犯罪が多発する物理的環境を操作することで犯罪機会を減らして犯罪を予防することを指向している。犯罪の根本的な原因にではなく犯罪が発生する状況や環境、機会に着目する点で、このアプローチは対処療法的である。それだけに、

---

[19] この点で、この見解は、合理的選択理論を基礎に据えているともいえる。

[20] それは、①ターゲットを得難くする、②接近をコントロールする、③違反者を避ける、④利用者をコントロールする、⑤入口・出口での選別、⑥公的な監視、⑦被雇用者による監視、⑧自然な監視、⑨ターゲットを取り除く、⑩財産を同定する、⑪誘惑を減らす：電話帳に性別が分からないように記載する、⑫利益を拒否する、⑬規則を設定する、⑭道徳的非難を強める、⑮犯罪者をコントロールする、⑯規則の遵守を促進する、といったものである。

その効果は限定されており、特定の場所や時間で犯罪を予防できていたとしても他の場所や時間に移転しているにすぎないのではないか（犯罪の移転（deplacement））という批判がある。

破れ窓（割れ窓）理論（broken window theory）（ウィルソン＝ケリング）は、空き家の家屋の割れた窓を放置すると地域全体が荒廃した雰囲気を醸し出し犯罪を誘発しやすい環境が提供されるとの仮説に基づいており、現実の犯罪の有無よりも地域環境を荒廃させている者の存在の方が、地域住民に犯罪に対する不安感をもたらしていると主張する。警察を中心とした地域環境の荒廃防止の重要性がここでは重視される。①都市計画、②コミュニティ・レベルでの防犯活動（コミュニティ・ポリシング、「安全な街づくり」）、③家庭レベルでのホーム・セキュリティ・サービス（治安の私化）、④「不寛容（ゼロ・トレランス（zero tolerance））」政策といった犯罪対応策と結びつく。

関連して、状況・環境・機会への着目と対をなすのが、とりわけ若年者の社会化を通じて犯罪の予防を図る社会的犯罪予防（social crime prevention）のアプローチである。若年者が社会化を果たしていくプロセスには、家族だけでなく学校や地域社会もかかわりをもつ。貧困や家庭の崩壊、生育環境をも視野に入れて、例えば社会的紐帯の強化や地域への所属意識の向上などを通して、そしてそのことで規範意識や遵法意識、自尊心、忍耐力、他者との愛着などを育むことで犯罪を予防しようとするものである。個人への心理的な働きかけを視野に入れつつ地域の犯罪統制力を高めるようとするのがこのアプローチであるといえる。しかし、即効性を求め、地域社会の紐帯の強化を手段に、犯罪予防をその上位にある目的に据えることがあるとすれば、それは本末転倒であり、却って日常的な生活が不自由で息苦しいものになる危険性もある。あくまで、犯罪予防は、反射として得られる効果として位置づけておくべきであろう。

(2) 一次的予防、二次的予防、三次的予防

新しい展開を代表的するのが、犯罪予防を一次的予防、二的次予防、三次的予防に分ける考えである。一次的予防とは、潜在的に犯罪に及びうる者一般を念頭に置き、犯罪機会を減少させることを目的として行われるものであ

る。二次的予防とは、具体的な潜在的犯罪行為者を早期に確認し、介入していく過程である。三次的予防は、実際に犯罪行為に及んだ者に対する処遇である（⇒第9節1犯罪予防の概念）。これは、疾病発生の一般的な予防、疾病症状のある個人や環境への個別的な働きかけ、再発防止、という公衆衛生の考えを犯罪予防の分野にも用いるものである。

　この考えは、刑事司法制度を様々な社会制度の一つとして位置づける点で意義をもつ。刑事司法制度は犯罪予防手段の一つであるにすぎず、唯一の手段ではないのである。

　もっとも、この図式の中で、一次的予防や二次的予防として位置づけられる諸社会政策が、各々の本来の目的を達成する反射的効果としてではなく、犯罪予防を直接の目的として位置づけるようなことがあれば、却って権力作用を統制することが難しくなり、「息苦しい社会」となる危険性が生まれるであろう。福祉政策を例としてみると、個人の福利増進という本来の目的の中に犯罪予防が紛れ込むことになれば、この制度の元々の目的達成が難しくなるばかりでなく、権力作用の統制も困難になってしまうであろう[21]。犯罪予防は、あくまで、各々の制度が元々もっている目的を達成する過程で得られる反射的効果として考えられるべきである[22]。

第6節　犯罪化・非犯罪化

1 「犯罪」のレッテル貼り

　ラベリング・アプローチの登場以降、レッテル（を貼る行為）に着目することなしに「犯罪」を語ることはできなくなっている。つまり、「犯罪」は、社会実体・社会的事実として「犯罪」とするにふさわしい行為の存在だけで

---

[21] こうした危惧は、「福祉の刑事化」という言葉で表されることがある。
[22] このことは、実は、第三次予防に位置づけられる刑事司法制度による犯罪予防も例外ではないとの理解を導きうる。刑事司法制度の目的は、犯罪の事後的な処理に尽き、犯罪予防はその反射として得られるにすぎない効果であると考える余地がある。

なく、「犯罪」という（典型的には国家による）レッテル（を貼る行為）があってはじめて「犯罪」たりうる。

　そのため、社会的事実としては同視できる場合でも、レッテル貼りの違いにより「犯罪」になったりならなかったりするということが起こりうる。例えば、Xがライフル銃を用いVを狙撃し死に至らしめたという場合、殺人罪という犯罪として扱われるのが通例であろう。しかし、これが戦場での出来事でありVが敵兵であるときは、そうならない場合が多いであろう。また、Xが夫であるAに内緒で夫の同僚Bと通じ性行為に及んだという場合、戦前の日本であれば姦通罪という犯罪として扱われたであろうが、今日ではそうならない。

2 犯罪化・非犯罪化

(1) ハート–デヴリン論争

　この観点からみた場合、果たして国家はどのような社会的な振る舞いに対して「犯罪」というレッテルを貼るべきか、あるいは反対に貼らざるべきかが問題になる。これは、「犯罪化」（criminalization, Kriminalisierung）と「非犯罪化」（decriminalization, Entkriminalisierung）の問題である[23]。「犯罪化」とは、これまで犯罪とされてこなかったものを新たに犯罪とすることを指す言葉である。「非犯罪化」とは、これとは反対に、これまで犯罪とされてきたものを犯罪とするのをやめることをいう。

　国家介入の正当化（許容）根拠の問題とも重なっているこの問題は、法と道徳の関係を問うたハート–デヴリン論争[24]を通じても知られている。発端となったのは、1958年にイギリス国会に提出された同性愛行為や売春行為に関する刑事介入のあり方に関する報告書であるウォルフェンデン・レポートである。このレポートは、刑法の役割が公序良俗を維持し、市民を不快

---

[23] 非犯罪化と類似するものの区別されるべきものとして「非刑罰化」（depenalization, Depönalisierung）の概念がある。これは、「犯罪」ないし法的に逸脱的な行為として扱いはするものの、刑罰を科すのをやめることをいう。

[24] この論争の詳細は、児玉聡「ハート・デブリン論争再考」社会と倫理24号（2010年）181-199頁を参照のこと。

または有害なものから守り、とりわけ若者や障がい者などの社会的弱者を搾取や堕落の危険から守る手段を提供することといったものを超えて、市民の私的な生活に介入したり、特定の行動様式を強制しようと試みることには及ばない、とした。その上で、このレポートは、特定の性行動が罪深いであるとか、道徳的に不正であるとか、良心や宗教的・文化的伝統に反するがゆえに非難に値するといった理由は、刑法によって処罰する根拠にはならないものとし、①小児に対してなされる場合、②公共の場でなされる場合、③成人同士で私的な場でなされる場合のうち、③の同性愛行為は非犯罪化されるべきことを提言した。こういったからといって私的な不道徳を許したり勧めたりするわけではない。しかし、「法の知ったことではない私的な道徳と不道徳の領域が残されていなければならない」というのである。

　こうしたレポートの内容には、法による公共道徳の強行的実現が必要であるとの観点からデヴリンによる批判がなされた。社会は観念の共同体であり、政治、道徳、倫理についての観念が共有されない社会など存在しない、というのである。しかし、こうした主張に対しては、ハートにより、①公共道徳が社会とともに存在するのは自明か、②不道徳が抑圧されなければならないというのは自明か、との疑問が呈されることになった。「他人に被害を及ぼさぬかぎり自分好みのやり方で地獄に堕ちるという奪うことのできない権利を、人間は少なくとも刑法に対しては保有している」[25]というのである。

(2) 国家介入の正当化（許容）原理

　この論争は、国家介入の正当化（許容）原理を問うものであった。

　国家が個人の自由を制約することを認めるための原理には、①侵害原理、②保護原理（パターナリズム）、③道徳原理（モラリズム）の対立がある。①侵害原理は、他者の利益が侵害または危殆化されたことに介入の根拠を求める。それに対し、②パターナリズムは、介入される本人の利益保護に着目し、本人が自分の利益を損なわないように本人のために介入することを許す。③

---

(25) ここで依拠されているのは、「文明社会のどの成員に対してにせよ、彼の意思に反して権力を行使しても正当とされるための唯一の目的は、他の成員に及ぶ害の防止にある」という J.S. ミルによるミル原理である。

道徳原理は、①②のような利益保護とは無関係に、社会全体の道徳秩序の維持という観点から介入を認めることになる。

　ハート－デヴリン論争は、法と道徳の関係を問題として、①侵害原理と③道徳原理のうちどちらを刑事介入の本質とみるかに関する論争であったといえる。①侵害原理と③道徳原理とでは、とりわけ被害者のいない犯罪行為（＝被害者なき犯罪）の扱いが変わってくる。扱いが変わるとされてきたのは、伝統的には、同性愛、売買春、堕胎、薬物の自己使用、賭博などの規制である。薬物の自己使用や賭博などの行為は、②パターナリズムからも根拠づけられうる。もっとも、刑事介入を行うという結論は同じであっても、そこに至る理路は異なる。②パターナリズムはあくまで本人のためであるということを、③道徳原理は社会道徳の秩序維持を、前面に押し出すこととなる。

　個人が自由に人格を発展させることを標榜し、またそのことを承認もしている自由社会においては、不道徳であるというだけで国家の介入を許すべきではない。社会の価値観が多様化しているのであればなおさら、道徳を理由とする刑事介入には問題がある。③道徳原理を刑事介入の土台に据えることは妥当でない。自由社会においては、個人の自律性が重んじられるべきである。そして、個人の尊厳を守る方法はその個人にかかわる利益または不利益について自己決定の機会を保障し、その内容を尊重することである。このことからいけば、②パターナリズムは、その個人のために介入するという理路をたどるがゆえに、却って個人の自己決定を軽んじ、過介入を引き起こす危険性をもっている。国家介入の主たる原理に据えるには問題がある。国家介入の原理としては、①侵害原理を土台に据え、②パターナリズムはそれを補充するものとして位置づけておくのが妥当であろう。③道徳原理や②パターナリズムには、素朴な正義感や配慮といった要素が紛れ込みやすく、これに依拠する場合、時に過度な国家介入を招くことに注意しておく必要がある。

(3) 犯罪化と非犯罪化の例

　日本における犯罪化の実例としては、「廃棄物の処理及び清掃に関する法律」上の廃棄物等の投棄禁止違反（1970年）、支払い用カード電磁的記録に関する罪（2001年）、危険運転致死傷罪（2001年）、不正指令電磁的記録に関

する罪（2011年）などを挙げることができる。他方、非犯罪化の実例として
は、不敬罪（1947年刑法から削除）や姦通罪（同前）、尊属殺人罪（1995年刑
法から削除）がある。非刑罰化の例としては、道路交通法上の交通反則通告
制度（1968年導入）を挙げることができる。

　日本における非犯罪化は、これまで、犯罪発生状況や刑事制裁の効果とい
った事実に基づいては行われておらず、憲法の改正や裁判所による違憲判断
を契機とした価値の観点から行われてきたといえる。

　また、近時の刑事立法の状況から示唆されるように（⇒第7節刑事立法論）、
量的にみてみれば、非犯罪化よりも犯罪化の方が活発に行われている。その
背景には、①社会的紐帯の弱まりなどによる法以前の秩序統制システムの弱
化や、②コンピューターの普及をはじめとする科学技術の発展、環境への関
心が高まりこれを共有財としてとらえる潮流の強まりといった社会文化の要
請（社会構造の変化）がある。モータリゼーションによる道路交通犯罪に対
する罰則強化や、経済犯罪、インターネット犯罪、社会がグローバル化する
中での組織犯罪やテロ対策などがその例である。もっとも、こうした現象は、
いずれも（刑）法が犯罪予防の力（＝抑止力）をもつことを前提にしている。
果たしてどれだけの実証的な基盤があるのか、抽象的な不安感を払拭するこ
とだけが実質的な目的とされていないか、素朴な道徳感情が紛れ込んでいな
いかには、注意しておく必要がある。

(4) 刑罰インフレとダイバージョン
(a) 刑罰インフレの問題性

　犯罪化が非犯罪化を上回る状況が続けば、刑罰法規の過剰現象（＝刑罰
インフレ）が起こることになる。しかし、刑罰法令が世の中に溢れれば、ま
ず、①物理的な対応能力の問題が起こる。世の中に刑罰法令が溢れるという
ことは、それだけ「犯罪」が生み出される可能性が高まるということでもあ
る。しかし、犯罪の取り締まりや事後処理に割くことができる人員は無限で
はない。そこで効率性を重視した取り締まりや処理を行うとすれば、自ずと
統制機関に広い裁量を認めることになり、不平等な法適用や対応が生じる。
また、②コストの問題も生じる。刑事司法制度に無限にコストをかけること

ができない以上、否応なく、統制活動には強弱が生じる。そうなれば、不平等な法適用や対応が起こる。最後に、③法の統制する力の弱化という問題がある。法的統制が過剰に行われれば、法違反とされる場合であっても、統制される側は「運が悪かった」としかとらえなくなる。交通違反により罰金が科せられる場合に検察庁から既決犯罪通知がなされずに市町村が管理する「犯罪者名簿」への記載が行われないのも、「一億総犯罪者」となることを避けるためである。過剰な刑法規範は、運用上の抜け道をつくりだすだけでなく規範の力自体をも弱めてしまう作用をもつ。

　罰則法規が過剰となればなるほど、こうした問題は大きくなる。この問題を回避するためには、非犯罪化を行わざるをえない。

(b)　ダイバージョンとその限界

　過剰な犯罪化の弊害を回避する方策として、ダイバージョンを活用して、犯罪の種類によって対応を二極化させた運用を行うことも考えられる。すなわち、重大な犯罪や社会的に関心が高い犯罪の類型については「犯罪」とすることを維持しつつ、比較的軽微な犯罪の類型については、ダイバージョンを行うという運用である。この方法には、①統制機関や刑事司法機関の負担を軽減することができ、②重大犯罪に人的・物的資源を集中させることができるというメリットがある。反面、①ダイバージョンの活用による統制機関の裁量の増大と②ダイバージョンによる統制の網の拡大（ネット・ワイドニング）というデメリットがある。①統制機関の裁量の増大は、事件処理の不透明さや選択的な処罰（セレクティブ・サンクション）の問題に結びつく。対象者本人にとっては不平等な扱い（憲法上の平等原則違反）として、社会の構成員にとっては（刑事）司法に対する人々の信頼の喪失として、この問題は表出する。②統制の網の拡大の問題は、多くの場合、権利保障を十全に保障しないまま、国家による統制の下に置く事件の対象範囲を拡大するという形で起こる。

　こうした問題を回避するためには、手続運用上のものにとどまらずに実体レベルにおける非犯罪化を推進する必要がある。また、そもそも犯罪化を行う際に、個別のケースではなく一般的に処罰の必要性が認められることや、

人的・物的資源からみて処罰により目的を達成する可能性とそれに関する社会的合意があること、中長期的なものも含めて起こりうる副作用を踏まえてもなお成果を得ることが見込まれること、他の方法がないことなどを精査することも必要である。

第7節　刑事立法論

1　戦後の刑事立法と立法の停滞期

　本節では、法解釈論の枠内では収まらない刑事政策論である刑事立法論について、分野横断的に取り扱う（⇒第1講第1節刑事政策の必要性）。

　第二次大戦後の日本の刑事立法をめぐっては、刑事訴訟法・少年法がアメリカの影響を強く受ける形で全面改正され（1948年）、更生保護分野においても、同様にアメリカの影響を受けて犯罪者予防更生法が新たに制定される（1949年）という大きな出来事があった。当事者主義を取り入れ、適正手続を重視した刑事訴訟法、家庭裁判所へすべての少年事件を集める全件送致主義を採用した新少年法、戦前の警察による監視から決別し立ち直り支援の思想に依拠した犯罪者予防更生法はいずれも人権保障を重視した立法であった。

　他方で明治40年（1907年）に制定された刑法、明治41年（1908年）に制定された監獄法については、根本的な見直しがなされないままであった。刑法は当時の新派刑法学の影響を受けて、犯罪類型を単純化する一方で裁判官の裁量を広くとっており、また財産犯の刑が全般的に重いといった問題を、監獄法については、受刑者処遇に関する規定を欠いており、権利義務関係が明確でないという問題を抱えており、人権保障の観点では問題が残る状態であった。

　こうした人権保障のアンバランスは、刑法や監獄法を全面改正することで是正されるべきであったが、まもなく、破壊活動防止法制定（1952年）や、凶器準備集合罪（刑208条の2）新設（1958年）に象徴されるように、立法政策は、朝鮮戦争勃発に伴う社会の混乱に対処するという名目で人権を制約し、

44

さらには市民運動を抑圧する方向に舵を切った。さらに法務省は保安処分の導入を含む刑法全面改正を企図したが、激しい反対運動の末、改正はとん挫した[26]。また少年法についても、事件処理の権限を失った検察官の失地回復、刑事的対応の強化を目的として青年層の設置など全面改正が試みられたが、裁判所・弁護士会の強い抵抗にあい、これも挫折した[27]。受刑者処遇の法律化・現代化・国際化を目指した監獄法改正も、代用監獄の恒久化を含んでいたため、叶わなかった[28]。大きく言えば1970年代から80年代は立法の停滞期であった。

2 刑事立法活性化の時代

この状況が変化するのは1990年代後半である。まず国連組織犯罪条約への加盟を理由に、捜査手法として盗聴を可能にした通信傍受法が制定され（1999年）、次いで、少年犯罪の凶悪化を理由に、少年法を厳罰化する改正（少20条2項等）が行われた（2000年）。さらに、悪質な交通事故を厳罰化した危険運転致死傷罪（刑新208条の2）新設（2001年）、犯罪認知件数の激増を受けた刑法改正による法定刑引上げ（12条以下。2004年）、国民に統治主体になることを求めた裁判員法など司法改革関連法制定（2004年）などが続いた。これらは司法が毅然とした対応を行うことを強調する点で共通しており、当時の政府の政策と軌を一にする新自由主義的な改革であったと評価できる。

しかし、そうこうしているうちに犯罪認知件数は減少に転じ、強い司法を構築する政策を支える最大の論拠は失われるに至った。しかしその後も、犯罪被害者に刑事裁判での証人尋問等を認めた被害者参加制度の創設（刑訴316条の33以下。2007年）、人が死亡した事件について公訴時効を廃止した

---

(26) 戦前から続けられていた刑法改正作業は、戦後1956年に再開され、1974年には法制審議会総会が「改正刑法草案」を答申したものの、法案は国会に提出されないままに終わった。
(27) 1970年に「少年法改正要綱」が法制審議会に諮問されたが、1977年に要綱への賛否を棚上げした中間答申が出されたのみで議論は終息した。
(28) 1976年に「監獄法改正の骨子となる要綱」が法制審議会に諮問され、審議会答申を踏まえた刑事施設法案が1982年以降三度国会に提出されたが、同時に警察庁が提出した留置施設法案が代用監獄を恒久化していたことへの反対が強く、法律の制定に至らなかった。

刑訴法改正（250条。2010年）、危険運転致死傷罪の適用範囲の狭さなどを問題視し交通事故を一層厳罰化した自動車運転死傷行為処罰法制定（2013年）、少年に対する有期刑を重くした少年法改正（52条等。2014年）、性犯罪を厳罰化した刑法改正（177条以下。2017年）など犯罪被害者・遺族の団体の要望を踏まえる形で、強い司法を目指す立法政策は継続した。

また、国連組織犯罪条約の批准に必要とされつつも国内世論の強い反発を受けて10年以上たなざらしになっていた共謀罪が、テロ対策を名目としたテロ等準備罪（組織犯罪6条の2）と名称を改めて導入された（2017年）。

3　特定の事件と刑事立法

特定の事件を契機として実現した立法もある。精神障害を理由とする不起訴歴のある者が小学生を多数殺傷した池田小学校事件を契機として、責任能力に問題があり刑事施設に収容できない触法精神障害者を強制的に入院させることとした心神喪失者等医療観察法制定（2003年）、触法少年による男児殺害事件や同級生殺害事件を契機として、主たる対応システムを児童福祉から少年司法に移した少年法改正（6条の2以下。2007年）などが行われた。

反対に、国家機関による人権侵害事案を契機として行われた立法もある。受刑者が刑務官から暴行され死傷した名古屋刑務所事件を契機として、監獄法を全面改正する受刑者処遇法（現・刑処法[29]）が制定された（2005年）。不服申立制度の拡充や刑事施設視察委員会制度の導入など被収容者の権利保障に資する改革も実現したが、依然として施設側の裁量には大きなものがあり、法律の基調としては施設を管理するという側面の方が強く出ているものとなった。教官による収容少年への虐待事件である広島少年院事件を契機として行われた新少年院法制定（2014年）についても、刑処法をベースにしている点が多く、罰としてではなく教育のために収容しているという特殊性を踏まえたものとなっているかについては評価が分かれている。さらに、冤罪事件の続発や検察官による証拠偽造が問題となった郵便不正事件を受けて行われた刑事司法改革関連法（2016年）においても、取調べの録音録画（刑訴301

---

(29) 2006年に、改正を先送りしていた未決拘禁者、死刑確定者に関する規定を全面改正のうえ統合し、「刑事収容施設及び被収容者等の処遇に関する法律」と名称を改めた。

条の2）は実現したものの、司法取引を可能にした協議合意制度（同350条の2以下）や刑事免責制度（同157条の2以下）が導入され、通信傍受の対象範囲拡大および実施の容易化が行われるなど捜査権限の拡張が目立つ改正となった。

4　再犯防止の強調

最近の立法のキーワードは再犯防止である。社会内処遇を受けたにもかかわらず重大な再犯に至ってしまった事件を契機として、犯罪者予防更生法を全面改正した更保法制定（2007年）、再犯率の高い薬物事犯者等を出所後一定期間保護観察状態に置く刑の一部執行猶予を導入した刑法改正（27条2以下。2013年改正）、前述した、医療観察法、刑処法、少年院法はいずれも、従来は不十分であった犯罪者処遇プログラムを本格的に実施するものであるが、そのための手段として処遇を義務づけ、拒否する場合には不利益処分を課す点で評価が分かれている。

他方で、福祉的支援や就労支援といったソフトな方策による再犯防止を推進することを宣言した再防法も制定された（2017年）。

さらに今後、起訴猶予時の再犯防止措置として保護観察に類似した働きかけを検察官主導で実施したり、刑務作業のみならず処遇プログラムをも刑罰として義務づける新しい自由刑を導入するなど、評価が分かれている改正がなされる可能性がある。

5　刑事立法の評価のあり方

このように、依然として刑事立法が続々となされるようになっている現在、立法動向の分析は刑事政策における重要な一分野となっており、それに対応して分析概念もいくつか提唱されている。

まず敵味方刑法という分析概念がある。近代刑事法は、犯罪者であっても市民社会の一員である以上、適正手続を保障した刑事手続において寛大な処分を行うにとどめ、罪を償った後は再度社会に迎え入れることを予定していた。ところが近年はあたかも戦争における敵のように、手続を形骸化させ厳罰を科すことによりその者を社会から排除するような立法がみられるという

分析である。こうした立法が出現するようになった背景には、グローバリゼーションと共に、テロリストに代表されるような、根本的な価値観を共有していない他者が犯罪を犯すようになったという認識がある。

またピナル・ポピュリズム（penal populism）という分析概念もある。従来の刑事立法は専門家の手によってなされてきたが、犯罪者処遇にどれだけ費用を投じても再犯が減らないといういらだちから、専門家に対する不信感が醸成されているところに、厳罰化による犯罪抑止や被害者の保護救済を理由とした市民の情緒に訴える立法が支持を集め、理論上や政策上に多少の難があっても実現してしまう、というのである。

他にも、科学技術の発展とともに事件や事故が発生する危険が統制不可能になり、不可視化したため、あらゆる事象が確率的に判断されるリスク社会が到来したとの認識の下で、刑事立法は安心感を保護するために行われるようになっているとの分析も見られる。とりわけ取り返しのつかない被害を及ぼす犯罪については、発生確率が低いというデータを説明しても、安心感は得られないため、強いメッセージを発することが必要とされるというのである。

こうした分析はまだ始められたばかりであり、他にも複数の分析概念が提示されている。その説明理論としての有用性は今後検証されるべきものである。

差し当たり確認しておくべきなのは、刑事立法を分析する際は、立法の理由とされたものが本当に立法事実足り得るのかの吟味を慎重に行わなければならない、ということである。本節で概観したような、犯罪認知件数の増加に伴う治安悪化など一時的な現象にすぎないもの、極めて稀な特異な事件を契機とするものが、果たして立法により制度を大きく改める理由になり得るのか疑問がある。とりわけ立法の場合、事後的に過剰反応であったと判明しても、一度行ったものを元に戻すのは実際上困難であるため、特段の慎重さが必要となる。関連して、立法が行われた後に、当該立法が実務にいかなる影響を及ぼしたのか、予期せぬ弊害をもたらしていないかの検証を欠かしてはならない。さらに、当初は刑罰権・捜査権を抑制する必要性から始められた立法が、実は権限を拡張する結果に至っている場合がある。細かな改正点

を詳密に分析することも必要であるが、それと同時に広い視野をもって、当該立法が本当は何を達成しようとしているのかを見極める目を持たなければならない。

第8節　犯罪被害者の保護と支援

1　犯罪被害者の時代

(1)　歴史的な経緯

　かつて国家刑罰権が成立していなかった時代には、私人間で紛争が発生すると、当事者同士で解決しなければならなかった。被害者はまさに紛争解決の主役であり、復讐として相手方の生命を奪うことを含んだ自らが納得のいく解決を求めることができた。しかしそのことにより復讐の連鎖が生じ、秩序が乱れたため、私的復讐は制限され、国家刑罰権が成立した。

　民事と刑事が分離することにより、被害者は金銭賠償等の限られた手段により被害回復を受けるしかなくなり、生命や自由の剥奪は刑事罰として国家により行われることになった。被害者は刑事事件においては、単なる目撃者ないし証人として登場するに過ぎなくなった。目撃者ないし証人は被害者に限られないため、犯罪の被害者は忘れられた存在になったとも表現される。国家としては、秩序維持の観点から刑罰権を運用することになる。そのため犯罪者の再犯をいかに防ぐかに関心が向く。当初は死刑が多用されるなど刑罰は過酷を極めたが、啓蒙期には人道主義の見地から、刑罰による苦痛は必要最小限でなければならないという思想が普及し、寛刑化が進行した。自由刑が刑罰の中心となり、受刑者の大部分は釈放されるのであるから、円滑に社会復帰を果たせるよう改善更生のための処遇が実施されることになった。このことは、社会とのつながりを断ち切られた受刑者が社会復帰を果たすことがいかに困難であるかを示唆しているのであるが、刑務所が閉ざされていることもあり、受刑生活の苦しさはなかなか社会には伝わらない。むしろ、社会は、被害者が何の支援もなく置き去りにされる一方で、犯罪者だけが優

遇されているとの印象を抱くこととなった。

(2) 犯罪被害者の復権

　こうした状況に変化が生じたのは、1980年代である。過激派グループの
ビル爆破事件により多数の被害者が出たが、勤務中であれば労災が認定され
補償金が支払われたのに対し、単なる通行人の場合には何の支援もないこと
が問題視され、1981年に犯給法が制定された。しかし給付金の性格は見舞
金であるとされ、金額も低いと言わざるを得ない状態であった。この段階で
は犯罪被害者は憐みの対象にとどまっていた。

　その後、1985年には国連総会にて「犯罪及び権力濫用の被害者のための
司法の基本原則宣言」が出され、犯罪被害者がいかなる権利利益を享受すべ
きかの分析が進められた。それを踏まえる形で、重大事件の捜査進捗状況、
被疑者およびその処分状況を通知する警察庁の被害者連絡制度の創設（1996
年）、受理事件の処理状況および公判状況を通知する検察庁の被害者等通知
制度の創設（1999年）、被害者の意見陳述制度、証人保護制度などを導入し
た刑訴法改正と公判記録の閲覧・謄写、和解を記録した公判調書への執行力
の付与等を規定した被害者保護法からなる犯罪被害者等保護二法の制定
（2000年）、少年事件の被害者の審判記録の閲覧謄写、審判結果等の通知、被
害者からの意見聴取を制度化した少年法改正（2000年）、犯罪被害者等給付
金の給付水準の引上げ、犯罪被害者等早期援助団体の指定、日本司法支援セ
ンター（法テラス）による被害者支援等に精通した弁護士の紹介などを内容
とする犯給法改正（2001年）、釈放受刑者の釈放予定時期等を通知する検察
庁の被害者等通知制度の改正（2001年）、被害者支援を国や地方公共団体の
責務とした犯罪被害者等基本法の制定（2004年）、犯罪被害者等給付金の支
給対象を拡大した犯給法改正（2006年）、被害者等の刑事裁判への参加制度、
損害賠償請求に刑事手続の成果を利用する損害賠償命令制度などからなる、
犯罪被害者等の権利利益の保護を図るための刑事訴訟法等の一部を改正する
法律の制定（2007年）、仮釈放審理における被害者等の意見を聴取する制度、
仮釈放者に被害者等の心情を伝達する制度を設けた更保法制定（2007年）、
犯罪被害者等給付金の支給水準を引き上げた犯給法改正（2008年）、非公開

審理である少年審判について犯罪被害者等の傍聴を認めた少年法改正（2008年）、被告人、さらには弁護人に対し被害者の氏名を秘匿する制度を設けた刑訴法改正（2016年）、国外犯罪被害者に弔慰金を支給する法律の制定（2016年）と、1990年代後半以降、次々と犯罪被害者に対する施策が展開されていった。欧米に比べて20年は遅れていると言われていた日本の犯罪被害者施策であるが、今やかなり進歩的になったとも評価される。

　しかし、制度を作るだけでなく、その運用を犯罪被害者に寄り添ったものとしていかなければならないことはいうまでもない。

2　犯罪被害の実態

　犯罪の被害には、一次被害、二次被害、三次被害という区別がある。一次被害は、犯罪の直接的被害であるが、犯罪は財産や身体に対して物理的に侵害を及ぼすだけでなく、精神的な被害をも及ぼすことが重要である。場合によっては、PTSDのように、長期間にわたって被害者が苦しみ続けることもある。

　二次被害とは、犯罪被害に遭ったことに伴い、周囲の人たちの不適切な対応から付随的に生じる被害である。とりわけ司法関係者が二次被害をもたらしていることは強く反省され、捜査関係者による配慮を欠く取調べなどはずいぶん減少したと思われるものの、犯人を適正に処罰しようとする限り、被害者に望まない被害の記憶の想起を求めることは不可避であり、目標は二次被害の完全な防止ではなく、可能な限りの防止に置かれる。司法関係者以外にも、メディアの配慮を欠く取材などによる二次被害も存在する。これらを防止する上では、被害に遭遇し混乱した状態にある被害者に対し適切な対応を助言する立場のサポート役の存在が重要である。そうしたサポートを一層充実していかなければならない。

　三次被害とは、一次、二次の被害の結果、長期的に精神的社会的不利益を被り続けることを指す。犯罪被害に遭った結果、心身に不調をきたし、退職せざるを得なくなったり、引きこもりになってしまう場合がある。息の長いサポート体制を構築する必要がある。

　以上のような被害は、多かれ少なかれ犯罪以外の災害等の被害においても

みられるものである。しかし犯罪被害の特殊性もある。犯罪は人により惹き起こされるものであり、回避できたはずであるとの思いが強くなる。犯罪学が教えるように、この思いは必ずしも正確ではない。統計的に見れば、一定の確率で犯罪被害に遭遇することを回避することは難しい。しかし、犯罪は自由意思の産物であるという社会通念は強固であり、そのことから被害者は被害を回避できなかったことについて、遺族は被害者に被害を回避させなかったことについて自らを責め、苦しみを募らせる。そしてその苦しみが、加害者への憎しみに転化する。犯罪被害は、他の被害に比べて情緒的反応を呼び起こしやすい。

3 犯罪被害の多様性、実態解明の困難性

近年は、犯罪被害者自身が手記を出版したり、メディアにおいて被害者の苦しみが報道されることが多くなった。しかしそれらは氷山の一角にすぎない。よく知られているように犯罪には暗数が存在する。様々な理由から被害を申告しない人がいる。暗数の実態を解明するための手段として被害者調査がある。この方法は、軽微な被害について、量的な程度を測定するには確かに有効である。しかし被害が深刻である場合、アンケート調査等を実施しても正確に回答されるとは限らない。

犯罪被害者にとって、被害の実態を訴えるのは容易ではない。いわれのないバッシングを受けるおそれがある。泣き寝入りしてしまえば、被害の深刻さを伝えることはできなくなる。しかし反対に、犯罪被害者が頻繁にメディアで取り上げられるようになると、ニュースバリューがあると判断される深刻な被害ばかりが報道されるようになる。同程度の被害を負っても必ずしも大きな心の傷を負わないような場合があったとしても、その事実が忘れられてしまうという問題も起きる。例えば親族を殺害された遺族の苦しみは、被害者との関係が疎遠になっていれば、必ずしも大きくないかもしれない。しかし「被害者」、「遺族」として存在が抽象的に把握される場合、そうしたケースの存在は忘れられてしまう。こうした事態を避けることは非常に難しいが、まずは可能な限り、被害の申告を躊躇することがないようにすることが重要であろう。現在、性犯罪被害者が被害を訴えやすいように、1か所にア

52

クセスすることで様々なサービスを提供するワンストップサービスセンターの普及が図られている。こうした制度により、可能な限り正確に被害の実態を把握することが重要であろう。

被害者の思いは多様である。例えば、刑事裁判への被害者参加制度をめぐっては、制度の導入に反対する被害者も存在した。こうした制度ができると、制度を活用するのがあるべき被害者であるといった観念が形成され、早く被害の経験を忘れて立ち直りたいという意向を有する被害者でも参加せざるを得ない雰囲気になることが危惧される、というのである。被害者を尊重するというのであれば、刑事裁判から疎外されることの辛さについての訴えだけでなく、こうした意見にも十分に耳を傾ける必要がある。

4　犯罪被害者の権利論

(1)　被害者の権利の性質

犯罪被害者の権利として、犯罪被害者等基本法 3 条は、「すべて犯罪被害者等は、個人の尊厳が重んぜられ、その尊厳にふさわしい処遇を保障される権利を有する。」と規定する。具体的には、①情報提供を受ける権利、②被害回復を受ける権利、③刑事手続で保護される権利、④プライバシーを保護される権利、⑤刑事手続に参加する権利などが取り沙汰されている。

問題はこうした権利が、一般国民が憲法上保障されている人権が、犯罪被害者という地位に即して具体的に保障されるものにすぎないのか、それとも一般国民とは異なる特有の権利が犯罪被害者に保障されるのかである。被害者の権利が憲法上の幸福追求権（13条）や、生存権（25条）といった一般条項を根拠とする限り、その権利は一般国民としての人権である。それに対して、国家には犯罪被害を防止する責務があるところ、それに失敗した以上、国家には被害者を保護する義務があり、その反面として犯罪被害者に特有の権利が保障される、との見解があり得る。しかし国家があまねく犯罪被害を防止しなければならないとすれば、我々の自由は極端に制限され、強度の監視社会が到来することになる。そうした社会が望ましくないとすれば、国家の犯罪防止義務は抽象的なものにとどまらざるを得ない。結局、犯罪被害者であるがゆえに特有の人権が保障されるわけではなく、様々な場面で犯罪被

害者だけのための特別な制度が設けられているのは、被害者への「配慮」にとどまる、ということになる。そのため、現行法上も、「配慮」を受けられなかったことについて不服申立ての手段は設けられていない。

(2) 具体的制度に見る被害者への配慮

例えば、被害者への情報提供に関して、警察の「被害者連絡制度」は、身体犯および重大な交通事件の被害者とその遺族に、捜査状況、被疑者の人定、処分状況（送致先検察庁、起訴不起訴等の結果、起訴裁判所）などを連絡することになっているが、あくまでも捜査に支障のない限度での情報提供である。検察庁の「被害者等通知制度」も、事件処理結果、裁判結果などを通知しているが、「被害者を始めとする国民の理解を得るとともに、刑事司法の適正かつ円滑な運営に資すること」を目的としており、この目的に沿わないときその他通知することが相当でないときは、通知しない、としている。判決確定前の公判記録の閲覧・謄写についても、「閲覧又は謄写を求める理由が正当でないと認める場合及び犯罪の性質、審理の状況その他の事情を考慮して閲覧又は謄写をさせることが相当でないと認める場合」以外でなければ、認められない（被害者保護3条）。

刑事手続での保護に関しても、例えば、証人として出廷する際の二次被害の防止策として、付添人（刑訴157条の4）、証人尋問の際の、被告人・傍聴人と証人の間の遮へい措置（同157条の5）、証人が別室に在席し映像・音声の送受信を通じて尋問を行う、ビデオリンク方式の証人尋問（同157条の6）が導入されている。しかしいずれも裁判官の裁量に基づく判断であるし、不安緊張の緩和や圧迫による精神の平穏侵害を回避できるにとどまり、事件時の記憶を想起することによる二次被害の発生を防止することはできない。また、証人等を畏怖・困惑させるおそれがある場合の、証人等の氏名・住居の被告人（弁護人には開示）ないし被告人・弁護人に対する秘匿決定についても、被告人の防御に実質的不利益を生ずるおそれがない限りにおいて認められている（同299条の4）。

このように、刑事手続上の被害者への配慮は、手続の本来の目的を害しない範囲で認められることになっているが、この制約はやむを得ないのではな

いかと思われる。

5 経済的被害の回復

(1) 加害者からの賠償

犯罪被害者の経済的被害の救済のためには、まずもって加害者が損害を賠償することが必要である。刑事手続の過程では、被疑者被告人が損害回復のための措置を行えば、訴追裁量や量刑裁量の行使において、被疑者被告人に有利に評価される。この運用により、被害回復が促進されている。

しかし、被疑者被告人が一括して賠償額を支払えない場合もしばしばある。そういう場合は将来の賠償を約束することで示談を成立させ、寛大な処分を獲得することが目指される。ところが、この約束が履行される保障はない。そこで、2000年に成立した被害者保護法は、裁判外で和解が成立した場合に、被告人と被害者が共同して刑事裁判所に和解の結果を記載することを申し立てることを認め、刑事裁判所が和解の結果を公判調書に記載すると、裁判上の和解と同一の効力を有することとした（19条）。当該公判調書は執行力を有することになるため、債務が履行されない場合、被害者は改めて民事裁判を提起することなく、公判調書を債務名義として、直ちに強制執行を申し立てることができることになった。ただし、この制度は、被告人と被害者の間に和解が成立しなければ、用いることはできない。民刑分離の考え方の下、刑事裁判所が被告人に積極的に和解を勧告するようなこともない。

また2007年の被害者保護法改正により、損害賠償命令の制度が設けられた（23条以下）。故意人身犯・性犯罪・逮捕監禁罪・略取誘拐罪が係属している刑事裁判所に対し、被害者等が当該犯罪事実を原因とする不法行為に基づく損害賠償を命じるよう申し立てると、有罪判決の言渡し後に、同一裁判所で審理が開始され、裁判所が損害賠償を命じ、適法な異議申立てがなければ、確定判決と同一の効力を有することになる。当事者から異議申立てがなされたり、簡易迅速に判決を下せないと裁判所が判断した場合は、民事裁判所への訴えの提起があったとみなされ、通常の民事訴訟に移行する。

この制度は、英米法にあるような、刑事裁判所が刑罰として損害賠償を命じるものではない。また大陸法にあるような、刑事訴訟と民事原告による付

帯私訴が併合審理され、刑罰と損害賠償が言い渡されるわけでもない。あくまでも、刑事裁判に引き続いて民事裁判が行われるにすぎない。有罪判決を下した裁判所が、刑事事件の訴訟記録を活用して損害賠償命令事件を審理するため、簡易迅速に損害が回復されることが期待できる、という意義があるにとどまる。事案が複雑であったり、被告側が事実を争ったりする場合は、通常の民事裁判に移行する。そのため、過失相殺など刑事裁判で問題にならない争点が問題になり得る交通事故等の過失致死傷事件は、対象から除外されている。

この他、組織的犯罪として財産犯等が行われたが被害者の損害賠償請求権の行使が困難と認められる場合などに、犯罪被害財産を没収・追徴し（組織犯罪13条3項、16条2項）、「犯罪被害財産等による被害回復給付金の支給に関する法律」に基づいて、被害回復給付金として被害者に支給する制度がある。

また振り込め詐欺等の被害者救済のための「犯罪利用預金口座等に係る資金による被害回復分配金の支払等に関する法律」に基づいて、金融機関が犯罪利用預金口座と認めた場合、取引停止等の措置が執られ、預金保険機構が同口座の債権消滅の公告を実施し、申請した被害者を対象に、当該口座等の滞留資金を分配する制度もある。

以上の諸制度はいずれも、加害者に資力がある場合に、犯罪被害者等の被害回復を容易にするためのものである。加害者に資力がなければ対応できないが、現実の加害者は貧困であることも多く、そのうえ刑事施設に収容されると収入を得ることもままならない、という大きな限界がある。そこで注目されるのは、公的な被害回復制度である。

(2) 被害者補償制度の概要

その中心である被害者補償制度は、前述のように、1974年の三菱重工ビル爆破事件を契機として、1980年の犯罪被害者等給付金支給法の成立により制度化された。同法はその後2001年および2008年に大きな改正を経て、名称が「犯罪被害者等給付金の支給等による犯罪被害者等の支援に関する法律」に改められている。

この制度以外の公的な被害回復制度としては、「労働者災害補償保険法」、「公害健康被害の補償等に関する法律」、「自動車損害賠償保障法」が社会保険の仕組みにより、救済を図っている。それぞれ、事業主、工場・事業場、自動車保有者の強制加入保険により制度が運営されている。また「国家の刑事司法作用、捜査活動に協力したことによる被害に対する、警察官の職務に協力援助した者の災害給付に関する法律」、「海上保安官に協力援助した者等の災害給付に関する法律」、「証人等の被害についての給付に関する法律」等は、公務に協力した民間人が被害に遭った場合に公務災害に準じた給付を行っている。

現行犯給法は、犯罪被害者等給付金支給の目的を、「犯罪行為により不慮の死を遂げた者の遺族又は重傷病を負い若しくは障害が残つた者の犯罪被害等を早期に軽減するとともに、これらの者が再び平穏な生活を営むことができるよう支援する」ことに求めている。対象行為は日本国内で生じた人の生命・身体を害する犯罪であり、かつ正当行為・正当防衛・過失行為に該当しない行為である（2条1項）。給付金には、遺族給付金、重傷病給付金、障害給付金があり、一時金として支給される。遺族給付金は、勤労所得の日額の7割（上限と下限あり）に生計維持関係遺族の状況に応じた倍数を乗じて、障害給付金は、勤労所得の日額の8割に障害等級に応じた倍数を乗じて算定される。重傷病給付金は、3年を限度とする医療費の自己負担額に休業加算額を加えた額を支給する。給付最高額は、段階的に引き上げられ、現在は、遺族給付金が約3,000万円、障害給付金が約4,000万円、重傷病給付金が120万円である（9条、詳細は同法施行令4条以下）。被害者と加害者との間に親族関係があるとき、被害者が犯罪行為を誘発したときなど責に帰すべき事由があったとき、その他被害者等と加害者との関係その他の事情から判断して社会通念上適切でないときは、支給がされない場合がある（6条、親族関係につき、詳細は同法施行規則2条以下）。被害者等が損害賠償を受けた場合は、その限度で、給付金は支給されず、給付金が支給された場合、その限度で、国は損害賠償請求権を取得し、加害者に求償できる（8条）。なお国外での犯罪被害については、「国外犯罪被害弔慰金等の支給に関する法律」が2016年に制定され、死亡時には弔慰金200万円、障害が残った場合には見舞金100

万円が支払われることになった。

(3) 被害者補償制度の問題点

　このように、現行法は、①対象が生命・身体犯の被害者に限定されていること、②交通事故以外の過失致死傷の被害者は自賠責保険による補償を受けられないにもかかわらず対象から除外されていること、③加害者と親族関係がある場合は、被害者に帰責性がなくても、加害者への給付金の還流が懸念され支給が制限されていること、④国外被害者への弔慰金・見舞金の金額はかなり少額であることから、被害者補償を犯罪被害者の権利として観念しているとは言い難く、政策的要請に基づいて制度が設計されていると言わざるを得ない。法制定当初、この制度は、「社会連帯共助の精神に基づく一種の見舞金的な性格」を有すると位置づけられていた。しかしそれと同時に、この制度は、被害者が気の毒だから救済するというだけでなく、被害者の苛烈な応報感情を和らげ、被害者の感情の安定を図り、それにより、合理主義的な社会復帰処遇に理解を得る、という刑事政策的狙いをも有していたことを踏まえなければならない。この関連で、見舞金の対象が、応報感情が類型的に強い故意生命身体犯とされ、国内犯に限られていることも理解できる。

　しかし、現状では、被害者補償の充実が苛烈な応報感情の緩和につながっているとは思われない。そして、政策的要請に基づく制度である以上、財政的に逼迫したり、犯罪被害者保護の政策上の優先順位が低下したりすれば、補償の水準が切り下げられることにもなりかねない。また反対に、被害者団体からは年金型で犯罪被害前の収入を保障することや、国が加害者の損害賠償を立替払いして、求償権を取得する制度の導入が提案されているが、そうした提案の是非についても、明確な態度決定が難しいという問題がある。

(4) 被害者補償の理論的根拠

　そこで、被害者補償により強い根拠を持たせられないかが問題となる。被害者補償の理論的根拠としては、①損害賠償説、②損失補償説、③社会保障説、④社会福祉説が論じられてきた。①は、国家には犯罪防止の責任があり、それを果たさなかったことについて損害を賠償する責任があるとの見解であ

るが、犯罪防止という抽象的責務から、ただちに個別の犯罪発生を防止しなかったことに責任が発生するわけではない、国家に責任を果たさせるためには犯罪者の予防拘禁や厳重な監視を認めざるを得なくなる、との批判が強い。またあらゆる犯罪被害者に対して、補償が必要となり非現実的である、ともいわれる。②は、国家の適法行為により、犯罪被害者に発生した特別な犠牲に対して、公平の見地から負担の調整を行う、とする。これについても、第三者の犯罪が直接の原因である場合に、国が原因行為者だと考えることはできないと批判される。また損失の完全な補填は非現実的であるともされる。③は、犯罪被害により、生活が困窮したり、無能力となった場合、国家が社会保障の観点から生活扶助を行う、とする。しかし、生活困窮者には、原因行為のいかんを問わず、生活保護が支給されるため、裕福な被害者には補償する必要がない、ということになりかねない、と批判される。④は、現在の社会では一定量の犯罪の発生が不可避である以上、犯罪被害が不平等に分配されることを防ぐため、社会保険的なものとして、被害者補償をとらえるという考え方である。これに対しては、労災保険や自賠責保険等は加害者側から保険料を徴収しているのに対し、被害者補償は税金が財源であるから同列には扱えない、という問題がある。

　このようにいずれの見解にも難点があるとされる。しかしここで注目すべきなのは、2008年改正において、法の目的に、「犯罪被害者等が再び平穏な生活を営むことができるよう支援すること」が追加されたことである。この平穏な生活の回復という理念の下では、単なる見舞金の支給では足りず、生活再建に十分な金額の補償が行われなければならなくなる。同時に、従前の生活水準の保障は必ずしも求められないことにもなる。そして、この理念によれば、応報感情の緩和という目的から解放される結果、支給対象を故意生命身体犯被害者に限るべきでなく、同様に経済的な損失を受けた犯罪被害者、さらには現行法上、自己責任で対処することが原則とされている自然災害の被害者にも、同様の保障を及ぼすべきであるということにもなる。

6 刑事手続への参加

(1) 現行制度

犯罪被害者等に関する施策の多くは保護・救済に関わるもので、被害者はどちらかといえば受動的立場に置かれている。それに対して、刑事手続への参加は、被害者の能動的な行動を支援するものであり、それだけに、既存の制度との軋轢も最も生じやすい。

まず、2000年の犯罪被害者等保護関連二法により、心情に関する意見陳述権が導入された（刑訴292条の2）。犯罪被害者（死亡時・重大な心身の故障時には配偶者・直系親族・兄弟姉妹）またはその法定代理人は、予め検察官に申し出て（同2項）、意見を陳述することができる。意見陳述は原則として公判期日に口頭でなされ、相当でない場合には、書面の提出に代えたり、陳述ができなかったりする（同7項）。相当性が否定される場合としては、被害者が書面の提出を望む場合のほかには、被害者が多数の場合、被害者等が過度の処罰感情を持ち、審理を混乱させるおそれがある場合といった例外的な場合が想定されており、意見陳述は実質的には権利性を有するとされる。陳述の内容は、「被害に関する心情その他の被告事件に関する意見」であり（同1項）、事件に関する気持ちだけでなく、事件の評価、事件の被害者等への身体的・経済的影響、損害賠償の必要性、被告人に対する要望、処罰のあり方についての意見が含まれるとされる。意見陳述は、聞かれたことに答えなければならない証人尋問とは異なり、被害者等が主体的に陳述内容を決めることができ、また反対尋問にもさらされない。陳述が事実確認を要する事項に及ぶ場合は、証人尋問に切り替えられる。陳述は、事実認定のための証拠とすることができないが（同9項）、量刑資料として用いることは可能であるとされる。事実認定に不当に影響しないように、通常は証拠調べ手続が終了したのち、検察官の論告に先立って行われる。意見陳述は年間1200件程度実施されている。

次いで、2007年の犯罪被害者等の権利利益の保護を図るための刑訴法等改正により、被害者参加制度が導入された。被害者等の尊厳にふさわしい処遇という観点から選定された、故意犯により人を死傷させた罪、強制わいせ

つ・性交等罪、逮捕監禁罪、略取誘拐罪、自動車運転死傷行為等処罰法上の罪（過失運転致死傷罪など）について、被害者等や委託を受けた代理人弁護士から検察官を通じて申し出があり、相当と認められる場合は、手続への参加が許され、被害者参加人となる（刑訴316条の33）。被害者参加人は、①相当でないと認められる場合以外の、公判期日への出席（同316条の34）、②検察官の権限行使に関して意見を述べ、検察官からの権限行使に関する説明を受けること（同316条の35）、③相当と認める場合の、犯罪事実以外の情状に関する事項について、証人の供述の証明力を争うための尋問（同316条の36）、④意見陳述のために必要である場合の、被告人質問（同316条の37）、⑤相当と認める場合、訴因として特定された事実の範囲内での、事実または法令の適用についての意見陳述（同316条の38）の権限が認められている。③④⑤については、いずれも、予め内容を明らかにして検察官に申し出なければならず、検察官は意見を付して、裁判所に申し出を通知する。また所定の内容を超える事項に及ぶときは、裁判長が制限できる。⑤は、検察官の論告・求刑に相当するものであり、証拠とならない。被害者参加は、年間1300件程度実施されている。

(2) 現行制度の問題点

　これらの制度は、これまで証拠＝裁判の客体として扱われていた犯罪被害者等に、刑事裁判で主体的に活動する機会を認め、被害者等が思いの丈を語ることでカタルシス効果を得たり、尊重して扱われているという実感を抱くことで、精神的に慰謝されることを目指すものである。その背景には、「刑事裁判等において違法性と責任が明らかになり、適正な処罰が行われることは、社会の秩序を回復するというだけでなく、当該犯罪等による被害を受けた個人の社会における正当な立場を回復する意味も持ち、このことは、現実の問題として、個人の権利利益の回復に重要な意義を有している。刑事司法は、社会の秩序の維持を図るという目的に加え、それが『事件の当事者』である生身の犯罪被害者等の権利利益の回復に重要な意義を有する」（2005年「犯罪被害者等基本計画」）という認識がある。

　被害者等の利益保護が刑事司法の副次的効果であるのにとどまらず、積極

的に追求されるべき副次的目的として認められたからこそ、刑事手続への参加が実現したといえる。とりわけ、訴訟の当事者ではない被害者参加人が、訴訟の当事者にしか認められていない活動、すなわち自らの望む裁判を実現するための主張・立証活動をできる根拠は、その点にしか求め得ない。

注意すべきなのは、事件の当事者の権利利益の回復は、あくまでも刑事司法の本来の目的を阻害しない限りにおいて追求されるべきものである、という点である。そのため、被害者参加制度は、被害者参加人に訴因設定権、上訴権、証拠調べ請求権、犯罪事実立証に関する証人尋問権を認めなかった。これらの権限を被害者参加人に認めると、公益の代表者である検察官の意向とは異なる、被害者参加人の意向に基づく訴訟活動が行われ、訴訟が混乱し、刑事司法本来の目的が阻害されかねないためである。しかし、現行法上認められた活動の範囲でも、法廷が劇場化したり、被告人の防御権行使が萎縮したり、私的報復感情が事実認定や量刑に影響したりするおそれがないとはいえない。こうした事態は刑事司法本来の目的を阻害しかねない。

また、起訴状に記載された被害者が、間違いなく当該被告人による事件の被害者かどうかを確認するためのプロセスである刑事訴訟の場で、当該被害者等が被害者等としての地位で活動することには原理的問題がある、という指摘もある。

被害者等の刑事手続参加については、立法論としての当否がなお問題になるほか、運用においても細心の注意が必要であろう。例えば、心情に関する意見陳述においては、被害の実情を冷静に説明してもらうことに重点を置き、被告人ないし処罰のあり方に対する思いを語ることは控えてもらう、被害者参加人としての権限行使は代理人弁護士に委ねる、といった形で、できる限り理性的な活動を促すことが考えられる。

7　修復的司法

修復的司法（restorative justice）とは、既存の刑事司法への対案として提唱された司法のあり方に関する考え方である。既存の刑事司法は、本来、犯罪行為者と被害者および両者の間で生じたはずの紛争を国家が取り上げることで成立しており、被害者を紛争の主役から、単なる証拠としての地位に貶

めていると批判する。しかも、犯罪者の更生にも失敗している。そのような
状態は誰にも得をもたらさらないとして、修復的司法は、本来の紛争当事者
の間で話合いを行い、和解することで、被害者・加害者の双方が納得する解
決方法を見出すことができれば、被害者も心からの謝罪を受け満足する一方
で、犯罪者も被害者に与えた害の深刻さを理解し、更生を達成できると主張
する。

　修復的司法はコミュニティに固有の役割を見出す場合もある。刑事司法は、
犯罪の被害者でもあるコミュニティから、犯罪を自らの問題として考える力
を奪っていると批判される。コミュニティが、修復的司法のプロセスに関与
し、加害者が果たすべき役割について考え、被害者との関係修復を支援する
ことで、コミュニティ自身も地域の力を取り戻していくことができる、とさ
れる。このような考え方を採る場合、修復的司法は被害者なき犯罪にも適用
可能となり、その場合、社会奉仕活動等により、コミュニティとの間で象徴
的な関係修復を図ることが、修復的な紛争解決方法に含められることもある。

　修復的司法は、犯罪に限られない、紛争解決の一般的方法であるため、学
校における生徒間のトラブルを解決する方法としても用いられる。その場合、
修復的正義という訳語が当てられることが多い。

　修復的司法は、刑事司法への被害者参加とは別の形で、被害者に紛争解決
における主体性を認めるものである。しかしそうであるがゆえに、被害者団
体から、被害者が加害者を赦すことを所与の前提としているとの反発を受け
ることもある。修復的司法は当事者の主体性を重視するため、決して赦しを
強要するわけではないものの、赦すことを理想と考えているのは間違いない
ところである。

　修復的司法は、原理的には、あらゆる犯罪に関して、刑事司法に取って代
わるべきものであるが、重罪事件について適用することは現実的でないと考
えられ、軽微事件でのダイバージョンの一方法として用いられることが多い。
欧米では、しばしば公式の制度として法システムに組み込まれている。しか
しおそらくはそうであるがゆえに、既に起訴猶予を中心にかなりのダイバー
ジョンを実現できている日本では、修復的司法は驚くほど普及していない。
現状では、千葉や岡山等の民間の団体が、当事者からの要請に基づいて関係

修復のために調停を行っている程度であり、刑事司法との連携はない。いわば純粋に民事の修復的司法である。

確かに、修復的司法により完全に刑事司法を代替することは難しいかもしれない。しかし、修復的司法が刑事司法に対して投げかけた批判自体には正鵠を得ている部分があり、刑事司法の制度設計をする際には、刑事司法の目的が修復的価値を犠牲してまでも追求すべきものなのかをよく吟味するとともに、ダイバージョンにおいて、単に効率的な事件処理だけを目指すのではなく、修復的価値を実現する方策を検討すべきであろう。

第9節 犯罪予防とコミュニティ

1 犯罪予防の概念

犯罪予防の概念は、前述のように、一次、二次、三次の三つに分けられるが（⇒第5節2犯罪予防論の新たな展開）、いわゆる「犯罪予防活動」の焦点は、一次的予防である。

刑事政策の伝統的な主体は、国家であった。国家は、現に発生した犯罪に対して、処罰をはじめとする適切な対応を取ることにより、社会秩序を維持することを目指してきた。刑事政策の重点はリアクティブな対応にあった。もちろんプロアクティブに犯罪を予防することが意識されなかったわけではない。しかし、予防といっても、意識されていたのは、適正な処罰を行うことによる一般予防、特別予防と、それだけでは対応できない場合のダイバージョンによる特別予防であった。上述の分類では、三次的予防と二次的予防の一部に対応する。これに対して、一次的予防である犯罪の未然防止は、刑事政策以外の社会政策や経済政策、さらには警察官や地域住民による事実上の活動の問題だと理解されていた。

しかしながら、実証研究が進むにつれて、処罰による犯罪抑止効果は必ずしも高くなく、厳罰化してもそれに見合う抑止効果の増加は期待しづらいこと、刑務所出所者の再犯率は高く、犯罪者処遇が期待された成果を挙げてい

ないことが明らかになってきた。その中で、欧米では1980年代、日本では2000年前後の犯罪認知件数が増加していった時期に、一次的予防のうちの防犯、すなわち直接的に犯罪を予防する活動が注目を集め、学術的分析の対象とされるようになった。犯罪の行われる場所＝状況に着目するため状況的犯罪予防と呼ばれる（⇒第5節2犯罪予防論の新たな展開）[30]。

2　犯罪予防活動の展開

　日本の刑法犯認知件数は、1995年に178万件だったものが2002年には285万件にまで増加した。中でも急増したのが、ひったくり・路上強盗などの街頭犯罪と住居に侵入した上で行われる窃盗や強盗などの侵入犯罪であった。そこで政府は、2003年に省庁横断的な犯罪対策閣僚会議を設置し、「犯罪に強い社会の実現のための行動計画」を発表した。行動計画は、治安回復のための三つの視点として、①国民が自らの安全を確保するための活動の支援、②犯罪の生じにくい社会環境の整備、③水際対策を始めとした各種犯罪対策を掲げた。ここから本格的に犯罪予防活動に取り組まれることとなった。
　具体的には、①生活安全条例を制定し、街頭犯罪の手段となり得る鉄パイプ、バットなどの正当な理由がある場合以外の携帯を禁止し、ピッキング規制法を制定し、侵入犯罪の手段となる特殊開錠用具の所持やドライバー、バールなどの指定侵入工具の携帯を禁止した。さらに従来からある銃刀法上の刃物携帯なども含め、これらの行為の検挙活動を強化した。割れ窓理論（⇒第5節2犯罪予防論の新たな展開）に通ずる対策である。②犯罪発生状況を集約し、実態を多角的に分析した上で、各警察署での重点的な防犯活動に活用するほか、地域住民に提供した。③関係機関・団体等と連携して、自動車へのイモビライザー設置、盗難自動車の不正輸出防止対策、オートバイのキー部分の破壊防止対策、破壊されにくい自転車錠の開発、ひったくり防止ネットの自転車かごへの取り付け、防犯ブザーの普及、ピッキング対策で防犯性能の高い鍵の普及などが行われた。④犯罪防止に配慮した環境設計として、道路への街路灯設置、地下街への緊急通報装置設置、公園の植栽せん定によ

---

[30]　状況的犯罪予防は、CPTED（Crime Prevention Through Environmental Design）とも呼ばれる。

る見通しの確保、繁華街や商店街での街頭防犯カメラの整備などが進められた。⑤防犯ボランティア活動の活性化のために、地域安全ステーションモデル事業が実施され、防犯ボランティアに対して、地域安全情報の提供、防犯講習・防犯訓練の実施、防犯パトロール用品の無償貸付等が行われた。その結果、町内会、自治会やPTAなどにより多くの防犯ボランティア団体が結成された。警察に登録されている団体数は2003年の3,056団体から2007年には37,774団体に、構成員数は2003年の177,831人から2007年に2,342,279人に急増した。

　こうした対策のせいもあり、2003年以降刑法犯認知件数は減少の一途をたどっており、2017年は92万件となっている（ただし、街頭犯罪・侵入犯罪以外でも、殺人や放火など多くの犯罪が減少しており、より大きな犯罪減少要因が存在している可能性が高い）。一連の対策は一応有効に機能したといってよいと思われる。

3　犯罪予防活動の課題

　しかしながら、犯罪予防論による対策には限界もある。それは、犯罪の転移の問題である。典型的には、防犯カメラを設置した地区で犯罪が減少しても、その分カメラ未設置の地区に犯罪が移行しただけではないか、と指摘される。これについては、実証研究の結果が転移を認めるものと否定するものとに分かれており、さらには、むしろカメラ設置地区の近隣でも犯罪が減少するという拡散効果が見られたとするものもあり、はっきりしない。また防犯カメラは粗暴犯には効果がないともいわれる。現在は防犯カメラの設置に抵抗感を感じる人は減少していると思われるが、見られていることに慣れてしまえば、計画的な犯罪はともかく、激情的な犯罪を抑制する効果は薄いと思われる。

　さらに犯罪の転移には、他の犯罪への転移もあり得る。当時問題になっていたピッキングは対策の普及とともに、急速に減少したが、代わって、振り込め詐欺が問題となった。そこで、ATMでの振込をしづらくする対策が執られ、一時期、認知件数・被害額が減少したが、その後、振込みではなく現金を直接受領する形態の特殊詐欺が主流となり、再び認知件数・被害額が増

加している。状況的犯罪予防が想定する合理的な犯罪者を前提とすれば、他の犯罪に標的が転移している可能性がある。

　そして状況的犯罪予防の対策は、日常的な行動を監視し、規制することになりやすく、プライバシー侵害のおそれや行動の自由を制約する傾向がある。さらに地域住民の防犯活動が強化されると、風変わりな人物を不審者として社会から排除し、地域社会を分断することにもつながりかねない。さらに、仮定の話ではあるが、警察力が弱体化し民間団体の防犯対策が主になってしまうと、防犯は自己責任ということになり、安全に貧富の格差が生じてしまうおそれもある。

　最後に、活動の継続性の問題がある。2000年代に急増した防犯ボランティアであるが、団体数は2016年から、構成員数は2014年から、緩やかではあるが減少に転じている。防犯ボランティアは、パトロールなど防犯に特化した活動だけを行っていると、成果が見えにくくなるため、継続のインセンティブが働きづらい。活動を継続するためには、防犯に特化することなく、まちづくりの要素を組み合わせることが重要であるとされる。コミュニティを活性化させることができれば、より多くの人が活動に参加するようになる。ただし、多様な層の参加を得るためには、防犯活動を前面に出すのではなく、活動の一環として防犯にも携わる地域活動の形態を目指すべきではないだろうか。

　現在、再犯防止の文脈で、罪を犯した出所者等を地域で支えることの重要性が説かれている。防犯活動と犯罪者支援活動を同一人物が兼ねることは考えにくいが、両方の活動をしている人が同じ団体に所属し、子どもの見守り活動などで協力し合うことはあり得るはずである。活動を地域に根付かせ、継続的なものとするためにも、防犯ボランティアをより包摂的な組織へと移行させていくことが、今後の課題ではないかと思われる。

【参考文献】

赤池一将「ラディカル・クリミノロジーの再検討」高岡法学創刊号（1990年）303-346頁

石塚伸一『刑事政策のパラダイム転換』（現代人文社、1996年）

小野清一郎「刑事学の任務及び方法」社会学雑誌46号（1928年）34-49頁

岡邊健「計量分析からみるわが国の少年非行——再非行の状況を中心に」刑政126巻6号（2015年）46-59頁

岡本英生＝松原英世＝岡邊健『犯罪学リテラシー』（法律文化社、2017年）

木村亀二『刑事政策の基礎理論』（岩波書店、1942年）

川出敏裕「犯罪被害者給付制度の現状と課題」『新時代の刑事法学（下巻）』（信山社、2016年）473-496頁

川出敏裕ほか座談会「犯罪被害者支援の現状と課題」論究ジュリスト20号（2017年）136-159頁

刑事政策研究会「(8) 犯罪被害者の支援」論究ジュリスト6号（2013年）135-157頁

刑事政策研究会「(2) 犯罪予防」ジュリスト1431号（2011年）117-142頁

須々木主一「刑事政策と隣接領域（二）」『刑事政策講座 第1巻 総論』（1971年、成文堂）147-180頁

瀬川晃「環境に着目した犯罪予防の今」同志社法学356号（2012年）633-671頁

高橋則夫『対話による犯罪解決——修復的司法の展開』（成文堂、2007年）

所一彦「法の経験科学としての刑事学」『理論法学の課題——法哲学・法社会学・法史学』（ジュリスト増刊、有斐閣、1971年）150-157頁

所一彦『刑事政策の基礎理論』（大成出版社、1994年）

所一彦「刑事政策と隣接領域（一）」『刑事政策講座 第1巻 総論』（成文堂、1971年）129-145頁

日本犯罪社会学会編『グローバル化する厳罰化とポピュリズム』（現代人文社、2009年）

前野育三「全刑法学における解釈学と刑事政策」犯罪と刑罰5号（1988年）1-22頁

宮内裕『刑事学』（法律文化社、1956年）

宮澤節生「日本のポピュリズム刑事政策」、本庄武「最近の刑事立法は何を実現しようとしているのか」『犯罪をどう防ぐか（シリーズ刑事司法を考える6巻）』（岩波書店、2017年）89-133頁

吉岡一男『ラベリング論の諸相と犯罪学の課題』（成文堂、1991年）

第3講 刑罰論

第1節 刑罰の本質論

1 刑罰の種類

　現行刑法が予定している刑罰（刑事制裁ともいわれる）には、死刑・有期（1月以上30年以下）および無期の懲役刑・禁錮刑、1万円以上の財産刑である罰金刑、1日以上30日未満の自由刑である拘留刑[1]、1万円未満の財産刑である科料[2]、犯罪に使用した物件や犯罪から獲得した物件の没収、没収が不能な場合の追徴がある。このうち、没収・追徴は単独では言い渡せない付加刑であり、他の刑罰は単独で言い渡せる主刑である。

　諸外国には、刑罰として保護観察や社会奉仕命令、損害賠償命令を言い渡したりする等、多様な刑罰が存在するが、日本の刑法は予定する刑罰の種類が少ないのが大きな特色である。

　刑事制裁を多様化すべき、との主張がみられる。確かに一般論として、個々の犯罪者のニーズに即したきめ細かな対応をするためには、刑の個別化を進めるのが適していると考えられる。しかし例えば、アメリカで制裁の多様化が進んだのは、厳罰化が進行し刑務所が過剰拘禁となってしまったために、それを緩和すべく、刑務所に拘禁せずとも拘禁刑と同等の苦痛を付与できるようなハードな社会内制裁を設けようとしたためである。結果的には、

---

[1] 刑が確定する前の未決拘禁である勾留とは区別される。
[2] 行政制裁である過料とは区別される。

70

厳罰化に歯止めがかからず、社会内制裁の適用も増加することで制裁を受ける人の数を増加させることにつながった[3]。個々人のニーズに即した刑事制裁を実現するためには、いたずらに制裁の種類を多様化するよりも、施設内処遇の社会内処遇への転換や社会内処遇の内容の転換を柔軟に行えるようにする方が有効である可能性もある。

2 刑罰の本質

刑罰とは犯罪を犯した者に対して科せられるものであるが、犯罪とは単に社会的に有害な行為であるだけでなく、それを犯したことについて社会的な非難が向けられる行為である。刑罰はその社会的非難を体現したものであり、苦痛を本質とする。

しかし憲法36条は、「残虐な刑罰は、絶対にこれを禁ずる。」と定めている。残虐な刑罰の意義について、最高裁は「不必要な精神的、肉体的苦痛を内容とする人道上残酷と認められる刑罰」と定義している（最大判昭23・6・23刑集2巻7号777頁）。刑罰による苦痛は、あくまでも必要とされる範囲内でかつ人道的なものでなければならない。

具体的な判断基準は、アメリカ連邦最高裁のいう「成熟した社会における品位に照らして不必要な苦痛を与えるか否か」であろう。こうした基準を取る以上、ある国では残虐とされる刑罰が他の国では残虐ではないとされる事態は生じ得ることになる。

刑罰が社会的非難を体現するものである以上、「犯罪者」という社会的に不名誉な烙印づけを行うことは、刑罰としての苦痛の不可避的な構成要素となる。しかし今日の刑罰は単に烙印づけをするだけでなく、生命、自由、財産という名誉以外の法益を犯罪者から剥奪している。なぜ烙印づけだけでは足りないのだろうか。それは、烙印づけが、社会の人々の犯罪者に対する蔑視を利用するものであるため、その程度について制御することが困難であるためであろう。蔑視された結果、村八分にあったり、さらには完全に社会から排除されたりといった過剰な負担を犯罪者に負わせることにもなりかね

---

[3] これをネット・ワイドニング現象という。

い[4]。また反対に、烙印づけが不十分であると評価されると、犯罪者としての烙印を文字どおり身体に刻印することにつながりかねない。今日では反対に、一時的に犯罪者としての烙印を押すにしろ、刑を受け終わった人に対する社会的蔑視が永続してしまわないようにすることが重要な課題となっている。そのため烙印づけは最小限のものとしつつ、刑罰の重さは他の剥奪法益の重大性で表すこととされているのである。こうして名誉刑は今日否定されている。ただし、外見上犯罪者であることを認識できる形態で刑罰が執行されることは、現代でもある。例えば、イギリスでは、Community Paybackと背中に書かれたオレンジの服を着用して路上清掃などの無償労働をする刑罰がある。刑罰が、不必要かつ過剰に名誉を剥奪していないかは常に検討し続けなければならない課題である。

　今日、存在が否定されている刑罰には、身体刑もある。腕をもいだりする身体刑は、目には目をという同害報復の思想によればむしろ必要とされるし、現代でも鞭打ち刑を用いている国も存在している。しかしながら、身体刑についても、身体の部位を欠損させる場合、刑執行後も犯罪者に不利益が残り、しかもその不利益の程度を国家が制御できないという問題がある。鞭打ち等については、後遺障害が残るおそれがあるし、即時的な苦痛の程度が甚だしく、およそ人を尊厳をもって遇しているとはいいがたい。少なくとも、日本においては、身体刑は憲法36条に違反する「残虐な刑罰」であるとして許容されないと考えられる。

　このように刑罰の本質は苦痛であるが、今日においては苦痛を生じさせる法益剥奪のうち、「特定のもの」しか許容されていない。この関係で死刑が刑罰として許されるかという問題があることは後述のとおりである。

3　刑罰の目的

(1) 総説

　刑罰の目的は刑罰の本質と区別されなければならない。目的とは、苦痛と

---

[4] そのことで人はむしろ犯罪に追いやられるかもしれない、という烙印の犯罪誘発効果を主張したのが、ラベリング論である（⇒第2講第4節2犯罪原因論の諸相）。

しての刑罰を用いて何を達成しようとしているのかという問題である。

　この問題について、刑罰は何かの目的のために存在しているのではなく、ただ単に犯された犯罪に対し応報を加えるためだけに存在するという絶対的応報刑論がかつて主張されており、刑罰を所期の目的のための手段と観念する目的刑論と対立していたと整理されるのが一般である。しかし絶対的応報刑論も、強いて言えば正義を貫徹するために刑罰を用いざるを得ないと考えているのであり、その意味では刑罰の目的を観念しているが、その目的が世俗世界にプラスの影響をもたらすことではないとする理論ということができる。今日では、こうした絶対的応報刑論はもはや主張されていない。刑事司法制度は多額の税金を投入して運営されているのであり、納税者にとってプラスの利益をもたらさなければ、存立の正当性を欠く。

　これに対し、目的刑論は刑罰目的として一般予防や特別予防を観念する。予定するメカニズムに応じて、一般予防は潜在的犯罪者の威嚇を手段として犯罪防止を目指す消極的一般予防、遵法的市民の規範意識の維持・回復を手段とする積極的一般予防に、特別予防は犯罪者の威嚇や隔離を手段とする消極的特別予防や犯罪者の規範意識の向上を手段とする積極的特別予防に分かれる。

(2) 消極的一般予防

　消極的一般予防に対しては、人間を理性的な存在と見ておらず、犬のように扱うものだとの批判がある。しかし、消極的一般予防は合理的な損得勘定ができる理性人を念頭に置くからこそ、犯罪が得にならないことを法で明示する考え方ということもできる。また威嚇を目的とする場合、世の中から犯罪がなくならない以上、現状の水準では不十分ということになり、どんどん厳罰化を推し進めることになるとも批判されるが、合理的人間像を措定する限り、犯罪を魅力的に思わせない限度を超えた刑罰は、この立場にとっても過剰な刑罰といえる。問題は、不合理な判断に基づいて罪を犯す人々が存在していることにあるが、この立場では、その人達の犯罪を事前に防止することはもはや刑罰制度の役割ではなく、教育や福祉といった一般的な施策の問題だと考えるのである。

(3) 積極的一般予防

積極的一般予防は、刑罰制度が啓蒙的役割を果たすことにより、人々の規範意識を積極的に向上させることを目指す立場と、現に社会に存在している規範意識が妥当であることを刑罰を用いて確証するとの立場にさらに分かれる。

前者は、あるべき規範意識を国家が設定することを前提に、国家が望ましいと考える方向に人々を刑罰を用いて誘導することを正面から認める立場であり、極めて権威主義的な刑罰制度をもたらすことになる。安全保障政策等の国民の間で賛否が大きくわかれる問題を念頭に置けば、この立場の危険性は明らかであろう。

後者の立論の前提は、現に存在している規範意識が正しいことである。しかしそうなると、衝撃的な事件が発生したことを契機として、世論において厳罰要求が高まっている場合、刑罰はその要求を容れなければならないことになりかねない。そうではなく、厳罰要求を尊重すべき場合とは正しい規範意識に基づいている場合であるというのであれば、正しい規範意識とは何かが問題となる。確かに、厳罰要求がマスメディアの選択的な報道に強い影響を受けて形成されている可能性は十分にある。しかし、あるべき報道に接した国民がいかなる規範意識を形成するかを実証的に明らかにすることは不可能であろう。そうすると、規範意識とは実態を欠いた観念的なものとなる。そうなると積極的一般予防論といいつつ、実態としては応報刑論と同一に帰すことになるだろう。

(4) 特別予防論

特別予防に関しては、これを刑罰の一般的原理とした場合、刑罰は犯した犯罪の重さではなく、犯罪者の抱える再犯の危険に応じて科されることになり、刑罰は著しく不公平な運用となる。また、確実な再犯予測は現時点では不可能なのであるから、運用は非常に不安定なものとなってしまう。特別予防は単独で刑罰を正当化するようなものではなく、補助的副次的な目的として位置づける必要がある。

74

(5) 消極的特別予防

　補助原理としてみた場合、特別予防としていかなるメカニズムを想定すべきか。行刑の現実を見ると、何度も犯罪を繰り返しては刑務所に収容される人が一定の割合で存在しているが、その人々は刑罰が軽いために犯罪を繰り返しているのではなく、刑務所に収容され社会との関係性を断ち切られ生活手段を失うことで再犯に至っている。とすれば、威嚇により再犯を防止するという構想は現実に即していない。

　次に隔離については、拘禁している期間はほぼ確実に犯罪予防効果が見込めるものの、拘禁により再犯の危険性が高められた状態で釈放されても構わないという立場を支持することは難しく、また犯した犯罪の重さに関わりなく、物理的な犯罪遂行能力を喪失させてしまうまでの間隔離する、あるいは生命を減失させることで現世から隔離する、といった刑罰の運用はおよそ許容されないと思われる。

(6) 積極的特別予防

　教育や医療により再犯可能性を低下させることを刑罰目的とすることに対しては、刑を重くしたからといってこれらの目的がよりよく達成されるという関係はないため、目的に実効性を持たせるためには、処遇を強制しなければならなくなると思われる。しかし、強制的な教育は有効性が疑わしく、強制的な医療は倫理的に許されないという問題がある。また、受刑者の主体性を損なうような働きかけが、人権侵害に当たらないかという問題もある。確かに現行の刑処法は改善指導・教科指導を義務づけているが、あくまでも施設内処遇としてである。その是非は処遇論として論じられる。刑罰として処遇強制を行う場合、改善を達成しなければ刑罰を受け終わらないことになりかねず、刑の不定期化や長期化を招く。少なくとも、刑罰として処遇を強制することはすべきではない[5]。

(7) 特別予防論の展望

　現状の経験科学の水準で、刑罰として、特別予防を考慮できるとすれば、拘禁すればかなりの確度で社会復帰に弊害が生じることを踏まえて、社会内

で更生できる見込みが高い一定の場合に拘禁を回避させる等、弊害の少ない刑罰を優先するという要請を導く点に限られるのではないだろうか。

　学説には、応報刑純化の立場から、特別予防目的を観念すること自体が、犯罪者を客体として扱い、人格の尊重の要請に反する、と主張する見解もみられる。その見解からは、犯罪者処遇はあくまでも本人の主体的な自己変革の支援に純化されることになる。その是非は、処遇論の課題として真剣に議論しなければならないものの、刑罰論としては、特別予防目的を考慮しなければ、上述の弊害の少ない刑罰の優先という原理までも否定されかねない、という問題があるように思われる[6]。

(8) 応報

　現在主張されている応報刑論は、応報刑でありながらも犯罪予防目的を追求する相対的応報刑論である。これにも2種類のものがある。一つは、犯罪の重さに見合った刑であるという性質を失わない限度において一般予防・特別予防目的を副次的に考慮するというものであり、もう一つは、応報刑を科すことが犯罪予防目的にも資すると仮定しておくというものである。

　前者に関しては、一般予防・特別予防目的からして犯罪の重さと均衡しない刑が求められる場合にそれを拒絶するという限度では、絶対的応報刑になってしまっているのではないかという疑問がある。

　後者に関しては、近時応報刑のルネサンスと呼ばれている立場があり、それによれば応報刑を科すことは法の回復につながり、それにより社会の秩序が維持されることになるとされる。しかし現実から遊離した観念的な法秩序を想定し、その回復を観念することが本当に犯罪予防効果を達成するのかは

---

[5] なお現在、法制審議会少年法・刑事法（少年年齢・犯罪者処遇関係）部会において、懲役刑・禁錮刑を廃止して、「作業その他矯正に必要な処遇」を行うことを刑罰内容とする新自由刑を導入する提案が議論されている。仮に、この改正が実現した場合でも、あくまでも「矯正に必要」と判断された場合に処遇が行われるのであるから、実質的には、処遇論のレベルでの義務づけの当否が問題になると解すべきであろう。さもなければ、刑罰として処遇を強制することになり、重大な問題をはらむ。

[6] これに対して、応報刑純化論からは、応報目的を達成できる処分のうち、より謙抑的な手段を選択すればよい、との反論があり得る。しかしその場合は、処分選択において更生の見込みは考慮できないことになろう。

疑わしい。また、コミュニケーション的刑罰論という立場もある。刑罰を賦科することを通じて、犯罪者に対し社会や被害者とのコミュニケーションを促すという構想である。この立場についても、コミュニケーションの内容は相当観念化されたものとならざるを得ないという問題がある。

現代においては、なお犯罪予防のためにいかなる刑罰が相応しいかを正確に予測することができない。そのため、応報刑論が正当化できるとすれば、犯罪と刑罰の均衡に関する人々の感覚に従って刑を決めておけば、少なくとも法秩序に対する信頼は失われず、その限度で遵法的な市民は引き続き法を遵守し続けることが期待できる、という限度であろう。しかし、そこで依拠される人々の応報観念とは、極めて精度の粗い尺度である。極端に均衡を失しなければ、司法が信頼を失うことはない。例えば、仮に厳罰要求が高まっている場合にそれに従わず従来どおりの刑を科したとしても、直ちに法秩序に対する信頼が失われるわけではない。反対に、一時的な厳罰要求の高まりに反応して、厳罰化を行っても、重く処罰した分だけ、法秩序への信頼が高まる、というわけでもない。

結局、刑罰論としては応報刑を科すことが原則として犯罪予防にも役立つはずである、との仮定を置きながら、犯罪予防に関してより確実な知見が存在する場合にはそれを踏まえながら、刑を修正していく形が考えられるように思われる。

4 刑罰が現実に果たす機能

刑罰の機能に関する実証研究は、盛んに行われている死刑の抑止力に関する研究を除けば、ほとんど進展していない。また数少ない知見は自由刑の犯罪予防効果に集中している。

それによれば、厳罰化を行って拘禁期間を長期化しても、それにより犯罪が減る効果は確認されていない。むしろ犯罪件数に大きな影響を持つのは、発覚のリスクがどの程度大きいかである、とされる。

日本では犯罪認知件数の多くを占めるのは窃盗、覚せい剤取締法違反、交通事故（過失運転致死傷）・交通違反（道路交通法違反）である。このうち窃盗は経済状況の変動に大きく影響を受ける。また覚せい剤取締法違反は輸入

第3講 刑罰論 77

をどの程度阻止できるか、交通関係の犯罪は取締りがどの程度厳しいかといった事情によって増減する性質を有している。このように犯罪件数の増減には多様な要因が作用し得るため、刑罰の効果だけを取り出して測定することがそもそも簡単ではない。例えば日本では2000年代前半に犯罪認知件数が激増し、その対策として2004年の刑法改正で法定刑が一般的に引き上げられるなどし、それからしばらくが経過した2006年から現在まで、一貫して犯罪認知件数は減り続けている。しかしだからといって、厳罰化が犯罪抑止効果を有したと即断することはできない。学説上は、少子化の進展や検挙率を向上させるための認知件数の過少申告、生活保護支給基準の緩和、失業者の減少等、犯罪認知件数の減少を説明するためのいくつかの要因が取り沙汰されている。

　仮に刑罰がまったく科されなくなれば、犯罪の件数は増加すると予想される。これは、震災等で警察力が機能しなくなった場合には犯罪が増加することからも、明らかであろう。その意味で、刑罰に犯罪抑止効果が一切ないというのは言い過ぎである。しかし、刑罰の犯罪抑止効果に過剰に期待することはできない。「それなりの」刑が科される状態が存在していれば、合理的理性を有する大部分の人は犯罪を犯さない。

第2節　刑罰の歴史

1　概観

　現行刑法は、犯罪行為への法的効果として刑罰を定めている。具体的には、死刑、懲役、禁錮、罰金、拘留、科料が主刑、没収が付加刑とされている（刑9条）。反面、責任原理に服さない保安処分による対応は予定されていない（⇒第4講第1節保安処分）。

　刑罰という制度は、当然のものとして存在しているわけではない。現代の刑事制裁は国家が刑罰を賦科する形をとっているものの、それが社会や国家のあり方と無関係に存在しているわけではない。ここでは、社会や国家の形

態に着目しながら、刑事政策や刑罰がどのような時代にどのように登場してきたのかを簡単に整理してみることにする。

2 刑罰の歴史的展開

(1) 古代社会における賠償制度と国家刑罰の登場

犯罪的行為への対応として古くからみられるのは、賠償制度である。賠償制度は、すでに古代ゲルマン社会で登場している。社会の構成員間において経済的に緊密な相互関係がなく、領域性をもった統一権力が存在しない遊牧・牧畜経済社会では、個々人が暴力行使権をもった。殺人や傷害などの犯罪的事態が起これば、被害者の属する血族集団により加害者集団に対する血讐（フェーデ）が行われた。しかし、血讐の繰り返しは結局小規模社会の崩壊を導くことになる。賠償制度は、こうした血讐を回避するものとして登場した。

財産の剥奪が刑罰に姿を変えるのは、国家が刑罰権をもつと観念されるようになった後のことである。キリスト教の影響による法の観念の変化とそれに密接に関連する王権の拡大、そして農業経済の進展を受けて、国家刑罰権が確立した。農業経済が進展することで社会の構成員間の相互関係が強化された。それとともに、多元的な部族社会は、位階性的な封建制社会とそれを基礎とする集権的国家へと統合されていった。神授の権威を背にした支配者としての王は私的紛争への介入を始め、和解手数料を要求するようになる。王による紛争解決制度の独占化の進行に伴ってその分け前は増大し、やがて全額を吸収するようになった。これが国家刑罰としての罰金刑の起源である。同時に、犯罪的不法は「王の平和に対する侵害」とみなされるようになった。

(2) 封建制下の刑罰

こうして国家刑罰として登場してきた罰金刑は、封建制度下において階級差別と結びついたことで、死刑や身体刑などの過酷な刑罰とも接合するものとなった。金銭で罰金を支払えない結果、下層階級の者には身体刑が行われるようになったのである。他方で、支配層は、軽罪について罰金で済ますことができるだけでなく、重大犯罪の場合でも死刑や身体刑を免れ、流刑をも

って代えられるものとされた。階級による差別は、当初は与えられる苦しみの程度に影響を及ぼすにとどまったものの、同時に身体刑を発達させる一要素をなすことになった。

　一般民衆の貧困化が進んだ16世紀になると、貧困に陥った者を犯罪から遠ざけるため、刑罰はますます過酷なものとなった。従前、極端な事案についてのみ罰金を補足するために用いられるにすぎなかった死刑や肉体重毀傷は、16世紀には最も一般的な刑罰となった。それだけでなく、これらの刑の内容や執行方法も残虐さを増した。死刑は公開で行われ、肉体毀傷は全指の切断や舌の切断、眼球の抉出、去勢などを内容とした。

(3) 拘禁刑の出現以降の展開

　13世紀頃、宗教裁判では、死刑の代わりに修道院で拘禁を行う制度が出現した。グレゴリー9世は、聖職者特権の拡大を背景に、逮捕後改心した者を終身拘禁に処する制度を導入したといわれる。この特権は、聖職者から聖書を読むことができる者にまで徐々に拡大されていった。

　もっとも、犯罪行為に及んだことを理由として強制力をもって行為者を労働力として利用する制度としてみれば、その歴史はさらに遡ることができる。すでにローマ時代には、受刑者を鉱山労働に従事させることなどを内容とする労働刑が存在していた。また、16世紀末から17世紀にかけて、死刑が免除された者をガレー船の漕奴として使う制度が存在し、この制度は、18世紀の大型帆船登場後、岸壁に係留された廃船への収容へと形を変えていった。同じ時期、重労働付懲役刑など、犯罪に及んだ者を労働者として利用する手段が登場した。

　16世紀末、犯罪に及んだ者を労働力として利用する手段が本格的に登場してきたのは、刑罰史の中で大きな転換となった。16世紀、貧困化した一般民衆を犯罪から遠ざけるため、刑罰は過酷化した。死刑や肉体重毀傷は一般的なものになったばかりでなく、その内容や執行方法も残虐さを増した。そこからの転換が起こった背景には、市場の拡大や宗教戦争による人口の減少、それに伴う労働力の不足とそれに伴う賃金の高騰、貧民政策の変化、そして禁欲と勤勉、貯蓄を徳とし、無差別な慈善を危険視し、労働の価値を強

調するカルヴィン主義の浸透などがある。16世紀の半ばから終わりにかけての重商主義の時代に、イギリスのブライトウェル懲治場（1557年）やオランダのアムステルダム懲治場（1596年）が登場し、救貧法上の作業場（workhouse）と軽犯罪者を扱う矯正場（house of correction）を融合させ、自由刑の執行施設が浮浪者などを働かせる施設と一体化したことは、こうした動きの結晶点であった。貧民政策として行われた労働規律の強制の推進は、貧救院、工場、刑事施設の諸原理を結合し、労働を好まない人々の労働力を社会的に役立てようとする懲治場を登場させたのである。救貧院、工場、刑罰施設を結合させた刑事施設の基本的性格は、18世紀まで維持された。

18世紀に入ると、これが、刑法典に自由刑として規定されるに至った。自由刑はプロイセン一般国法典（1721年）、オーストリアのヨゼフィナ刑法（1721年）、フランス刑法（1791年）により刑法典に組み入れられ、プロイセン一般国法典（1791年）では死刑に代わる中心的地位を占めた。

このように、自由刑は、犯罪に及んだ者を施設で身体拘束する側面でみても、労働力として利用する側面でみても、歴史の中で死刑や肉体重毀傷を回避する役割を担ったといえ、その意味で、苛烈な刑を緩和・克服する手段となってきた。反面、身体拘束を伴う措置は、労働を媒介として、放浪や乞食行為という、犯罪であるとしても極めて軽微な行為をもその対象に含めてきた。アムステルダム女子懲治場の入口に刻まれていたといわれる「怖るるなかれ！　余は汝の悪行に対し復讐せんとするものにあらず、却って汝を善に導かんとするものなり。余の手は厳格なりと雖も、余の心は親心なり（Schrick niet! ick wreeck geen quaet maer dwing tot goedt. Straf ist myn handt mar lieflijck myn gemoedt）」との文字に象徴されるように、自由刑は、パターナリスティックな改善思想を土台として労働と結びついたがゆえに、軽微な行為をも対象に収めつつ拡大を果たしたともいえる。しかし、少なくとも今日においては、身体の拘束と労働との結合が、刑の内容を不透明で混乱したものとし、それゆえに自由刑を不必要に過酷なものにしていないか、常に検証が必要である。

18世紀以降の自由刑の展開は、同時に拘禁環境や執行方法の改革の歴史でもある。ハワードは『監獄事情』（1777年）において、不衛生で病気が蔓

延している刑事施設の凄惨な実情を描いた。これを嚆矢とした動きは、厳正独居方式（1790年）、ペンシルバニア制（1818年）、オーバン制（1824年）といった形で、アメリカにおいて監獄改良運動として本格的に展開した（⇒第6節自由刑の歴史）。

この流れは、19世紀後半になっても変わっていない。刑罰の人道化や行刑における改善目的の強調を通して、拘禁中心主義への反省から、累進制、分類制、受刑者自治制のような多様な受刑者処遇が本格化している。それと歩調を合わせて、開放処遇や各種の半自由処遇などの新しい拘禁形態も発展した。しかし、殊に20世紀以降、刑罰改革は刑事施設の外で展開しているともいえる。行政活動の肥大化やそれに伴う刑罰法規のインフレーションによる過犯罪化状況を背景に、軽微犯罪に対する罰金刑が激増している一方で、多様な保護観察の導入や、社会奉仕命令、電子監視に及ぶ社会内処遇の広範な展開がみられる。刑罰カタログの中で自由刑が占める位置は、その意味で、小さくなりつつある。

3　歴史からの示唆

刑罰の発展の歴史を巨視的にみてみれば、まず、一定の緩刑傾向を認めることができる。苛烈な執行方法を用いて生命を剥奪したり身体を傷つけたりすることから自由を奪うことへと刑罰の主役は移り、今日、量的にみれば多くを占めるようになっているのは財産の剥奪である。

もっとも、このことは、刑罰賦科に体現される国家権力が弱化していることを意味しない。従前社会内処遇の枠組みで論じられてきた措置が近時社会内刑罰として展開してきていることにみられるように、刑罰およびそれと同視できる措置の形態の多様化に伴い、国家権力とその行使の形は拡散しているとみることができる。刑罰としてではなく犯罪予防のための処分や措置が多様化してきていることにも、同様の事柄をみとることができよう。国家による統制と権力の形が変化してきているといい換えることができる。

このことは、同時に、国家刑罰のあり方は固定されたものや自明のものではなく、その内容とそれが正当化される（許容される）原理が常に問われなければならないことを示唆する。いつの時代でも、刑罰制度を国家や社会の

あり方と無関係に理解することはできない。その意義や課題は、常に社会的コンテクストの中で把握される必要がある。

このことと関連して、刑罰廃止論（アボリッショニズム）や修復的司法（リストラティブ・ジャスティス）からの問題提起も、単なる思考実験としてではなく、現にある刑罰制度の意義と限界をめぐる考察として、真剣に受け止められる必要がある。刑罰廃止論は、刑罰制度によらずとも、他の制度を活用すれば紛争を解決することができ、国家の制度として刑罰は廃止できることを主張する。また、修復的司法のアプローチは、多様な主張の形態があるものの、法的平和の恢復こそが社会において目指されるべきものとして、司法の役割を行為者－被害者－地域の関係性の修復に求める。コミュニティによる犯罪的行為の自律的解決を重視するこれらの考え方において国家刑罰と権力がどのようなものと考えられているのかが、核心にある問題である。

第3節　行政制裁・民事制裁と刑罰の違い

1　行政制裁と刑罰の違い

(1) 制度の概要

行政制裁とは、行政取締法規違反があった場合に行政機関によって科される不利益処分のことである。例えば、道路交通法は運転免許証の携帯、法定速度、信号遵守等多くの交通ルールを定めている。これらのルールに違反した場合には、刑罰も予定されているが、交通反則金という行政制裁も予定されている（⇒第7節4科刑の手続）。軽微な違反の場合、反則金を納付すれば、公訴提起を免れることになる。類似の制度は、国税通則法[7]や関税法上の犯則事件に関する通告処分にも定められている。国税局長や税関長等が犯則事件の心証を得た場合、罰金に相当する金額等の納付が通告され、犯則者が通告を履行すれば公訴提起を免れることになる。これらの場合、刑事制裁と行

---

[7] 旧国税犯則取締法は2018年に廃止され、同法の規定は国税通則法に編入された。

政制裁は択一関係にあり、行政制裁がダイバージョン機能を果たしていることになる。

また道路交通法には、違反点数を累積するという制度もあり、一定の点数に達すると運転免許が停止される場合がある。これも行政制裁であるが、この場合は刑事制裁が科される場合でも、併せて行政制裁が科される。

税法上は適切な金額を納付しなければ、重加算税などの追徴課税がなされるとともに、逋脱罪という犯罪が成立し、刑罰が科される。独禁法上も、違法なカルテル等に対しては公正取引委員会から課徴金の納付が命じられるとともに、刑罰が科される場合がある。これらの場合は行政制裁と刑罰が併存することになる。両方の制裁が課された場合、二重処罰として憲法 39 条違反とならないかが問題となるが、追徴課税と逋脱罪の関係が問題になった事例で、判例は、行政制裁は違反行為の発生防止を目的とし、刑罰はその反社会性・反道徳性に着目して科されるため、趣旨を異にし、二重処罰には当たらない、としている（最大判昭 33・4・30 民集 12 巻 6 号 938 頁など）。

この他、過料という金銭的行政制裁は多くの法令で規定されている。国法上の過料は非訟事件手続法に従って裁判所により納付が命ぜられるが、地方自治法を根拠とする地方自治体の条例上の過料は行政的に徴収される。後者の代表例が行政の監視員が取り立てる路上喫煙に対する過料である。

(2) 行政制裁の課題

行政制裁金としての過料や課徴金と財産刑である罰金刑・科料刑を比較すると、剥奪法益には違いはない。過料は一般的には低額であることが多いが、課徴金のような高額の行政制裁金も存在している。にもかかわらず両者が区別されるとすれば、その理由は、判例がいうように、刑罰には社会的非難という要素が含まれている点であろう。刑罰を科せられるのは、その軽重に関わりなく、社会的に不名誉なことである。そのため、刑事裁判という厳格な適正手続を経なければ科しえないことになっている。

犯罪とされる行為は、当該行為自体の性質に関わりなく、それが刑事制裁の対象とされることによって、反社会的なものと評価される側面があることに留意しなければならない。例えば、戦前にヒロポンという名称の強壮剤と

して市販されていた覚せい剤は、戦後に有害薬物であるとして厳格な禁止の対象となった。それにより、現在では、覚せい剤使用者は、他者に危害を加えたのと同質の「犯罪者」という目で見られるようになっている。刑罰は劇薬であり、一定の行為を刑罰の対象にするかどうかは、慎重に決めなければならないことである。

　反対に、現在は、行政刑罰の機能不全が問題となっている。警察が所管し日常的に取り締まりを行っている道路交通法等の例外を除き、行政取締法規違反は主務官庁が告発しなければ、刑事事件化することは稀であり、多くの違反行為が見逃されていることが問題視されている。そこで、行政制裁を強化することで抑止力を高めることが提言されている状況にある。しかしながら、行政制裁化することに伴い、制裁金額は罰金刑とさほど変わらないにもかかわらず、賦課手続が簡易なものとなることは問題である。行政制裁には、制度として非難の要素は含まれないものの、非難には行為の性質に由来するものも存在するからである。社会的に非難を浴びる悪質な行為について、安易に行政制裁で対応することには問題があり、刑事と行政のどちらで対応すべきかの切り分けは厳密に考える必要があるだろう。また、行政制裁が刑事制裁に近い性格を有する場合には、行政制裁を賦課する手続についても、刑事手続に準じた厳格な適正手続が要求されるべきであろう。行政制裁は、刑事制裁に比して使い勝手が良いことが強調される傾向にあるが、行政制裁を強化すればするほど、使い勝手は悪くなる不便さは甘受しなければならない。

2　刑事制裁と民事賠償の違い

(1) 民事賠償の性質

　民事事件における損害賠償は、被害者に生じた損害を填補することを目的とする。私人間の紛争は金銭による賠償で解決し、国家対私人の関係では刑事制裁により解決が図られる、という民刑分離が図られている。

　紛争の中には、犯罪を構成しないものと構成するものがある。また犯罪の中には、被害者なき犯罪があり、その場合は民事紛争を構成しない。しかし殺人や窃盗など典型的な犯罪を構成する行為の多くは、民事不法行為を構成する。そして損害賠償は、現実には、刑事制裁と並んで、一定の行為規範形

成機能や紛争を予防する機能を果たしていることが認められる。しかしながら、これらの機能は、あくまでも反射的間接的なものにすぎない。近時は名誉毀損訴訟において慰謝料が高額化する傾向にあるが、これについても、あくまでも、人格的利益に対する評価の見直しの結果であり、制裁として慰謝料を算定しているわけではない。

　一方、アメリカには懲罰的損害賠償という制度があり、実際に生じた損害の賠償に加えて、制裁のために損害額の2倍、3倍の賠償が命じられることがある。これは、加害者に制裁を加えて、将来における同様の行為を抑止することを目的としている。最高裁は、日本では、「加害者に対して制裁を科し、将来の同様の行為を抑止することは、刑事上又は行政上の制裁にゆだねられている」として、不法行為の当事者間において、制裁および一般予防を目的とする賠償金の支払いを受け得るとすることは、不法行為に基づく損害賠償制度の基本原則ないし基本理念と相いれない、としている（最判平9・7・11民集51巻6号2573頁）。

　もっとも、この判断は現行の損害賠償制度の理念が損害の填補である、というにすぎず、懲罰的損害賠償制度をおよそ導入すべきでない、というわけではない。同制度の導入の当否は、立法政策の問題である。

(2) 懲罰的損害賠償の是非

　これに関して、導入積極説は、①違法行為は常に発見され、賠償を請求されるわけではないため、違法行為の抑止のためには実損害額以上の賠償を認める必要がある、②国家による刑罰権行使は十分でないため、私人に訴訟提起のインセンティブを与えることで、個々人の損害額が少額である場合に法違反を表面化させる必要がある、③被害者には金銭を得る権利ではなく、加害者に苦痛を与える権利がある。それにより被害者は、傷つけられた尊厳を回復することができる、④私人は損害額以上に利得することになるが、それは罰金を制裁として科す場合に、副次的効果として国家が利得することと同じである、⑤損害額以上の利得は、私人が法執行のために積極的役割を果たしたことに対する利益である、⑥民事と刑事の混淆であるとの点については、生命・身体という中核領域を除けば、刑事と民事は交錯し得る、といった主

張を行う。

　それに対して、導入消極説は、①故意か過失かといった、行為者の主観的要件が重要でないことになる、②明白な侵害行為が公然と行われたか否かで、私人にインセンティブを付与することの要否、ひいてはこの制度が適用されるか否かが決まることになってしまう、③私人が刑罰権を代行しているのであれば、刑事制裁の場合と同様に冤罪防止の必要性が高くなり、刑事手続と同じ適正手続が保障されなければならないはずである、④被害者個人への不法と社会全体への不法は性質が異なる、⑤加害者に苦痛を感じさせることが目的となると、損害が同じであっても、加害者の財産状態のいかんで賠償額が変わってしまい、公平性を害する、⑥広範に被害が発生した場合に、平等な被害回復が実現できないおそれがある、⑦私人は、国家とは異なり、利得を目的として行動する可能性があり、賠償額が無用に高額化するおそれがある、⑧法執行への協力に対する報酬と賠償額は一致せず、国家の無責任を誘発する、などと反論する。私人には、制裁の謙抑的な発動を期待することが難しいことからすれば、この制度の導入にはなお慎重であるべきではないか、と思われる。

(3) 民事賠償と刑事制裁の関係

　被害者に損害を賠償すれば、被害が軽減され、また加害者の誠意が示されたとして、一般に、刑罰が軽くなったり起訴猶予処分となったりする。損害賠償が事実上、刑罰を代替する機能を果たしていることになるが、損害賠償を制裁として用いているわけではなく、刑罰に期待される効果の一部を損害賠償が果たしているにすぎない。また、刑罰が重すぎる場合、被害者への損害賠償がなされにくくなる、という意味でも、両者の間には関連があることに注意が必要である。

　また、英米法には、刑事裁判所が被害者への損害賠償を命じる、損害賠償命令という刑罰がある。これについては、過酷な刑罰となるのを避けるため、実際の被害額よりも少ない額が言い渡されやすいこと、刑事裁判での証拠の範囲で認定できる損害額のみが基礎となること、被害者が関与しない裁判で一方的に決められること、などの問題点が指摘されている。

第4節 死刑

1 現行制度の概要

　死刑は現行法上最も重い刑罰であり、生命を剥奪するものである。刑法典12罪種、特別法6罪種の法定刑に死刑が含まれている。このうち外患誘致罪（刑81条）は、死刑を絶対的法定刑とする。犯行時18歳未満に対しては、死刑は必要的に無期刑に減軽される（少51条1項）。死刑が確定すると、執行まで刑事施設に拘置される（刑11条2項）。刑事施設では、心情の安定を目標とし（刑処32条）、昼夜間単独室で処遇され、死刑確定者は原則として相互に接触することはない（同36条）。刑罰は一般に検察官の指揮により執行されるが、死刑だけは、法務大臣の命令で執行される（刑訴475条1項）。死刑執行命令は、再審請求・恩赦出願等の手続が終了するまでを除き、判決確定から6ヶ月以内にしなければならないことになっているが（同2項）、この規定は訓示規定と解され、有名無実化している。心神喪失の場合、女子が妊娠している場合は、法務大臣の命令により執行が停止される（同476条）。執行方法は絞首であり（刑11条1項）、刑事施設内の刑場において行われる（刑処178条1項）。検察官、検察事務官、刑事施設長又はその代理者の他は、検察官・施設長が許可した者しか立ち会うことはできない（刑訴477条）。

　死刑の執行方法に関して、最高裁は、その当時各国が採用していた絞殺、斬殺、銃殺、電気殺、瓦斯殺等に比して、絞首刑が特に人道上残虐であるとする理由は認められない、とし（最大判昭30・4・6刑集9巻4号663号）、将来、執行方法が火あぶり、はりつけ、さらし首、釜ゆでになったとすれば、憲法36条に違反する、という（最大判昭23・3・12刑集2巻3号191頁）。また近時の裁判例は、「手順が適切になされた場合には」、精神的、肉体的苦痛を感じる時間は比較的短時間にとどまり、頭部離脱等の重大な身体損傷は生じない、として残虐と評価できるほどに、受刑者に不必要な精神的、肉体的苦痛を与え、あるいは、重大な身体損傷を生じさせる危険性が高い執行方法

とはいえない、としている（大阪高判平 25・7・31 判タ 1417 号 174 頁）。しかしながら、なぜ、その時点で考えられる最も苦痛と身体損傷が少ない方法を用いなくてよいのか、という問題が残ると思われる。また「絞首」の具体的方法は、明治 6 年太政官布告 65 号に定められているが、最高裁は、この布告は旧憲法下において既に法律としての効力を有しており、新憲法下でも法律と同一の効力を有するものとして有効に存続しているため、憲法 31 条に違反しない、とする（最大判昭 36・7・19 刑集 15 巻 7 号 1106 頁）。しかし最高裁自身が認めるとおり、現在の執行方法にはこの布告とは異なる点があり、そもそもこの布告が法律としての効力を有しているかは疑わしい。

　死刑の執行に関しては、秘密主義が徹底されている。執行は非公開であり、死刑確定者本人にも当日朝に告知され、その家族へは執行後に通知される。執行後においても、氏名、罪状、執行場所のみが発表されるにすぎない。被執行者の選定基準、執行の過程、執行時の被執行者の心身の状態（心神喪失であったかも含む）、死刑確定者の処遇状況、被執行者が死亡に至る経緯など、死刑執行に関する重要な情報は公開されていない。

2　死刑の適用状況

　死刑の言渡しに関しては、2000 年から年間二桁を記録した時期が連続したが、現在では年間 5 件以下と少数にとどまっている。裁判員制度開始以降、第一審の死刑判決は基本的に裁判員裁判で下されており、2009 年の制度開始直後には死刑判決が増加するかに見えたが、その後減少している。適用罪名は、近時、殺人と強盗殺人に限られており、故意に人を殺害しない限り、死刑適用は問題にならないといってよい。

　死刑の適用は、「犯行の罪質、動機、態様ことに殺害の手段方法の執拗性・残虐性、結果の重大性ことに殺害された被害者の数、遺族の被害感情、社会的影響、犯人の年齢、前科、犯行後の情状等各般の情状を併せ考察したとき、その罪責が誠に重大であつて、罪刑の均衡の見地からも一般予防の見地からも極刑がやむをえないと認められる場合には、死刑の選択も許される」（最判昭 58・7・8 刑集 37 巻 6 号 609 頁）とする、いわゆる永山基準に従って行われている。永山基準は、「極刑がやむをえない」と認められること

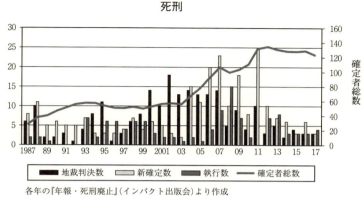

各年の『年報・死刑廃止』(インパクト出版会)より作成

を求めており、基本的には死刑の適用に対し謙抑的な基準であるといってよい。実務上は、おおよその相場のようなものが形成されており、それに従って判断されている。近時、最高裁は、「究極の刑罰である死刑の適用に当たっては、公平性の確保にも十分に意を払わなければならない」と述べ、裁判員裁判においても、死刑適用基準を意識すべきことを示唆している(最決平27・2・3刑集69巻1号1頁、最決平27・2・3刑集69巻1号99頁)。しかし、死刑適用が微妙なケースはなお存在しており、深刻な争いが生じ続けている。

死刑執行数は、法務大臣が執行命令を下さなかった1990年から1992年と2011年には0を記録したが、それ以外の年は毎年着実に執行されている。2018年には、オウム事件関係の死刑確定者13名の死刑が執行されたが、それでもなお100名以上の死刑確定者が拘置されている。

3 死刑存廃の動向

国際的には、死刑廃止の潮流にある。法律上・事実上の死刑廃止国は年々増加し、142か国に達しており、死刑存置国は56か国にまで減少している。EUは死刑廃止を加盟の条件としており、いわゆる先進国で死刑を存置しているのはアメリカと日本だけである。アメリカにおいては、依然として連邦と29の州が死刑を存置しているが、2000年以降9州が死刑廃止に転じ、4州が死刑の執行を停止している。死刑判決数、執行数も減少している。現在、

世界一の死刑大国と目されている中国でも、死刑を抑制する方向での改革が行われている。日本が死刑を存置していることは、廃止国との間での犯罪人引渡しや司法・捜査共助に支障を生じるなど外交リスクにもつながっている。

死刑存廃をめぐっては、多くの論点が存在する。死刑存置論は、①法の基礎である絶対的正義の見地からは、故意の殺人には死刑が最もふさわしい、②死刑廃止は殺人犯人の生命が被害者の生命よりも高く評価されていることになり不当である、③人を殺した者は生命を奪われるべきとの国民の法的確信が存在する、④世論によれば国民の多くは死刑の存置を望んでいる、⑤社会の応報感情は、犯人が死刑に処せられることで満足する、⑥被害者の親族は加害者が死を以て贖罪したことにより満足する、⑦死刑を廃止すれば私刑が増加するおそれがある、⑧現在の犯罪状況は死刑を必要とする、⑨裁判は慎重な手続で行われており、現状で支障は少ない、⑩死刑には犯罪抑止効果がある、⑪死刑は無期刑に比べて経費がかからない、⑫大多数の殺人犯は、犯した罪への償いとして死刑を歓迎する、といった根拠を挙げる。

それに対して、死刑廃止論は、①死刑は人道的感情に反する野蛮な刑罰である、②死刑の存在は国家が殺人を禁止していることと矛盾する、③社会契約として自己の生命を奪わせる権能を他人に授ける人はいない、④世論調査の結果は世論を正しく反映したものとはいえず、また生命のはく奪という重大問題を多数決で決することには疑問がある、⑤死刑には威嚇力がない、⑥死刑は自己犠牲の衝動を満足させるものであり、死刑の制度がなければこうした欲求を満足させるための殺人は起こらない、⑦死刑は一般人に対して残忍性を流布し、人命を軽視する風潮を招来する、⑧死刑は復讐を基礎とするもので、改善主義の理念に反する、⑨誤判の場合、死刑は一度執行されると回復できない、⑩死刑は憲法に違反する、といった根拠を挙げている。

最高裁は、①憲法13条は、公共の福祉に反する場合は、国民の生命権も制限ないし剥奪されることを当然予想している、②憲法31条は、刑罰として死刑の存置を想定している、③死刑そのものが残虐な刑罰として、憲法36条に反するとは考えられない、として死刑を合憲と判断した（最大判昭23・3・12刑集2巻3号191頁）。しかし、死刑を放棄することがいかなる意味で公共の福祉に反するのかは明らかではない。

第3講 刑罰論　91

　日本政府は、国際人権自由権規約に基づく審査の場で、繰り返し、死刑廃止を勧告されているが、それに対して、「国民世論の多数が極めて悪質、凶悪な犯罪については死刑もやむを得ないと考えており、凶悪犯罪がいまだ後を絶たない状況等に鑑みると、その罪責が著しく重大な凶悪犯罪を犯した者に対しては、死刑を科することもやむを得ないのであり、死刑を廃止することは適当でない」と回答している。凶悪犯罪はいつの世でもなくなることはないと思われるため、存置の決定的な根拠は世論が死刑を支持していることだと思われるが、にもかかわらず、適切な世論形成に不可欠な情報の公開がなされていない現状は、極めてパラドクシカルである。内閣府の世論調査（2015 年）では、国民の 8 割が「場合によっては死刑もやむを得ない」と回答しているが、そのうち「将来も死刑を廃止しない」と回答したのは 6 割弱にとどまる。状況に依存しない確信的死刑存置論は 5 割弱にすぎないことになり、世論による死刑支持がどれだけ強固なのかは疑わしい。

第5節　無期刑・終身刑

1　無期刑

　無期刑とは、執行期間が定まっておらず、10 年経過後に仮釈放が可能になる自由刑である（刑 28 条）。

　無期刑の法的性質をめぐっては、①文字どおり、期間が定まっていない刑罰と理解すると、10 年以上の不定期刑ということになる。しかし現行法では仮釈放になった後も、恩赦を受けない限り、一生涯、刑が終了しない。そのことからすると、②仮釈放のある終身刑であると理解することもできる。しかし、自由剥奪期間が不定期であることからすれば、不定期刑説にも一理あることになる。結局、無期刑は不定期刑と終身刑の両方の性質を有しているということではないかと思われる。

　どちらの側面を重視するかは、仮釈放の運用に表れてくる。①を重視すると、一定期間が経過した後は、社会内で改善更生できる状態となれば仮釈放

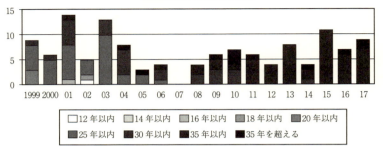

各年の『犯罪白書』より作成

にすべきことになるが、②を重視すると、応報の要請から終身拘禁するのが原則であり、例外的に社会内における刑の執行が許容される状態になった場合にのみ仮釈放にすることになると思われる。問題を複雑にしているのは、無期刑は、死刑にするのは躊躇されるとの理由で選択される場合と、有期刑では賄えないという理由で選択される場合とがあることである。求刑が、死刑なのか無期刑なのかが一応の目安となり、前者は②を重視し、後者は①を重視することにつながるであろう。しかし実際には、二つの類型を明確に区別することはできず、両側面が混合している。

　現在、無期刑の仮釈放は刑の執行を30年以上受けなければ、まず許可されない運用となっている。しかも在所期間30年以上の受刑者は、2017年末で、250名以上存在している。そして審理の結果、仮釈放が許可されなかった場合が77％にものぼる。仮釈放を実現できる確率は極めて低い。現状では、②に近いものとして無期刑が運用されていると言わざるを得ない。法務省では、2009年より、刑執行開始から30年が経過した場合と、その後は10年毎に、刑事施設長からの申し出がなくても、職権で仮釈放審理を開始することとしている。この運用は、①の側面を重視した結果であるとも思えるが、真に①を重視した運用とするためには、現実的に仮釈放が可能となる必要があると思われる。さもなければ、次に見る、仮釈放のない終身刑と同じ問題を抱えることになる。

2 終身刑

現行法上、仮釈放のない終身刑（以下、単に終身刑）は存在していないが、死刑の代替刑として、あるいは死刑と無期刑の間の中間刑として終身刑を導入するとの提案がなされている。

死刑の代替刑としての終身刑には、死刑の何を代替するのかという問題が、中間刑として終身刑には、死刑を減少させられるのか、むしろ従来無期刑となっていた事案が終身刑に格上げされるだけではないか、といった問題がある。しかし、より根本的には、社会復帰を目的とせず、死刑確定者のように心情を安定させるという処遇目標も掲げられないため、何を目的に処遇すればよいか不明である、という終身刑に固有の問題がある。これに対しては、施設内においても、処遇のあり方次第では生き甲斐を見出すことは可能である、との反論がなされている。確かに、社会に戻る可能性が閉ざされてもなお、ささやかな喜びを糧に施設内での生活していける被収容者も存在すると思われる。しかし、問題は、精神に不調を来したり、自暴自棄になったりした場合の対処方法であろう。さらに、理論的には、そうしたささやかな喜びを糧に生きることが人間の尊厳に適っているのか、制度上、反省悔悟のきっかけとなり得るものが存在しない刑罰は妥当なのか、も問題になるであろう。

また、終身刑の場合、受刑中に高齢となり、物理的に犯罪能力が失われた場合でもなお拘禁し続けなければならないことになる。終身刑導入の論拠の一つは、隔離により確実に特別予防を図ることができることにあるが、特別予防のためであれば、仮釈放にしなければよく、終身刑は単なる仮釈放審査機関への不信感の表明ではないかという問題がある。

さらに、無期刑との対比において、終身刑がいかなる意味で重い刑罰であるのかも、問題である。終身拘禁される無期刑との対比では、終身刑が仮釈放の希望を奪う点がより重い刑罰の内容を構成することになる。しかし、希望という個々人により価値が大きく異なり得る利益が、刑罰として剥奪するのに相応しいのか、という問題があり得る。

いずれにしても、終身刑には従来の刑罰体系とは異質の要素が多く含まれており、導入の可否は慎重に判断すべきであろう。

第6節　自由刑

1　現行制度の枠組み

　自由刑とは、刑事施設において身体を拘束することで移動の自由を奪う刑罰のことをいう。

　現行法上自由刑とされているのは、懲役、禁錮、拘留である。懲役と禁錮には無期と有期があり、有期は1月以上20年以下とされている[8]（刑12条1項および13条1項）。拘留は、1日以上30日未満とされる（同16条）。

　懲役、禁錮、拘留に共通する刑の内容は、刑事施設への拘置である（刑12条2項、13条2項、16条）。もっとも、懲役は、さらに、「所定の作業」を行わせることをも刑の内容とする[9]（同12条1項）。懲役と禁錮とは、法定される刑の長さが同じであるものの「所定の作業」の有無に違いがある。また、懲役および禁錮と拘留とは、刑事施設へ拘置される期間が異なっている。

　現行刑法における有期自由刑の法定刑の上限は、2004年の刑法の一部改正により、15年から20年に引き上げられた。また、この改正で、併合罪などを理由とする加重の上限が20年から30年に引き上げられた[10]。

2　自由刑の歴史

　刑罰をめぐる歴史の中で自由刑が大きな意味をもってくるのは、受刑者の労働力の活用と結びつく16世紀末からである。その沿革となる、ロンドン

---

[8]　もっとも、死刑または無期の懲役もしくは禁錮を減軽して、有期の懲役または禁錮とする場合、その長期は30年とするものとされている（刑14条1項）。また、有期の懲役または禁錮を加重する場合、30年にまで上げることができ、これを減軽する場合においては1月未満に下げることができるものとされている（同2項）。

[9]　もっとも、実際には、禁錮刑受刑者であっても、申出により作業を行っているものが圧倒的に多い（刑処93条）。

[10]　この改正では、強制わいせつ罪と強姦・強姦致死傷罪の法定刑の上限と下限がともに引き上げられた他、殺人罪の刑の下限の引き上げ（3年から5年）、傷害罪・傷害致死罪・危険運転致傷罪の刑の上限ないし下限の引き上げ、強盗致傷罪の刑の下限の引き下げ（懲役7年から6年）が行われた。

のブライドウェルや（1557年）やオランダのアムステルダム（1596年）における
けるもので有名な懲治場は、貧救院、工場、刑事施設を結合したものであっ
た。

自由刑の本格的な展開は、拘禁環境や執行方法の改革の歴史と重なっている
る。1790年のフィラデルフィア新監獄法が採用した厳正独居方式から、
1818年以降設けられたフィラデルフィア東西両懲治監で採られたペンシル
バニア制、1824年のニューヨークのオーバン制への変遷にみられるように、
それは主にはアメリカを舞台とした。

日本では、徒刑が、追放刑の代替として肥後細川藩での採用（1755年）を
皮切りに佐賀鍋島藩や会津松平藩に広まった。石川島人足寄場（1790年）は、
当初無宿者や身体刑の執行を終えた者を対象とした救貧・授産の更生施設と
しての性格を強くもったものの、徐々に犯罪行為に及んだ者をも収容してい
った。

新律綱領（1870年）は、笞・杖・徒・流・死の刑罰体系をもった。しかし、
太政官布告839号（1870年11月17日）の准流法により、流刑は徒刑に代え
られた。その上で、太政官布告113号（1872年4月）により「懲役刑ヲ設ケ
笞杖罪者ハ之ニ照依セシム」ものとされ、笞刑と杖刑が廃止され、懲役刑へ
と代えられた。改定律例（1873年）は、笞・杖・徒・流を廃止し、懲役刑を
採用した（10日から10年までの18等）。

旧刑法（1880年）は、重罪・軽罪・違警罪を区別し、それに主刑を対応さ
せた上で、重罪の主刑として、死刑、無期・有期徒刑（有期は12年以上15
年以下）、無期・有期流刑（有期は12年以上15年以下）、重・軽懲役（重懲役
は9年以上11年以下、軽懲役は6年以上8年以下。「定役」あり）、重・軽禁獄
（重禁獄は9年以上11年以下、軽禁獄は6年以上8年以下。「定役」なし）を、軽
罪の主刑として、重・軽禁錮（11日以上5年以下。重禁錮は「定役」あり、軽
禁錮は「定役」なし）と罰金（2円以上）を、さらに違警罪の主刑として、拘
留（1日以上10日以下）と科料（5銭以上1円95銭以下）を定めた。

現行刑法（1907年）は、重罪・軽罪・違警罪の区別を形式上は廃しながら
も、実質的には継承している。懲役、禁錮、拘留の区別はその反映であると
いえる。懲役が破廉恥罪、禁錮が非破廉恥罪を対象とするといわれるのも、

このことと関連している。

3 自由刑の内容と許容根拠

(1) 自由刑の内容と自由刑純化論

　現行刑法は、刑事施設への拘置に加えて「所定の作業」を行わせることを懲役刑の内容としている。しかし、「所定の作業」を自由刑の内容とすることには、二方向からの批判がある。一つは、自由刑の内容は本来移動の自由の制限に尽きるべきであるという批判である。この批判は、労働がもっている価値とのかかわりで、「所定の作業」を刑罰内容として刑法上の義務とすることは労働を蔑視しており、憲法規範とも抵触するという批判と結びつく[11]。もう一つは、自由刑の刑罰内容として、刑事施設への拘置に「所定の作業」を加えるだけでは不十分であり、例えば社会復帰や治療を目的としたプログラムの受講をも義務（＝刑罰）内容とすべきであるという批判である。

　前者の立場を自由刑純化論という。これは、自由刑の内容は移動の自由を制限することに純化されるべきであり、その他の利益を奪ったり制限したりしてはならないという議論である。古典的な問題提起となったのは、刑罰により制限される以外受刑者も一般人と同じであるべきであり、裁判所が言い渡した自由刑が執行段階で身体刑や財産刑、名誉刑といった他の刑種と混同されることがあってはならない、というフロイデンタールの議論である。「法律と判決は、刑の執行においてもまた犯罪人のマグナ・カルタである」というその主張は、①形式要件として、受刑者の権利の制限は法律またはそれに基づく法規命令によらなければならないこと、②実質要件として、形式的に法律化される内容は、法治国にふさわしいものでなければならないこと、③形式面と実質面における法律化を担保するための救済制度が設けられなければならないこととして具体化された[12]。

　自由刑純化論の意義は、①剥奪する利益を事前に明確に限定することを求

---

[11] 日本では、勤労が憲法上の権利および義務とされている（27条1項）。そのため憲法上の価値と抵触するとの批判もある。

めることから、不必要な利益侵害を食い止め、刑罰内容を明確にできる点にある。その結果、②刑罰（内容）と処遇（内容）を峻別でき、刑法で明記されるべき事項と刑処法に規定されるべき事柄を法的に分けることを可能にする。これは、同時に、自由権と社会権の稼働場面を明確化させる。自由権の侵害強度を小さくするよう刑罰の最小化を図ることで刑罰を人道化するとともに、社会復帰に資する処遇を刑罰としてではなく本人の同意に基づく社会権に基礎を置く措置と考える道を開き、受刑者本人の権利を基盤とした行刑のあり方を構想することを可能にする。反対からいえば、自由権純化論を否定するのであれば、自由刑で剥奪したり制限したりできる利益は何か、そしてその根拠は何かを明確化することが一層重大な課題となる。

(2) 自由刑の許容根拠

(a) 刑事施設への拘置の根拠づけ

自由刑の許容根拠を予防（一般予防、特別予防）に求める場合、その効果が得られるだけの刑の長さを考えることになる。しかし、とりわけ長期にわたり移動の自由を奪うことが威嚇や規範の確証の作用を通して犯罪を抑止する効果をもつことには、実証の裏づけが得られていない。むしろ、長期の自由剥奪は社会との結びつきを断絶させ、再犯リスクを高めることが知られている。現状で一般予防の効果を自由刑に期待することは難しい。移動の自由を強制的に奪う自由刑の根拠づけとして用いようとする場合、消極的なものであれ積極的なものであれ、一般予防論は、個人の尊厳という価値との関係で深刻な問題も抱える。仮に効果があるとしても、犯罪予防効果がありさえすればどれだけでも刑を長くできるというのでは、過去に行った犯罪行為と比例を失した介入が行われる事態が生じ、介入される者の自由が余りに軽視されることになる。また、根源的には、個人を他の手段・道具として扱うことにならないのかとの疑問もある。

教育や改善更生（積極的特別予防）を通して犯罪行為者が再び犯罪に及ば

---

(12) これは同時に、矯正に関係する作用を法律関係としてとらえることを前提として、刑罰による制限以外の部分で既決施設被収容者を一般人として扱うことを求めるものであった（⇒第6講第2節2既決施設被収容者の法的地位）。

ないようにする効果についても同様である。刑事施設内で身につけた各種技能が社会内での生活や再犯予防に役立つことがあるとしても、身体拘束そのものがもつマイナスの作用が払拭されるわけではない。また、特別予防は行為者の個別事情の考慮を必要とするが、何がどのような効果を発揮するのか事前に予測することは難しい。そうなると、行き着くのは（絶対的）不定期刑ということになりかねない。これは、現行憲法31条の下では許容できない（⇒第1節刑罰の本質論）。

　それに対し、一般社会と隔離することで犯罪を予防する効果は、刑事施設内で身体の拘束を行う自由刑には当然のことながら存在する。もっとも、こうした消極的特別予防の効果は、あくまで身体拘束期間に限られたものであり、身体が拘束されたことによりその後の再犯リスクが高まることは十分に考えられる。

　応報に許容根拠を求める場合には、過去に犯罪が行われたことを根拠に自由剥奪を行うことになる。自由刑の長さも、これに見合う程度となる。その釣り合いを上限を画するための消極的なものに限定するのか（消極的責任主義）、下限についても求めるのか（積極的責任主義）には、さらに検討の余地がある。

　個人への国家による介入は、本人が予め見通すことができ、かつ甘受せざるをえない根拠によるべきである。自由権保障は重んじられる必要がある。その意味で、自由刑の許容原理は応報を基本とすべきである（⇒第1節3刑罰の目的）。もっとも、自由権保障の観点から考えれば、犯罪行為が行われた以上必ず刑罰による対応を行うことまで求めるのは妥当でなく、責任主義の意義も消極的責任主義にこそあると理解すべきである。自由刑に積極的な犯罪予防効果を見込めないのが現状であることや、自由刑が歴史としてみれば誕生から長い歴史をもつものではないことに鑑みても、自由刑を絶対的なものではなく相対的なもので、過渡的な必要悪ととらえ、縮小していくことが求められる。犯罪行為と均衡した刑罰量に関する社会の応報観念を弱める努力を行う必要がある。

（b）所定の作業

　自由刑の刑罰内容として、移動の自由の制限に限定せず、作業や「矯正に必要な処遇」といったものを受ける義務まで含める場合、その部分の介入根拠も問題になる。一般予防では、作業・処遇プログラムの義務づけがなぜ行為者以外の者の犯罪の抑止につながるのか、実証性も含めて説明が難しい。隔離を内容とする消極的特別予防も、同様である。教育・改善更生を内容とする積極的特別予防は、その者が再犯に及ばないようにする効果を認めることができるのであれば、これを正当化する余地がある。しかし、強制的な義務づけの枠組みでどの程度この効果を見込むことができるかには疑問がある。応報でも、過去の犯罪への報いと考えれば、正当化できる余地がある。しかし、とりわけ応報の意義を自由権保障に見出す場合には、後述する勤労の権利・義務という憲法上の価値との対立が問題になる。

　作業や処遇プログラムの受講を刑罰内容とする場合、刑事施設への拘置の部分と統一した根拠づけが可能かも理論的な課題になる。「拘置」を「矯正に必要な処遇」とともに刑罰内容とするのであれば、本質論において統一した説明ができなければならない。刑事施設内に強制的に身柄を留め置くことを意味する「拘置」の部分については多かれ少なかれ応報による根拠づけを行わざるをえないのであるから、作業や処遇プログラムの受講も応報で根拠つけざるをえなくなる。しかし、これらを応報でのみ根拠づけることには無理がある。理論の混乱や非体系的な援用を避けるためにも、作業や処遇プログラムの受講を刑罰内容に含めることは妥当でない。

4　自由刑改革の諸問題

(1)　自由刑の単一化

　自由刑の単一化とは、複数存在する自由刑の種別を廃止して一種の刑に統一することをいう。自由刑の単一化は、第二次世界大戦後、イギリス（1948年）、ハンガリー（1950年）、ドイツ（1969年）といった欧州諸国で行われた。日本では刑法改正論議期に自由刑の単一化の是非が大きな話題となったことがある。また、近時も、法制審議会少年法・刑事法（少年年齢・犯罪者処遇関係）部会において、この単一化が議論されている。

自由刑の単一化として問題となるのは、通例、懲役と禁錮の単一化である。ありうるのは、①作業義務を刑罰内容として残す懲役一元化論（禁錮廃止論）、②作業義務を刑罰内容として否定する禁錮一元化論（懲役廃止論）、③処遇プログラムを受ける義務を刑罰内容として新たに創設する独自の内容をもつ統一ないし単一拘禁刑論である。

問題の背景にあるのは、①破廉恥罪・非破廉恥罪の区別に対する批判の高まり、②犯罪行為者に対する処遇の個別化の要求の強まり、③禁錮刑言渡し数の減少である。①は、法と倫理の峻別が不徹底であることや、リーガル・モラリズムへの批判である。②は、主に懲役廃止論や処遇プログラムをも自由刑の内容に含め、義務づけを行おうとする見解からの主張である。所定の作業のみを刑罰内容とすることへの批判といい換えることができる。③は、量に着目したものである。戦前においては多数の思想犯が禁錮刑に処されており、戦後も自動車運転による過失犯による増加がみられたものの、1968年の刑法改正により業務上過失致死傷の法定刑に懲役が追加されたことで、禁錮刑の言い渡し数は急激に減少に転じた。

自由刑の単一化を支持する見解の根拠は、①破廉恥罪・非破廉恥罪の区別は妥当でなく、そもそも可能でもないこと、②政治犯と過失犯とが犯罪としての性格を異にしているにもかかわらず、同じ禁錮刑の対象となることは説明がつかないこと、③所定の作業を刑罰内容に含まない禁錮を名誉刑と考えるのは、時代遅れの労働蔑視であること、④禁錮刑受刑者の多くは申し出による作業（刑処93条）に従事していることから、所定の作業の有無で懲役と禁錮を区別することには意味がないことなどにある。それに対し、自由刑単一化の否定論は、①破廉恥罪・非破廉恥罪の区別は、司法観や国民感情に根ざしていること、②刑法の行為責任の観点からは、それに見合う形で、刑の種類においても評価の差を明らかにする必要があること、③刑罰の個別化は、行刑においてのみならず、立法・裁判段階においても考慮すべきものであること、④禁錮刑受刑者に対する施設内処遇には、交通過失犯の集禁処遇のように独自のものが存在することなどを理由とする。

否定論の①は、根拠として曖昧であり、実証性のある根拠をもってもいない。また、②行為責任の観点からなされる評価の差を刑の種類に反映させる

としても、それを作業の有無に結びつける必要はない。さらに、③④刑罰や処遇の個別化は、確かに推し進められるべきものであり、手続の個別化として例えば判決前調査制度の採用も検討されるべきものであるものの、刑罰内容としての作業の有無で図る必然性まではない。自由刑は単一化されるべきである。

　その上で、作業義務や処遇プログラムを受ける義務を刑罰内容とするのか、それともそうした義務を否定するのかが問題になる。改正刑法草案は、懲役と「禁固」の区別を残した上で、懲役につき作業と「矯正に必要な処遇を義務づける一方（35条）、「禁固」については「請求により作業を行わせ」るとともに「矯正に必要な処遇」を行うことができるものと規定した（36条）。また、拘留も廃止せず、「矯正に必要な処遇」を行うものとした（39条）。近時、法制審議会少年法・刑事法（少年年齢・犯罪者処遇関係）部会では、自由刑を一本化した上で、作業だけでなく処遇を受ける義務を「新しい自由刑」の内容とすることが検討されている。しかし、こうした禁錮を廃止する方向での単一化は、刑罰内容を豊富かつ曖昧にし、予見可能性を損ね、自由権を脅かす。自由刑は、自由刑純化論と整合する禁錮一元化論（懲役廃止論）の方向で単一化されるべきである。

　拘留の扱いも問題となるが、違警罪に対する軽微な制裁を沿革としていることに鑑みても、廃止するのが妥当である。

(2) 短期自由刑

　自由刑については、とりわけ特別予防効果との関係で、刑期が短い自由刑（短期自由刑）が問題とされてきた。何が「短期」かの理解には古くから争いがあり、6週間、3ヶ月、6ヶ月など様々な説が唱えられてきた。いずれにしても、短期自由刑が問題とされてきたのは、「受刑者の改善のためにはあまりにも短く、腐敗させるには十分な期間である」との批判的な関心からであり、廃止を検討する文脈であった。ここには、長期の自由刑であれば問題が少ないとの暗黙の前提がある。

　しかし、①期間内に十分な教育をなしえないこと、②犯罪抑止力がないこと、③軽微な犯罪行為者の家族に物心両面にわたって大きな打撃を与えるこ

と、④釈放後の社会復帰を困難にすること、⑤執行施設の設備が悪く専門職員も欠きがちであること、という短期自由刑の弊害として指摘される問題は、自由刑一般の弊害である。これらの「弊害」は、施設内処遇への全面的な肯定的評価を前提としていたものであり、長期の自由刑では一層深刻化する問題であるともいえる。短期自由刑については、刑の執行猶予、宣告猶予、罰金刑といった代替策や、生活指導・教育訓練の充実、開放処遇、週末拘禁、半拘禁といった執行方法の改善策を比較的容易に見出しうるものの長期自由刑の場合はそうではないために、強くは意識されてこなかっただけであるともいえる。自由刑一般をいかに縮小できるかが核心にある問題である。

(3) 不定期刑

現行刑法上の自由刑は、刑期が法律上定められ、裁判時も刑期が具体的に宣告される定期刑である。しかし、刑の期間を確定することなく宣告し、専ら行刑の経過にしたがってそれを事後的に決定する形態も、自由刑の一形態としてありうる。こうした制度を、不定期刑という。不定期刑には、まったく刑期を定めずに宣告する絶対的不定期刑と、長期と短期を定めて刑を宣告する相対的不定期刑がある。

不定期刑は、犯罪原因を個人の資質に求め刑事制裁としてその改善を行うことを求めるイタリア学派やドイツにおける新派刑法学により、社会からの隔離手段として主張された。アメリカでは、1877 年にエルマイラ矯正院でこの制度が実施に移され、1946 年には、少年についてすべての州と連邦で、成人に関しては大半の州と連邦で採用されるに至った。しかし、その後は、1976 年のメイン州、1977 年のカリフォルニア州での動きを皮切りとして、不定期刑廃止の方向に舵が切られた。日本では、1922 年の旧少年法で少年に対する相対的不定期刑が導入され、現行の少年法にも継承されている（52 条）。成人については、1974 年の改正刑法草案が、常習累犯に対する不定期刑の導入を構想した（59 条）。

不定期刑の前提にあるのは、犯罪行為に及んだ者自身が何らかの犯罪原因を抱えているという犯罪原因論上の認識と、その原因を刑罰や刑事処遇で除去できるという考えである。これは、処遇論における医療モデル（メディカ

ル・モデル）の考え方と整合する。犯罪（行為の原因）を病気に、刑事施設への在所を病院への入院に見立てれば、予め退院（≒出所）の時期を定めておくことは病気の治療（≒犯罪行為の原因を除去するための処遇）効果を阻害する可能性があり、むしろ治療効果が出るまで入院（≒刑事施設への収容）させておくことが合理的であることになる。

しかし、実証研究では、社会との関係を断絶させることで再犯リスクが高まることが知られており、不定期の自由刑にどれだけの効果を見込むことができるのかは、疑わしい。また、罪刑法定主義の一内容として絶対的不定期刑は禁止されていると一般に理解されており、このことは日本では憲法31条の裏づけをもつ価値となっている。相対的不定期刑では刑期の上限が画されているために予見可能性自体は担保されている。しかし、本人を不安定な状態に置くという点で、相対的不定期刑は絶対的不定期刑と程度の差をもつにすぎない。短期を超える分の刑をどのように責任で説明するかという課題もある。メリットとして語られる刑事施設からの早期の出所は、被収容者の自発的努力にかからせ、善時制度などの形で検討すべきであろう。

第7節　財産刑

1　現行制度の概観

(1)　主刑と付加刑

財産刑とは、財産を剥奪することを内容とする刑罰のことをいう。

現行刑法は、主刑として罰金および科料を、付加刑として没収を財産刑として定めている（刑9条）。主刑である罰金と科料の態様は、国庫に金銭を納付させるというものである。罰金の価額は1万円以上（同15条）、科料は1,000円以上1万円未満（同17条）である。

付加刑である没収（刑19条）は、犯罪に関連する物についての所有権を剥奪して国庫に帰属させることを内容とする。没収対象物件を没収できない場合、それに代わりその物の価額を国庫に納付させる追徴（同20条）が命

104

じられる。これらは、不法利益の剥奪を本来の目的としている点で、主刑である罰金および科料とは本質的な性格を異にしている。罰金および科料において、不法利益の剥奪は副次的効果であるにすぎない（最判昭25・7・4刑集4巻7号1155頁）。この点をとらえて、没収および追徴の実質的な性格は対物的保安処分にあると説明されることもある。

　交通反則金制度も、個人の財産的利益を強制的に奪う点で財産刑と共通する性格をもつ。しかし、行政罰である点で刑罰である財産刑とは区別される。

(2) 罰金と科料の異同

	罰金	科料
執行猶予	50万円以下の場合あり（刑法25条1項）	なし
刑の時効期間（刑法32条）	3年	1年
公訴時効（刑訴法250条）	3年	1年
教唆・従犯	処罰あり	原則不処罰（刑法64条）
犯人蔵匿等（刑法103条）の成立	成立（拘禁中に逃走した者を除く）	不成立
犯罪人名簿への記載	あり（道路交通法違反を除く）	なし
人の資格に関する制限	多くは罰金以上	

　罰金と科料とは、金額以外の点で次のように違っている。まず、罰金には、50万円以下の場合、執行猶予が認められる（刑25条1項）。また、罰金に処せられたことは、執行猶予や仮釈放の任意による取消事由となる（同26条の2第1号、29条1項1号）。刑の時効期間は、罰金の場合3年であるのに対し、科料の場合1年である（同32条）。公訴時効も、これと同様に、罰金の場合3年であるのに対し、科料の場合1年となっている（刑訴250条）。教唆や従犯も、罰金の場合には成立するのに対し、科料の場合には成立しない（刑64条）。犯人蔵匿等の罪（同103条）も、罰金の場合、拘禁中に逃走した者を除いて、成立するのに対し、科料の場合成立しない。さらに、罰金の場合、犯罪人名簿への記載がなされる（ただし、道路交通法違反を除く）のに対し、科料の場合、なされない。法令上の資格制限の多くも、罰金以上を要件としている。

　こうした違いは、沿革上の理由によるところが大きく、現在、両者を区別することに合理性があるのか、疑問がある。財産刑の長所は、身体の拘束を

伴わないため社会復帰を比較的阻害しにくいという点にある。この長所を活かし、法的効果を科料の側に寄せる形で整理し財産刑を単一化することは、真剣に検討に値する。

(3) 財産刑の対象

罰金刑は、その下限は刑法総則に定められているものの（刑15条）、上限は各々の犯罪ごとに定められている。現在、罰金刑の多額の最高額は、特別法を含めれば10億円（対法人。不正競争防止法22条1項1号）である。もっとも、税法上の逋脱罪は、脱税額が法廷の罰金額の上限を超える場合、脱税額の限度まで罰金を科することができるものとしている（所得税法238条2項、法人税法159条2項など）。刑法典中の多額の最低額は、10万円（住居侵入等。刑130条）である。

刑法典中には、財産刑の対象とならない犯罪も多く存在する。例えば、殺人、放火、強姦、堕胎、強盗、詐欺、恐喝、横領は、財産刑の対象とされていない。財産犯でも、従前、財産刑の対象とされたのは、背任、遺失物等横領、無償の譲受を除く盗品等に関する罪のみであったが、2006年の刑法改正により、窃盗罪（刑235条）がこれに含まれることになった。

国家的法益や社会的法益を侵害する罪、そして個人的法益でも生命や身体を侵害する犯罪の多くが財産刑の対象とされていない理由は、罰金刑が軽罪の主刑とされてきたという沿革の他、応報観念からみた場合の不適合性にあると考えられる。また、財産犯の多くが財産刑の対象とされてこなかったのは、刑事政策としての実効性にあると考えられる。行為者に支払い能力がないのであれば、財産刑を科する意味は無に帰する。そもそも高い支払い能力があるのであれば、その者は財産犯に及ぶ必要がなかったともいえる。

しかし、前者は、あくまで現行刑法立法当時の観念を前提にしたものである。応報観念が時代により変遷しうるものであるならば、それが現代においてもなお合理性のあるものとして受容されうるものなのか、常に検討が必要である。後者に関しては、経済的な利益を侵害する犯罪に、それよりも大きな利益である身体的自由の剥奪を以て応えることは、均衡を失しているとも考えられる。また、経済力のない者が及びやすい犯罪類型に社会とのつなが

りを断絶させやすい身体的自由の剥奪を以て応えることは、却って社会矛盾を拡大させる結果を引き起こす。刑罰による痛みの平等化を図るため、後述する財産刑の諸改革が積極的に進められる必要がある。

(4) 財産刑の賦科形態

財産刑が科される形態には、①財産刑のみが科される類型、②他の刑罰と併科される類型、③他の刑罰との選択とされる類型がある。現行刑法では、③の類型が多い。①の類型は、失火罪（刑106条）や過失建造物等浸害罪（同121条）、過失傷害罪（同209条）、過失致死罪（同210条）に代表される。②の類型は、刑法典上、盗品の運搬・保管・譲受・有償処分の斡旋（同256条2項）に限定されている。これは、打算的利欲犯罪の抑制を狙ったものと理解される。

2　財産刑をめぐる歴史

(1) 起源と民刑分離

前述のとおり、財産刑は、刑罰の歴史の中でも最も古くからみられ、血讐（フェーデ）を避けるための賠償や贖罪金の制度に起源をもつ。6世紀頃刑罰として登場した財産の剥奪は、国家刑罰権の確立と表裏をなしていた。王による私的紛争への介入に伴う和解手数料がやがて全額の吸収となり、これと同時に、犯罪的不法は支配者である王の平和に対する侵害・攪乱とみなされ、公的な性格を帯びるようになった。これを土台に、刑事責任に基づき全額が国庫に帰属する刑罰としての罰金制度と、民事責任に基づくと損害賠償制度とが分化していった（民刑分離）。

もっとも、近時、諸外国では、懲罰的損害賠償制度などの登場により民刑分離が相対化してきている。また、組織犯罪対策や薬物犯罪対策として不法収益のすべてを収奪したり、全財産を限度に罰金を科したりする現象もみられるようになっている。そのことで、国家的介入にあたって不可欠な適正手続保障の潜脱や弛緩がないか、また、侵害法益との均衡が失されていないか、吟味しなければならない。

刑罰の歴史でみたとおり、近代以降の刑罰制度の中心的地位を占めるのは

自由刑である。しかし、それは質的にみた場合の話であり、量的には財産刑が多くを占めている。

(2) 日本における制度の歴史

　財産刑を罰金と科料に二分し、没収を付加刑とする現行刑法の体系は、フランス刑法を継受した旧刑法（1880 年）を継承している。旧刑法は、罰金（2 円以上。旧刑 26 条）と科料（5 銭以上 1 円 95 銭以下。旧刑 29 条）を主刑とし、没収を付加刑とした。その上で、重罪、軽罪、違警罪と三分した犯罪のうち軽罪に対する主刑として重禁錮・軽禁錮とともに罰金を（旧刑 8 条 3 号）、違警罪に対する主刑として拘留のほか科料を規定した（旧刑 9 条 2 号）。他方、重罪に対しては財産刑による対応が図られなかった（旧刑 7 条を参照）。

　現行刑法が、国家的法益や社会的法益に対する罪や、生命や身体的自由を保護法益とする重大犯罪の多くを財産刑の対象から除外していることは、こうした立法態度を継承した結果とみることができる。

(3) 財産刑の改革動向

(a) 金額の引上げ

　日本における財産刑の改革は、これまで、金額の引上げと対象の拡大を内容としてきた。

　現行刑法制定時、各々、20 円以上、80 銭以上 20 円未満とされた罰金と科料の額は、これまでに 3 度、引き上げられている（1948 年の罰金等臨時措置法、1972 年の罰金等臨時措置法改正、1991 年の罰金の額等の引上げのための刑法等の一部を改正する法律）。その方法は、①刑法の総則に規定される罰金および科料の額の引上げ、②刑法、暴力行為等処罰ニ関スル法律、経済関係罰則の整備に関する法律で定められた罪における額の引き上げ、③その他の法令で定められた罪における額の引き上げ、によっている。いずれも、物価の上昇を理由としたものであり、消費者物価や労働者賃金を指標としている。

(b) 対象の拡大など

　対象の拡大などの改革は、2006 年に刑法と刑事訴訟法の改正を通じて行

われた。その内容は、①窃盗罪（刑法 235 条）と②公務執行妨害罪・職務強要罪（同 95 条）の選択刑として 50 万円以下の罰金を新設したことのほか、③業務上過失致死傷罪[13]（同 211 条）に対する罰金刑の上限の引上げ（50 万円から 100 万円へ）、④労役場留置に関する規定（同 18 条）見直し、⑤略式命令により科すことができる罰金刑の最高額の 50 万円から 100 万円への引上げというものである。

①は、これまで起訴猶予としていたものを罰金にできるよう選択肢を増やすことを目的とする。②の理由は、法定刑が自由刑に限定されていると起訴すべきか否か、検察官が判断を行う際に困難を伴うことが少なくないことに、③の理由は、「適正な科刑」を行うことに、求められている。

③「適正な科刑」という場合の「適正」さの内容は明らかでない。しかし、①②の立法措置をも含めて、これは一般予防による威嚇力を期待する重罰化・厳罰化を内実としている。⑤をも考え併せれば、この改正は、重罰化・厳罰化と手続保障の薄い簡易な手続による処理の拡大とを同時に行うものである。剥奪する財産を多額とすることによる重罰化・厳罰化という実体的な負担と、手続保障の薄い処理手続を拡大することによる手続的負担とを、二重に、制度の対象となる者に押し付ける措置、といい換えることもできる。仮に一般予防効果を期待できるとしても（その確証は現在存在しない）、こうした立法措置は公正さという価値の観点から看過できない。

3　両罰規定

両罰規定とは、実際に犯罪行為に及んだ自然人だけでなく法人に対しても罰金を科すことができるものとしている規定のことをいう。現在日本では、経済活動に関係する特別法にこの形態をとるいくつかの規定が置かれている。

財産刑は経済的な利益を奪うことを内容とすることから、一身性をもたない。こうした財産刑の特性に着目すれば、対象は必ずしも自然人に限定される必要がない。資本主義経済が発展してくると、自然人のみならず法人も、

---

(13) このうち自動車運転にかかるものは、2014 年制定の「自動車の運転により人を死傷させる行為等の処罰に関する法律」5 条に規定された過失運転致死傷罪（5 条）による処罰対象とされるようになっている。

経済活動の担い手として社会的に重要な役割を果たすようになる。社会実体として、その活動が自然人と同等もしくはそれ以上のものとみなされるようになってくると、自然人とは別に法人そのものに対して刑事制裁を科すことが考えられるようになる。その一つの方法が、両罰規定である。

　日本において法人そのものを処罰する規定が現れたのは1900年であり、その際採用されたのは、行為者である従業員を処罰せずにその者を雇用している人または法人を処罰するという、代罰規定や転嫁罰規定の制度であった。1930年代に入ると、統制経済の展開を背景に、法人企業・個人企業の業務の中で法律の定める違反行為が従業員によって行われた場合に、業務主体である法人・自然人（個人）と違反行為者の両方を処罰するように定める両罰規定が導入された（1932年の資本逃避防止法）。それ以降、両罰規定が原則的な形態として採用され、今日でもこれが継承されている。

　両罰規定に関して問題となるのは、法人に対して科することができる罰金額が行為者たる自然人に対するそれに連動するか否かである。この問題は、法人に対する科刑の根拠を自然人との関係でどうみるかと関連しており、その理解には歴史的な変遷がある。かつては、法人の処罰は自然人の故意や過失を媒介として初めて認められるものであるから、自然人の責任を超える責任を法人に認めることはできないという考えを背景として、両者の罰金額が連動すると考えられてきた。しかし、刑罰の一般予防効果を重く見る立場からすれば、とりわけ経済活動の領域において、犯罪となる行為について組織的な意思決定があるとみなしうるだけでなくその行為が合理的な計算と損得勘定の上で行われており、しかもそれを通して法人が得ている利益が大きいような場合、犯罪抑止に十分な感銘力と経済的な痛みを法人に与える必要があるのに、自然人と法人の罰金額を連動させることは不合理に映ることになる。また、1950年代半ばから、裁判例において、法人処罰の根拠づけに変化が生じた。その根拠は、従業員である自然人の違法行為を防止できなかったことに対する過失に求められるようになった（最大判昭32・11・27刑集11巻12号3113頁、最判昭40・3・26刑集19巻2号83頁）。こうした動きの中で出てきたのが、罰金額の連動の切り離しである。1992年の独占禁止法の改正によりこの切り離しが行われ、法人に対し自然人である行為者よりも多額

の罰金が科されることとなった後、金融商品取引法や不正競争防止法など、経済刑法の領域でこの手法がとられるようになっている。

罰金額の連動の切り離しは、財産刑の感銘力や経済的利益の剥奪による痛みが刑を科される者や存在の資力によって異なることを暗黙裡に正当化の根拠としている面がある。その意味で、この措置は現行刑法上明文規定が置かれていない刑の個別化を先取りしている。しかし、それは重罰方向でのものである。実証や効果については一般予防効果について実証の蓄積が不可欠であり、価値に関しては「意思決定」や「行為」を擬制することの是非が問われなければならない。現在の財産刑の体系は、責任量を価額に表すことを基礎としている。その根本の部分が擬制に基づくものでよいのかが問題である。

4 科刑の手続

(1) 略式手続

財産刑は、他の刑罰と異なり、略式手続という独自の手続を用いて科すことができる点にも特徴をもつ。略式手続とは、100万円以下の罰金または科料を科す事件を対象として、検察官が自らの裁量に基づいて略式命令請求を行った場合に、裁判官が公判を開かずに書面審理のみで起訴事実の存否を判断する方法で行われる手続である（刑訴461条以下）。

近時は、さらに、道路交通法違反者を対象として、交通裁判所における手続を1日のうちに完了させる「三者即日処理方式」がとられるようになっている。これは、警察が取調べと送致を、検察が取調べと略式命令請求を、そして裁判所が略式命令と被告人への送達を行い、有罪の言渡しを受けた者による罰金または科料の仮納付までを1日のうちに行うものである。

簡易な手続を用いて、相対的にみて額の低い財産刑を科す略式手続の制度が導入されていることの背景には、財産刑の対象が膨大な数に及び、そのすべてを正式の公判手続を経て処理することが財政上も事務処理上も困難になっているという事情がある。しかし、犯罪の量が膨大であるために略式手続が用いられているというだけでなく、略式手続が用いられているために犯罪の量が膨大となっているという側面があることは、否定できない。

手続の簡便さゆえに、略式手続では刑罰を賦科する際に求められる適正手

続保障が十分になされているのかという問題もある。大量の事件処理は、実は、適正手続保障を犠牲にすることで成り立っているとみることもできる。刑罰の重さにより求められる「適正手続保障」が異なるとみて、財産刑の賦科にふさわしい「適正手続保障」であれば足りると考える余地がないわけではない。しかし、適正手続保障は、刑罰の賦科という重大な国家権力の発動場面における重要な人権保障である。科される刑罰の軽重を根拠にその保障を薄くすることを認めれば、際限のない相対化と希薄化が起こる危険性がある。適正手続が果たして放棄できる権利であるか否かには慎重な検討が必要であるものの、略式手続の正当化を図るのであれば、最終的には手続を受ける本人の権利の観点から説明するほかない。

　いずれにしても、略式手続の問題は、財産刑の賦科が大量となっている理由を考えてみることが不可避である。それは、つまるところ、刑罰による犯罪抑止効果への期待をどのように考えるか、そして比較的軽微な法違反に対する応報をどのように考えるかという問題に帰着する。既述のとおり、道路交通犯罪による罰金刑賦科は、前科登録簿に記載されなくなっている。その延長線上で非犯罪化や非刑罰化の可能性を探ることが不可欠である。

(2) 交通反則通告制度

　刑罰ではないものの財産的利益を剥奪するという点で財産刑と共通点をもつ行政罰を科す手続として交通反則通告制度がある（⇒第3節1行刑制裁と刑罰の違い）。この制度は、道路交通法9章「反則行為に関する処理手続の特例」に規定されている。道路交通法違反の罪のうち概ね軽微・明白・定型的な違反類型は「反則行為」とされ（125条1項および別表第二）、反則行為をした者のうち無免許運転者などを除いた者は「反則者」とされる（同条2項）。反則行為を認知した警察官が反則者に対して書面（いわゆる「反則切符」）により告知を行い（126条）、その報告を受けた県警本部長が定額の反則金の納付を書面で通告する（127条）。この通告を受けた者が10日以内にこれを納付すると、その反則行為について検察官が公訴提起することが許されなくなる（128条2項）。

　道路交通法違反事件の大多数は、この制度の適用を受ける形で警察段階で

処理されている。その意味で、この制度もダイバージョンの一つに数えることができ（⇒第1講第3節1数からみた日本の刑事司法運営、第2講第6節2犯罪化・非犯罪化）、その長所と短所があてはまる。すなわち、レッテル貼りの回避や訴訟経済の面をも含めて、対象者本人および制度・関係者の負担軽減が期待できる一方、適正手続保障のあり方が問題になる。この制度では警察官が犯罪を認知した後、検察官による公訴提起や裁判所による犯罪事実の認定なしに財産的利益の剥奪が行われるため、とりわけ法規範に基づく価値の問題として、裁判を受ける権利（憲法32条）を侵害しないかが問題になる。反則金を納付しない場合には公訴提起がなされることをとらえて、裁判を受けたいのであれば反則金を納付しなければよく、権利侵害はない、といえないわけではない。ここでは、略式手続の場合にも増して、果たして裁判を受ける権利は本人の意思で放棄されうる性質のものなのかが問われる。刑罰と同質の財産的利益の剥奪を内容とするにもかかわらず、事件の大量処理のために裁判を受ける権利という重大な権利を放棄させる選択を迫る構造自体に問題がある。

5　財産刑改革の諸問題

(1)　財産刑の特性

　財産には、①一身性が弱く人の身体から切り離すことができる、②そのため代替性が高い、③とりわけ資本主義社会においてはそれをもつ者ともたない者とがいる、という特性がある。財産刑の長短、そして意義および課題も、この特性にかかわる。

　財産刑の長所とされてきたのは、①対象者の職業生活や日常生活に支障を与えない、②社会的烙印となることが少ない、③常習犯罪者と接触させないで済む、④誤判があった場合でも回復が比較的容易である、⑤執行のためにかかる費用が相対的に安価であり経済的である、⑥国庫収入を被害者の救済に使える、⑦法人にも適用できる、ということである。特に①②③は、（短期）自由刑に代わり罰金刑を活用すべき理由としても挙げられる。もっとも、①②③も含めて、これらは、あくまで生命刑や自由刑と比較した場合の特徴であり、相対的に長けていることがそのまま財産刑の積極的な賦科を正当化

しうるわけではない。

他方、財産刑の短所とされてきたのは、①財産のない者には執行できないこと、②貧富の差によって不平等が生じること、③肩代わりが可能であり、本人以外の者に負担が及びうること、④常習的な犯罪者には効果がないこと、⑤予め罰金額を考慮に入れた犯行や違法行為の原価計算がなされている場合には効果がないこと、⑥「金を払えば済む」点で感銘力が乏しいこと、である。④⑤⑥は、刑罰に一般予防や特別予防の効果を期待する立場を前提としている。これらについては、財産刑、ひいては刑罰にこうした効果を期待することがそもそもできるのかどうか、事実を踏まえて判断することが必要である。それに対し、①②③は、刑罰により剥奪される財産の性質そのものに根ざしたものであり、刑罰の賦科が社会問題を増幅させるよう機能することが許容されうるかという問題である。「金持ちはポケットから、貧乏人は身体で」という「苦痛の不平等」の問題は、財産を有しないことが自由刑を選択させやすく作用することや、財産刑を科された者が不払いのために代替として自由刑を科される制度（代替自由刑）にも表れる。財産刑をめぐっては、中世の時代、身分刑法がとられたために法適用の不平等があった。それに対し、現在問題になるのは、法適用が形式的に平等に行われることにより実質的に痛みの差が生じるという問題である。

(2) 不払いへの対処法

こうした特性から、財産刑は、科された金額を支払うことができない場合への対処を本質的な課題とする。

現在、制度として存在しているのは、①民事執行法の規定による強制執行（刑訴490条）と②労役場留置（刑18条）である。

①財産刑は、検察官の命令によって執行される。この命令は執行力のある債権名義と同一の効力をもつため（刑訴490条1項）、通常の強制執行の方法により取り立てが可能である。しかし、そもそも財産を持たない者に対して、この方法は意味をなさない。

②労役場留置は、罰金・科料の納付を間接強制するとともに、完納しない者を留置する制度である。罰金を完納することができない者は1日以上2年

以下の期間、科料については1日以上30日以下の期間、労役場に留置するものとされている（刑18条1項・2項）。裁判所は、罰金・科料の言渡しとともに、それを完納することができない場合における留置の期間を定めて言い渡さなければならない（同4項）。労役場留置は、完納できない場合の制度であるから、一部納付の場合にも用いられ、その場合、留置の日数は、残額を留置1日の割合に相当する金額で除して得た日数とするものとされている（同6項）。

労役場留置の法的性格の理解に関しては、財産刑執行の一態様なのか換刑処分として財産刑から換えられた自由刑なのか、争いがある。現行の刑処法において、労役場は刑事施設に附置するものとされ（刑処287条）、労役場留置者の処遇については原則的に懲役受刑者に関する規定が準用されている（同288条）。このことに鑑みれば、どの立場をとったとしても、労役場留置は短期自由刑の実質をもっているといえる。しかし、そうであるとすれば、本来財産刑の長所であるはずの短期自由刑の回避がなされず、逆に不払いのために短期自由刑へと回帰するという矛盾が起こることになる。このことは、また、金持ちがポケットから支払うものを貧乏人は身体で払うことが社会的な公正さの観点から許容されるのかという問題にもなる。

(3) 身体拘束の回避

そこで、財産の不払いにより身体拘束処分がなされる事態を避けるための方途を講じることが重要な課題になる。

身体拘束をできるだけ回避するための制度としては、①延納・分納、②執行猶予の積極的な活用、③自由労働による償却制度の導入が考えられる。

①延納・分納は、納期を先に延ばしたり分割した支払いを認めたりすることで、金額を払いやすくしようとするものである。財産刑の賦課により特定の金額を支払わなければならないことは、すぐに全額を支払わなければならないことを必ずしも意味しない。現在でも、実務運用として、納付義務者から申出があった場合に検察官の裁量によって、これが行われている（「徴収事務規程」平25・11・28法務省刑総訓第12号）。

罰金の延納と分納につき刑法上の制度として明文規定を置くことは、改正

刑法準備草案（1961 年）で構想されたものの（45 条）、改正刑法草案（1973 年）では採用されなかった。その理由は、現在でも検察官の事実上の裁量によりある程度の延納又は分納が許されており、わざわざこれを刑法中に規定する実益に乏しいことや、規定を新設すると延納・分納の申立をする者が激増し、犯人の資産等を調査して正式に許否の決定をしなければならず、罰金の徴収事務が現在以上に複雑かつ困難となることに求められた。これらの理由づけは、財産刑を科される側の視点を欠いている。刑罰による痛みの不平等の緩和は当然に制度適用の平等を前提とするため、法律で制度が明確に定められる必要がある。延納・分納が検察官の裁量により行われていることは、財産刑の執行を検察官の命令に基づかせている制度設計と関係していると考えられるものの、そのことで不透明な運用となっていることは否定できない。裁判所がこの判断を行い、一定の条件がある場合には必要的に延納・分納を認める制度に改められるべきである。現在の運用にあたっては、労役場留置を執行するに先立って延納・分納の可能性を追求する義務を検察官に課すことが考えられる。

　②執行猶予は罰金について現行法でも可能である（刑法 25 条 1 項）。しかし、ほとんど活用されていない。その原因の一つは、「五十万円以下の罰金の言渡しを受けたとき」との要件設定にあると考えられる。対象となる価額の引上げについては検討の余地がある。

　③は、社会貢献作業（社会奉仕作業）を活用するものであり、日本では導入されていない。しかし、財産刑賦科時の不払い時の対応としてではあっても、この方策は、社会貢献作業（社会奉仕作業）一般に関するものと同様に、作業や労働を強制するという問題をもつ。また、財産刑賦科時の不払い時、社会貢献作業（社会奉仕作業）が行われなかった場合、多くは、間接強制として身体拘束処分が行われることになるであろう。そうすると、社会貢献作業（社会奉仕作業）は、最終手段としての自由拘束の全廃を意味しないことになり、この方策も根本的な矛盾の解決にはならないことになる。

　そこで、身体拘束を回避する意味でも、刑の量定の段階で何らかの工夫が必要になる。

(4) 量刑段階における苦痛の不平等の解消

　資本主義社会において、財産は、もつ者はもち、もたない者はもたないという本質的性格を有する。これを前提にすると、賦科される額面が形式的に同じであっても、実質的にはその利益を剥奪される痛みが人によって違っているという事態が起こる。そこで、この問題にどのように対応するかが問題になる。

　まず考えられる対応策は、本人の経済状態を考慮して罰金額を決定することである。改正刑法準備草案（1961 年）48 条は、「裁判官が、罰金を言い渡すに当たっては、犯人の経済状態を考慮に入れなければならない」との規定を置くことを構想した。しかし、犯罪行為の責任に見合う刑の軽重が罰金額により表示されるという制度上の前提からすれば、同種の犯罪に対し罰金額に大きな差が出れば、責任主義との関係で問題が生じる。

　そこで考えられるのが、日数罰金制度（単位罰金制度）の導入である。この制度は、一方で責任原則を貫徹させ、他方で経済的不平等の問題性を解消させようと試みるものであり、ドイツなどで採用されている。責任から日数を、本人の経済状態から日額を決定した上で、日数と日額とを掛け合わせて罰金総額を決める点に、この制度は特徴をもつ。責任から日数を決める点で、この制度は、自由刑的発想を罰金刑にもち込んでいるともいえる。

　この制度は、責任主義を堅持しながら痛みの不平等の問題に対処できる点で意義をもつ。しかし、行為者の経済状態を正確に調査することが困難であることや、経済状態の調査のために却ってプライバシーの深い部分に国家が入り込むおそれがあることに難点をもっている。

　刑罰の正当化根拠を応報に求めざるをえない以上、本質的には、応報観念を弱め、痛みの不平等が生じない程度に刑罰で剥奪する財産の価額を小さくする努力が必要である。

6　付加刑としての没収・追徴

(1) 基本制度

　現行刑法は、付加刑として没収を定めている（刑 9 条）。この没収も財産刑である。没収（同 19 条）とは、対象物の所有権を現所有者から剥奪して

国庫に帰属させる行為をいう。また、追徴（同19条の2）とは、没収対象物の価額に相当する金額を納付させる処分のことをいう。

没収は、付加刑としての性格から、独立して言い渡すことができない。また、有罪判決が出されない場合には、これを行うことができない。追徴は、犯罪行為による不法な利益を保持させないという観点から没収ができない場合になされる一種の換刑処分である。

没収を付加刑にとどめるか否かは、制裁体系にかかわる問題である。改正刑法草案は、没収を付加刑ではなく独立した「刑以外の特別の処分」と位置づけた上で、「保安処分的な没収」と「刑的な没収」とを分けて規定し（74条、75条）、要件を満たす場合には、行為者の訴追または有罪言渡しがないときでも、この処分を言い渡すことができるようにすることを構想した（78条）。これは、刑法典中に保安処分（対人的保安処分）を導入することが構想されていたために法体系上可能となっていた面がある。没収に対物的保安処分の性格を認めるのであれば、保安処分の扱いが、対人的なものをも含めて、制裁体系上不可避的に問題になる。付加刑とするにとどめる場合をも含めて、刑罰として位置づけるのであれば、刑罰の本質論から基礎づける必要がある（⇒第1節刑罰の本質論）。

(2) 没収の対象

没収の方法には裁判所の裁量によるものと必要的なものとがある。刑法の総則に規定されている没収は、裁判所の裁量によるものである（刑19条1項）。しかし、例えば、賄賂の没収のように（同197条の5）、刑法各則や特別法では必要的な没収が定められていることもある。

刑法の総則で規定されている没収の対象は、次のとおりである（刑19条1項1号から4号）。

①「犯罪行為を組成した物」（＝組成物件）とは、それなしには犯罪の構成要件が充足されない物であり、偽造通貨行使罪における偽造通貨、わいせつ物頒布罪におけるわいせつ物などがこれにあたる。

②「犯罪行為の用に供し、又は供しようとした物」（＝供用物件）とは、犯罪の実行行為の遂行に使用した物、または、実行行為の遂行に使用する目的

で用意したが現実に使用されないで終わった物のことをいう。殺人に用いた凶器などがその例である。

③「犯罪行為によって生じ、若しくはこれによって得た物又は犯罪行為の報酬として得た物」（＝生成物件、取得物件、報酬物件）とは、犯罪行為によって存在するに至った物のことをいい、通貨偽造罪における偽造通貨、文書偽造罪における偽造文書がこれにあたる。取得物件とは、犯罪行為当時にすでに存在していた物であって犯罪行為により犯人が取得したもののことを指し、賭博により得た金銭やわいせつ文書を販売して得た金銭がこれにあたる。もっとも、財産犯における被害品は、第三者没収が原則的に禁止されていることから（刑19条2項）、没収することができない。報酬物件とは、犯罪行為の報酬として得た物のことをいう。殺し屋に払われた報酬などをその例として挙げることができる。

④「前号に掲げる物の対価として得た物」（＝対価物件）とは、生成物件、取得物件、報酬物件の対価として得た物のことをいい、財産犯によって獲得した物を売買して得た代金のことをいう。

もっとも、特別法では、①〜④に該当しない場合でも没収を認める例も存在している。例えば、銃砲刀剣類所持等取締法は、登録を受けた銃器を譲り受けたにもかかわらずそれを届け出なかった場合に、当該銃器を没収することができることを定めている（36条）。

(3) 没収の実質的性格

没収には、犯人が犯罪によって得た利益を剥奪する刑罰的側面と、対象物件が再度犯行に用いられることを防ぐ保安処分的側面とがあるとされる。前者の性格は、取得物件、報酬物件、対価物件の没収にあてはまる。これらの場合に没収できないときには追徴（刑19条の2）がなされることにも、この性格が表れている。後者の性格は、組成物件、供用物件、生成物件の没収に表れているとされる。これらの場合に追徴がなされないのは、それが意味をなさないからである。

現行刑法は、少なくとも対人的な保安処分は制度として採用していない。その前提で制裁体系上没収の保安処分的性格をどのように考えるかが問題に

なる。没収に保安処分的性格を認めるのであれば、立法論としては、改正刑法草案にみられたように、刑法典中に保安処分に関する明文規定を置いた上で、「保安処分的な没収」と「刑的な没収」との書き分けを行った方が明快である。現行法を前提とした場合でも、対人的保安処分は採用されていないものの対物的保安処分が没収として採用されていると理解できないわけではない。しかし、没収が付加「刑」とされていることとの関係で、この説明には問題がある。現行法の理解としては、結局、保安処分的性格を認めることはできず、「刑罰」の枠組みの中で、行為責任を介入の限度としてとられる特別予防のための措置とみるほかない。

(4) 没収・追徴をめぐる改革動向

(a) 従前の枠組み

没収・追徴制度をめぐっては、その基本性格にかかわるような改革を行う動きがみられる。従前、没収・追徴をめぐっては、実体法上・手続法上の制約があると考えられてきた。

実体法上の制約とは、刑法19条に基づく没収の対象は有体物であると考えられてきたことである。そのため、債権のような無形の利益は対象にならない。例えば、薬物売買の代金を現金で受け取った場合は没収が可能であるものの、銀行口座に振り込ませた場合、預金債権が没収できないものとされてきた。

手続法上の制約とは、立証の対象である。これまでは、没収・追徴の対象となる物が個別の犯罪行為から得られた物であることの立証が必要であると理解されてきた。

(b) 麻薬特例法

こうした制約が有効な犯罪対策の障壁になっているとの認識の下で、従来とは枠組みが異なる新たな没収・追徴制度が、薬物取引犯罪と組織犯罪という二つの類型で創設されている。

薬物取引犯罪の類型での新しい動向となるのは、麻薬特例法（「国際的な協力の下に規制薬物に係る不正行為を助長する行為等の防止を図るための薬物及び

向精神薬取締法等の特例等に関する法律」1991 年）によるものである。この法律は、麻薬新条約（「麻薬及び向精神薬の不正取引の防止に関する国際連合条約」1988 年）を受けて、薬物の取引に焦点をあてて、制定された。

　この法律は、薬物犯罪の犯罪行為によって得られた財産またはその報酬として得た財産等を「薬物犯罪収益」、その果実・対価として得た財産等を「薬物犯罪収益に由来する財産」とした。そして、有体物に限らず、無体物である債権をはじめとしてあらゆる財産を含むものとした（2条3項および4項）。また、薬物の譲渡等を「業とした」ことを構成要件として、この行為で獲得された薬物犯罪収益を没収することができることとされた（5条、2条2項1号、2条3項）。このことで、「業」として行われた全体としての複数の行為と、その間に得られた収益との結びつきを立証すれば足り、個別の犯罪行為と没収対象物とのつながりを厳密に立証する必要がなくなった。さらに、薬物の譲渡等を業とした期間内に犯人が取得した財産であって、その価額が当該期間内における犯人の稼働の状況または法令に基づく給付の受給の状況に照らして不相当に高額であるものを薬物犯罪収益と推定する規定（14条）が置かれた。加えて、一定の要件下、裁判所は有罪判決を出す前に薬物犯罪等に係る被告事件に関し、検察官の請求または職権により、没収・追徴の保全を命令することができるものとされた（19条、20条）。

　こうした没収は原則として必要的なものとされている（11条1項）。また、没収できない場合の追徴も必要的なものとされている（13条1項）。

　没収の対象を有体物に限定していない点、犯罪行為とのつながりの証明を緩和する点、そして推定規定を置く点で、実体法としても手続法としても新たな手法が取り込まれている。

　しかし、それだけに、これらの措置は、刑事実体法・手続法のあり方を大きく変える危険性をもっている[14]。土台にあるのは、行為者が有する財産のうち薬物取引とは無関係と行為者の側で証明できないものまで剥奪することで、疑わしい資金による再投資を防止し、将来の犯罪を防ぐという政策的

―――――――――――――――――――――――――――――――――――
(14) これらの措置は麻薬新条約批准との関係で国際的責務を遂行する目的で設けられた特別措置であることが、立法当時強調された。しかし、その後は必ずしも例外的な位置づけが明確化されているとはいえない。

意図である。この発想は、保安処分と同じものである。つまり、この新たな動向は、刑罰的性格よりも保安処分的性格を前面に出して没収制度を再編していく動きといい直すことができる。しかし、仮に将来の犯罪予防という目的が正しいとしても、直ちに、近代以降の国家において妥当してきた原則を捨てたり例外を認めることが許されるわけではない。それが保安処分と同質の考えにより支えられているのであればなおさら、法体系上も、それを認めることには慎重であるべきである。

没収保全命令および追徴保全命令に関しては、本来有罪が確定した後に初めて行われうる措置をその前に行おうとするものである。一定の嫌疑の存在を前提として有罪か無罪かが確定するまで財産の処分を禁止するものにすぎないとして、この措置は無罪推定の原則に反するものではないとの理解もある。しかし、この措置がとられている期間、対象者は取引の停止などにより破産に追い込まれるなど事実上大きな打撃を受けうる。かかる打撃は、無罪が推定される状況では起こりえないはずのものである。この命令は無罪推定の原則に反するものであり、仮にこの原則に反しないとしてもこれを潜脱している。

(c) 組織犯罪法

組織犯罪の類型での新たな動向は、組織犯罪法（1999年）によるものである。通信傍受法とともに制定されたこの法律は、「犯罪収益」、「犯罪収益に由来する財産」、「犯罪収益等」をマネー・ローンダリング罪（資金洗浄罪）の対象とし、没収・追徴およびその保全の対象としている（13条、16条、22条から25条）。

「犯罪収益に由来する財産」とは、「犯罪収益の果実として得た財産、犯罪収益の対価として得た財産、これらの財産の対価として得た財産その他犯罪収益の保有又は処分に基づき得た財産」をいうものとされる。また、「犯罪収益等」とは、「犯罪収益、犯罪収益に由来する財産又はこれらの財産とこれらの財産以外の財産とが混和した財産」をいうものとされる（2条3項および4項）。鍵となるのは、「犯罪収益」の概念である。これは、①「財産上の不正な利益を得る目的で犯した、②死刑または無期もしくは長期4年以上

の懲役もしくは禁錮の刑が定められている罪、⑥組織犯罪処罰法の別表に掲げられた罪、の犯罪行為により生じ、もしくは当該犯罪行為により得た財産または当該犯罪行為の報酬として得た財産、②一定の資金等の提供の罪（覚せい剤取締法 41 条の 10、売春防止法 13 条、銃砲刀剣類所持等取締法 31 条の 13、サリン等による人身被害の防止に関する法律 7 条）の犯罪行為により提供された資金、③証人等買収の罪（組織犯罪処罰法 7 条の 2）、外国公務員等に対する不正利益の供与等の罪（不正競争防止法 21 条 2 項 7 号）の犯罪行為により供与された財産、④テロ資金等の提供の罪（公衆等脅迫目的の犯罪行為のための資金の提供等の処罰に関する法律 3 条 1 項および 2 項前段、4 条 1 項、5 条 1 項）またはその未遂罪による犯罪行為により、提供されまたは提供されようとした財産、⑤テロ等準備罪（組織犯罪処罰法 6 条の 2 第 1 項、第 2 項）の犯罪行為である計画をした者が、計画をした犯罪の実行のための資金として使用する目的で取得した財産（組織犯罪処罰法 2 条 2 項）」のことをいう。

　組織犯罪法上の没収・追徴は、例えば、犯罪収益のうち有体物と金銭債権以外の財産は没収の対象とならない点や、「業」として行う犯罪類型や犯罪収益の推定規定が設けられていない点で、麻薬特例上のものとは異なる。しかし、前者の問題は追徴を用いて犯罪収益を奪うことで対処可能なように制度設計がなされている（16 条）。後者の問題は、そもそも前提犯罪が相当に広がったためにこうした犯罪類型が不要になったともいえる。これが麻薬特例法をモデルにしていることは、間違いがない。しかし、この措置には、上記①⑥の別表に傷害罪や窃盗罪、弁護士法違反（非弁活動等）、臓器移植法上の臓器売買罪など、組織犯罪とも重大犯罪ともいえない犯罪類型が広範囲にわたり含まれているといった問題がある。政策的には、麻薬特例法制定時に例外であることを強調して導入された措置が踏襲されているという問題もある。

【参考文献】

浅田和茂ほか「特集・『組織的犯罪』対策立法の検討」犯罪と刑罰13号（1998年）1-98頁

井田良＝太田達也編『いま死刑制度を考える』（慶應義塾大学出版会、2014年）

川出敏裕「自由刑の単一化」刑法雑誌57巻3号（2018年）441-451頁

刑法理論研究会『現代刑法学原論 総論』（三省堂、1996年）

佐伯仁志『制裁論』（有斐閣、2009年）

髙橋直哉『刑法基礎理論の可能性』（成文堂、2018年）

津富宏「犯罪者処遇は有効である——実証研究の解明した事実に基づいた見解」犯罪と非行110号（1996年）98-127頁

デイビッド・T・ジョンソン『アメリカ人のみた日本の死刑』（岩波書店、2019年）

土井隆義ほか「課題研究・犯罪率の低下は、日本社会の何を物語るのか？」犯罪社会学研究38号（2013年）4-108頁

所一彦「禁錮は廃止すべきか」立教法学2号（1961年）81-128頁

永田憲史『財産的刑事制裁の研究』（関西大学出版部、2013年）

福島至『略式手続の研究』（成文堂、1992年）

本庄武「刑罰の積極的一般予防効果に関する心理学的検討」法と心理2巻1号（2002年）76-91頁

本庄武「刑罰論から見た量刑基準」一橋法学1巻1号（2002年）173-224頁、2号（2002年）111-160頁、3号（2002年）723-753頁

本庄武「自由刑の単一化」法律時報90巻4号（2018年）36-41頁

前野育三「刑罰体系における自由刑」法と政治39巻4号（1988年）647-668頁

町野朔＝林幹人編『現代社会における没収・追徴』（信山社、1996年）

松原芳博「刑法と哲学——刑罰の正当化根拠を巡って」法と哲学1号（2015年）78-92頁

宮澤節生「法の抑止力」木下冨雄＝棚瀬孝雄編『応用心理学講座5 法の行動科学』（福村出版、1991年）284-307頁

第4講 処分論

第1節 保安処分

1 処分の意義

犯罪への公的対応制度である刑罰の本質を過去に生じた犯罪行為への報い（＝応報）であるととらえた場合、その犯罪行為に対する責任を超える国家的な介入は許されないことになる（行為責任主義）。しかし、行為にではなく、とりわけその行為に及んだ人に着目する場合、過去の犯罪（ばかり）でなく将来の犯罪の危険性に対応する必要はないかが問題になる。刑罰とは区別し、その是非を含めて「処分」のあり方が論じられるのは、このためである。

現在、日本の刑法典には保安処分の制度が存在していない[1]。しかし、形式上は刑罰でも、特別予防を強調していくと実質的には保安処分に接近していくことになる。その接近が行為責任の形式的枠組みと強い緊張関係に立っていることには、注意しておく必要がある。

2 保安処分の種類

処分論において重要な位置を占めているのは、保安処分である。保安処分とは、犯罪の防遏のために特に特別予防の目的から設けられた刑罰以外の刑法上の法律効果のことをいう。

---

[1] もっとも、売防法上の補導処分（17条）は保安処分として理解されている。また、没収の一部についてはこの性格が認められることがある。

保安処分には、人に向けられたもの（対人的保安処分）と物に向けられたもの（対物的保安処分）とがあり、前者はさらに自由剥奪を伴うものとそうでないものとに区別できる。また、前者は施設内で執行され自由を奪うものと社会内で執行され自由を奪わないものとに区別できる。自由剥奪を伴う対人的保安処分には、①精神障害者に対する治療・養護処分、②アルコール・薬物中毒者に対する禁絶処分、③精神病質者に対する社会治療処分、④危険な常習者・性癖的犯罪者に対する予防処分・保安拘禁、⑤労働嫌忌者・浮浪者・売春婦などに対する労作処分といったものがある。自由剥奪を伴わない対人的保安処分には、①居住制限・禁止、②職業禁止、③国外追放、④断種・去勢、⑤善行保証、⑥行状監督といったものがある。それに対して、対物的保安処分には、①没収、②営業所・事務所の閉鎖、③法人の解散、④運転免許の剥奪といったものがある。

　日本ではいずれの形態も、刑法上の法律効果としては、認められていない。もっとも、②営業所・事務所の閉鎖や④運転免許の剥奪などは行政処分として行われており、これが諸外国における対物的保安処分と同質の機能を果たしているといえる。ここでは、十全な適正手続保障を及ぼすことなく実質的には刑事制裁と同質の不利益処分を課していないか、また形式の上では保安処分ではないものと位置づけながら実質的にはこれを認めることになっていないか、検証が必要になる。

3　刑罰との異同

(1) 本質的性格

　保安処分は、刑罰と同じく刑法上の効果であり、刑事裁判所がいいわたす司法的制裁である。保安処分は将来の危険性を介入根拠とする。しかし、その危険性を判断するには何らかのきっかけが必要になる。通例それは過去の犯罪に求められる。また、国家による刑法的介入が対象者の利益を侵害する可能性がある以上、自由権保障の観点から裁判所による審理が必要となることは、刑罰の場合と変わりがない。

　他方、保安処分は、責任を前提としない点で刑罰と異なる。それゆえ、国家による介入も責任原理で制約されない[2]。刑罰が責任に対する非難を本質

とするためにそれに見合う限度で国家介入を許す責任原理に服することを内在的な論理に組み込んでいるのに対し、保安処分はそうではない。それは将来の危険性の除去を本質とするから、むしろ、本質において、特別予防の観点から責任主義の制約を超えて刑罰を補充したりこれに替わったりしようとするものである。つまり、近代以降の国家においては、刑罰は責任に相応しなければならずその上限を超えることは許されないという「責任主義」が重要な刑法原則として妥当するが、特別予防の観点からみたときそれでは十分な対応が難しいのではないかというのが、保安処分の必要性を支える考えである。保安処分と特別予防の関心は、責任の制約を超えようとする指向を本質において内蔵しており、責任原理とは常に緊張関係にたつ。

　したがって、保安処分をめぐっては、事実の問題として、将来の犯罪危険性の予測可能性と精度、そして処分の有効性が問題になる。また、価値判断として、責任主義を通した自由権保障の意義づけが問題になる。

(2) 刑罰との関係

　保安処分と刑罰との関係は、刑罰の本質を応報と考えるのか（応報刑論）、犯罪予防、とりわけ特別予防を目的とすると考えるのか（目的刑論）で、とらえ方が違ってくる。古典学派（旧派）がとったような応報刑の考え方を徹底すれば、犯罪行為への対応として保安処分を否定し、刑罰一元主義をとるのが整合する態度である。それに対し、近代学派（新派）のように目的刑論を徹底すれば、刑罰制度を廃止し、刑事処分を保安処分だけに単一化する保安処分一元主義に至る。二つの考えに本質的な差があることを認めた上で、刑法典上に並存させるのであれば、応報刑論に支えられた刑罰制度と特別予防目的を土台とする保安処分制度とを並存させる二元主義がとられることになる。

　二元主義をとった場合の刑罰と保安処分の関係については、①併科主義、②代替主義、③択一主義がある。①は、刑罰と保安処分を併科するものであ

---

(2) もっとも、責任原理によらない場合でも、例えば比例原則により介入限度を画することは考えられる。しかし、この場合、制約は内在的なものではなく外在的なものになる。

る。二元主義の最も忠実な帰結であるものの、これには自由剥奪処分の二重賦課であるという批判が妥当する。②は、言渡しにおいては刑罰と保安処分を併科するものの、一方を執行した後は、それにより不必要となった限度で他方の執行を免除するものである。③は、言渡しの段階でどちらかを選択するものである。②③は、刑罰と保安処分との間に本質的な共通性、代替可能性があることを認めることを前提とする。しかし、その共通性が何なのかは明らかでない。

4 保護処分との異同

保護処分とは、成人とは区別される若年者に対してその成長を促すことを目的として課される教育を手段とする処分のことをいう。日本では、少年法において少年年齢にある者の「健全育成」を目的とする制度が採用されている。現行法上の保護処分は、保護観察、児童自立支援施設・児童養護施設送致、少年院送致である（少24条1項1号から3号）[3]。保護観察は、保護観察官と保護司を担い手として社会内処遇を行う処分である。それに対し、児童自立支援施設・児童養護施設と少年院は施設内処遇を行う処分である。前者が児童福祉法に根拠をもつ厚生労働省管轄の開放的な福祉施設であるのに対し、後者は法務省管轄の閉鎖的な施設である点に違いがある。

保護処分は、特別予防の観点からなされる非行への対応[4]であり、刑法の特別法であるともいえる少年法上の法律効果である。そのため、形式的にみれば、保安処分と共通の性格をもっている。しかし、保護処分は、環境の調整を行うとともに少年本人の成長を促すことで将来における犯罪を防止する制度である。また、それは、直接的には少年の健全育成を目的として課されるものであり、社会防衛はその反射的な効果として達成されるものと位置づけられる。少年院送致にしても移動の自由を奪うことそれ自体が目的とされ

---

(3) 詳細については、武内謙治『少年法講義』（日本評論社、2015年）の第20講「処分（2）——保護処分」を参照のこと。
(4) とりわけ欧州大陸では、刑法学における近代学派（新派）により、特別予防を重くみる見地から、成人に対する刑事司法から分離する形で、少年司法制度の整備が進められたという歴史的な経緯がある。

ているわけではなく、あくまで健全育成を達成する目的でとられる教育のための手段にすぎない。換言すれば、保護処分は、狙うのが直接的な効果であるか間接的な効用であるかを捨象すれば、広い意味で特別予防を指向する制度である点では性格を同じくしているものではあっても、手段と目的を限定している。そのため、例えば、社会との隔離や無害化は、保安処分の内容として認められる余地がある一方、保護処分の内容としては認められない。原理上、保護処分には対象となる者が大人になるまでという時間的な制約ないし限界がある一方で、保安処分にそれがないのも、こうした本質の違いから生じる差である。

5　若年者に対する新たな処分

　関連して検討が必要なのは、「若年者に対する新たな処分」である。法制審議会少年法・刑事法（少年年齢・犯罪者処遇関係）部会は、少年法適用の上限となる年齢を引き下げるべきか否かに関連して、「若年者に対する新たな処分」を構想している。この構想は、若年者（とりわけ18歳および19歳の者）が民法上の成年年齢である18歳を超えている以上、その事件は少年司法ではなく刑事司法制度で対処されるべきであるという前提から出発する。その上で、起訴猶予相当である場合にはその事件を家庭裁判所に係属させ、少年鑑別所送致を行ったり家庭裁判所が保護処分類似の「新たな処分」を課したりする、というものである。

　「新たな処分」の中身として社会内処遇を行う保護観察に限定をするのか、それとも施設内処遇を行う少年院（類似の施設）送致をも含むのかは明らかでない。保護観察に限定をせず少年院（類似の施設）送致まで含むのであれば、起訴猶予相当の事件に身体的自由を制限する処分を課すことになる。これは、行為責任を超える処分の賦課であり、その実質は保安処分と共通する。現在の法体系を前提とすれば、正当化できない。

6　保安処分を支えているもの

　保安処分は、18世紀末に、行為者の危険性に応じて科される刑罰とは別の犯罪対応手段として主張され、19世紀末に具体的な立法提案として姿を

現した[5]。

　そもそも保安処分が 18 世紀末に主張された背景には、社会の近代化と工業化に伴う都市への人口流入と累犯の激増があった。何度も犯罪が繰り返されるという現象を目の当たりにして、過去の犯罪「行為」に着目し、その責任を問う応報が犯罪対策として無力であることが説かれ、「人」に着目し将来の犯罪の危険性に対応すべきことが主張されたのである。この伏線の上で 1920 年代から 30 年代にかけて各国の刑法典中に保安処分が規定されたのは、第一次世界大戦後の社会的・経済的混乱を背景に財産犯が激増し、常習累犯問題が深刻化したために定期刑では対処できないと考えられたことによる。犯罪克服手段として不定期刑とともに保安処分の必要性が説かれたのである。そこには、第一次大戦後の社会的・経済的混乱を国家権力の介入により収拾しようとする傾向をみとることができる。

　諸外国の動向を受ける形で、日本でもかつて保安処分の構想が存在した。刑法改正ノ綱領[6]（1926 年）、刑法改正予備草案[7]（1927 年）、刑法改正仮案[8]（1940 年）、改正刑法準備草案[9]（1961 年）を経て、改正刑法草案（1974 年）では、治療処分と禁絶処分が保安処分として盛り込まれた（97 条以下）。

　これに対しては、「危険性」の確実な予測が不可能であることや施設収容期間が事実上無期限とされる危険性があることが指摘された。1981 年の法

[5] 二元主義をとり刑罰と保安処分を「制裁」とした 1893 年のスイス予備草案（シュトース草案）を皮切りとして、欧州諸国で保安処分を刑法典に規定する構想は広がった。シュトース草案の影響を受けた 1909 年ドイツ刑法草案は二元主義をとり、その構想は 1933 年「危険な慣習犯人並びに保安及び改善処分に関する法律」で実現をみた。他方、1921 年イタリア刑法第一次草案（フェリ草案）が構想した保安処分一元主義は、1926 年ソビエト刑法に結実したものの、フェリ草案自体は実現せず、またソビエト刑法でも非難を反映していない点に基本的な誤りがあったことを理由として 1934 年に「刑罰」が復活した。

[6] 保安処分の対象とされたのは、労働嫌悪者、酒精中毒者、精神障礙者であった（21 条）。

[7] 構想されたのは、心神喪失者等への予防監護、飲酒習癖者への酒癖矯正、無節制および労働嫌悪の常習犯に対する労働留置、釈放後の放火・殺人・強盗のおそれが顕著な者に対する予防拘禁であった（98 条以下）。

[8] ここでは、監護処分、矯正処分（薬物中毒を含む）、労作処分、予防処分が構想された。

[9] 盛り込まれたのは、精神障害者に対する治療処分と、薬物中毒者（過度の飲酒、麻薬、覚せい剤使用による中毒者）に対する禁絶処分であった（109 条以下）。それに対して、改正刑法準備草案上の規定は保安主義に偏っているとの観点から出された対案（B 案）は、精神病患者については精神病院送致を、精神病質性の常習犯にたいしては法務省所管の矯正施設への収容を構想した。

務省刑事局案は、①名称を「治療処分」に一本化すること、②飲酒や薬物などによるものを含めた精神障がいで、放火・殺人・強制わいせつ・強盗を行い、心神喪失で不処罰か、心神耗弱のため刑が減軽される場合で、再犯のおそれのあるものを対象にすること、③対象者に対しては、治療施設に収容して治療・看護・習癖除去措置を施すこと、④収容期間を1年とすることを内容とした。必要があれば裁判所はこれを更新することができるが、その期間は通じて7年以内（殺人など無期懲役以上にあたる罪を犯し再犯のおそれがある者は例外）とされた。しかし、これに対しては、対象となる罪種を限定することで、治療という名前とは裏腹に重大犯罪危険者への保安的対策という実質が表面化しているとの批判が強くなされた。

　保安処分の根本的な問題は、①危険性判断（「再犯の危険性」）を正確に行いうるか、②「正常者」であれば犯罪危険性が大きいと判断されても責任以上には処罰や拘禁が科されないのに、典型的には精神の障がいがある場合にそれが許されるのはなぜか、という点にある。①は事実の問題である。果たしてその「危険性」を社会的負因と切り離して理解することができるのかも問題である。その上で、「危険性」判断が生育歴や教育・就職などの社会的なチャンスの評価と切り離せないとすれば、社会的な冷遇や困窮を個人の問題に押し付けることにならないか、それが果たして公正なのか、価値判断が問われる。②は最終的には価値を問う問題である。日本においてはとりわけ憲法上の平等原則（14条）との関係が問題になる。「正常人」と精神障がい者との間で再犯の危険性を根拠に違った扱いをすることは、合理的な区別とはいいがたく、平等原則に違反しないということも難しい。

第2節　補導処分

　現行制度中唯一の保安処分とされているのは、売防法第三章に定められている補導処分である。これは、売防法5条に違反する罪（自ら行う客引勧誘など）を犯した20歳以上の女子に対して懲役または禁錮の刑の執行を猶予するとき、執行猶予に代えて、その者を婦人補導院に収容してその更生に必

132

要な補導を行うことができることを内容とする処分である（17条）。婦人補導院では、生活指導・職業指導・医療措置が行われる。その言渡しは、刑の言渡しと同時に刑事裁判所により行われる（20条）。期間は6月である（18条）。

　現在、婦人補導院は、東京に1庁置かれているだけである。また、矯正統計年報によれば最近10年間で2011年、2012年、2014年にそれぞれ1人の入院があっただけであり、ほとんど用いられていない。これは、性的自己決定や性差に関する社会の理解の変化から、対象となる行為を刑事規制の対象としておくこと、とりわけ補導処分という形で特別予防措置をとる対象として措定すること自体の妥当性やその処分の有効性が疑わしくなっていることを表している。刑事規制の対象となっている行為自体の非犯罪化が検討されるべきである。

第3節　精神障がい者による触法行為への対応

1　心神喪失者・心神耗弱者への対応

　責任能力は、弁識能力（是非弁別能力）および制御能力から成る（大判昭6・12・3刑集10巻682頁）。前者は、是非を判断する能力であり、後者は自己を制御する能力である。実体法上の扱いとしては、これらの能力のうちのどちらかがない場合、心神喪失で無罪となり（刑法39条1項）、弱まっている場合、心神耗弱で刑が軽減される（同2項）。もっとも、手続法上の扱いとして、こうした事案は不起訴とされることが多く、無罪とされる者の数を大きく上回っている。

2　措置入院制度

　必ずしも犯罪を前提としない行政的な措置として、措置入院制度がある。これは、精神保健福祉法に基づくものであり、精神障がい者のうち、その者を強制的に入院させなければ、その精神障害のため自身を傷つけまたは他人

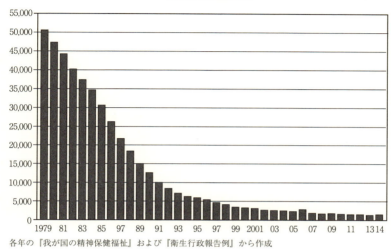

各年の『我が国の精神保健福祉』および『衛生行政報告例』から作成

に害を及ぼすおそれ（自傷他害のおそれ）がある者を、本人および関係者の同意がなくとも、精神科医の診察に基づき都道府県知事が公立の精神病院または指定病院に入院させる制度のことをいう（29条）。一般人からの申請、警察などからの通報、病院などからの届出を受けて、2人以上の精神保健指定医による診察に基づき入院措置の必要性が判断される。

　措置入院制度は、司法判断ではなく行政判断によるため、人身の自由にかかわる権利保障が十分かが問題になる。また、自傷他害のおそれを要件とすることから、入院制度が保安目的に流れる危険性がないか、諸外国の精神科治療で重視されている開放処遇の流れと逆行しないかが問題になる。他方、措置入院制度に対しては、犯罪に及んだ精神障がい者に専門的な治療を行う必要性があるのではないかという批判の他、保安や社会防衛を重視する観点から、入退院や通院を純粋な医療判断に委ねることへの批判がなされる。

　こうした二つの異なる方向からなされる批判は、措置入院制度による強制的な入院の根拠をパターナリズムに求めるのかそれとも社会防衛的なポリスパワーに求めるのかという介入原理に関する理解の差を反映している。行政によってではなく司法で対応すべきであるという「司法化」という結論には

自由権保障を求める立場からも社会防衛を重くみる見解からも至ることができる。そのため、同じ「司法化」であってもその中身とそれを主張する文脈を、介入原理とともに明らかにしておく必要がある。

現行制度の理解として、措置入院があくまで精神保健福祉法上の措置であることを考えれば、それは医療の論理に基づいてとられる措置と理解されるべきであり、強制的な介入も窮極的にはパターナリズムに求められるべきであろう。

措置入院制度の運用では、長期入院をいかに避けるかが問題になる。とりわけ深刻な問題は、社会の中で受け入れ体制が整えば退院が可能であるはずの社会的入院である。社会的入院により入院が長期化することは、措置入院制度の本来の趣旨から逸脱している。措置入院は自傷他害のおそれを要件としており、そのおそれは現に現れたものである必要がある。

3 心神喪失者等医療観察制度

(1) 医療観察制度の概要と法的性格

行為時に心神喪失や心神耗弱の状態にあった者による法に触れる行為に司法機関が関与して対応するのが、「心神喪失等の状態で重大な他害行為を行った者の医療及び観察等に関する法律」(医療観察法)による心神喪失者等医療観察制度である。この法律は、措置入院制度への批判のほか、刑法改正の文脈で保安処分を導入する立法の動きが挫折したことや精神医療領域における地域医療の問題を遠景としつつ、2001年6月の大阪教育大学附属池田小学校児童殺傷事件を直接的な契機として、2003年に成立、公布され、2005年7月から施行された。

形式的にみれば、医療観察制度は、司法機関である刑事裁判所が審判を開いた上で強制力のある通院や入院の決定を行う点で、保安処分と共通の性格をもつ。他方、通院や入院の措置が、刑法典上の法律効果ではなく、移動の自由の制限も法務省所管の施設ではなく厚生労働省所管の指定通院医療機関および指定入院医療機関における入院や通院として行うことになっている点で、保安処分とは異なる。しかし、形式的に保安処分にあたるかということよりも重要なのは、実質的にみて、強制的な身体拘束がどのような目的や原

第 4 講　処分論　135

理で行われることになっているかである。

　制度の目的は、「その病状の改善及びこれに伴う同様の行為の再発の防止を図り、もってその社会復帰を促進すること」に置かれている（1条）。この目的に関連して、法案をめぐる国会審議において、「再び対象行為を行うおそれ」という文言が削除されていることに注意する必要がある。その上で、この文言に替えて、「対象行為を行った際の精神障害を改善し、これに伴って同様な行為を行うことなく、社会に復帰することを促進するために」（33条、34条、37条）との表現がとられている。このことの背景にあるのは、実質的に保安処分として運用されることになることへの危惧である。

　この制度を支える介入原理の理解については、措置入院の場合と同様に、パターナリズムなのかポリスパワーなのかの対立がありうる。この点で、障がいの存在だけでなく法に触れる行為に及んだことで強力な烙印押しが生じやすいという意味で、触法精神障がい者は「二重のハンディキャップ」を背負う存在であるために、国の責任において手厚い専門的な医療を行う必要があるとの説明もありうる。保安処分が導入されていない法体系を前提とすれば、現行制度の理解として、精神医療と共通する正当化の論理をとる必要がある。介入根拠をポリスパワーに求めるのは妥当でない。窮極的には、パターナリズムに介入根拠を求めるほかない。

(2) 対象と手続

　医療観察制度は、対象行為と対象者を限定している。対象行為となるのは、放火、強制わいせつ、強制性交等、殺人、傷害、強盗である（2条1項）。対象者は、①不起訴処分により心神喪失者・心神耗弱者であることが認められた者か、②心神喪失を理由に無罪の確定裁判を受けた者、または心神耗弱を理由に刑を減軽する旨の確定裁判（懲役または禁錮の実刑判決であって、猶予すべき刑期があるものを除く）を受けた者である（同条2項）。

　医療審判の手続は、検察官による地方裁判所への申立て（33条）により開始される。処遇事件は、一人の裁判官および一人の精神保健審判員[10]の合

---

(10) 精神保健審判員は、学識経験をもつ医師から選任される（6条1項）。

心神喪失者等医療観察法による手続の流れ

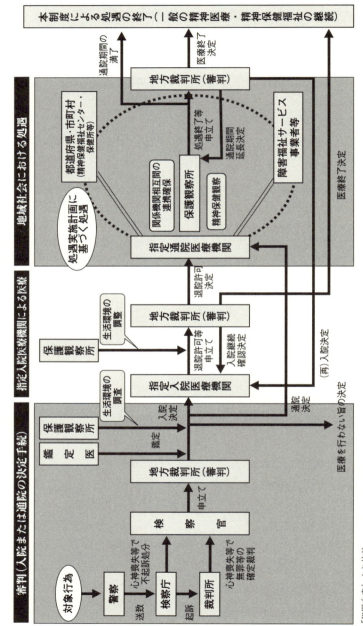

『犯罪白書』より抜粋

議体で扱われる（11条1項）。裁判所は、保護観察所の長に対し、対象者の生活環境の調査を行い、その結果を報告することを求めることができる（38条）[11]。医療審判では、この調査の結果の他、疾病性や治療反応性をも踏まえて、医療の要否や内容が決定される。

　地方裁判所は、医療審判の終局的な判断として、①申立の却下（40条1項）のほか、②入院の決定（42条1項1号）、③通院の決定（同2号）、④本法による医療を行わない旨の決定（同3号）を行う。①の決定は、不起訴処分された対象者について対象行為を行ったと認められない場合、または心神喪失者および心神耗弱者のいずれでもないと認める場合（40条1項1号および2号）に行われる。②は、厚生労働大臣が定める指定入院医療機関において医療を受けさせるために入院をさせることを内容としている（43条1項）。入院継続の確認は、6月に1度裁判所が申立てを受けて行う（49条2項）。③は、厚生労働大臣が定める指定通院医療機関による入院によらない医療を受けることを内容としている（43条2項）。その期間は3年である。もっとも、2年を超えない範囲で延長することができる（44条）。

　2019年4月1日現在、指定入院医療機関は全国33カ所（833床）（国立15カ所（487床）、都道府県立18カ所（346床））、指定通院医療機関は3,600ヶ所（病院563、診療所74、薬局2547、訪問看護416）となっている。

　医療観察法上の手続や処分については、他の法制度との関係が問題になる。医療観察法上の措置は、刑事手続および刑事処分ならびに保護処分をとることを妨げないものとされている[12]（114条）。また、精神保健福祉法上の措置との関係について、医療観察法上の通院措置を受けている者に対して精神保健福祉法上の入院措置をとることは妨げられないものとされている（115条）。他方、入院申立てが行われその必要性が認められる場合、裁判所は医療観察法上の処遇を決定すべきであり、精神福祉保健法上の措置入院で足りるとして医療を行わない旨の決定はできないものと裁判例ではされている（最決平19・7・25刑集61巻5号563頁）。

---

(11) この調査は、保護観察所に置かれる社会復帰調整官（20条）により行われる。

(12) こうした制度のあり方は、精神保健福祉法と同様である（43条）。

(3) 課題

　医療観察制度の課題は、まず、その法的性格の曖昧さにある。先述のとおり、国会審議の過程において「再犯のおそれ」の文言は削除された。しかし、この法制度が「保安的要素を内に秘めつつ、表向きは医療と社会復帰の促進を謳うという二重構造」をもつことや、「『再犯のおそれ』と『医療の必要性』の二つの顔を持つ矛盾した性格」を有することに対する批判は根強い[13]。このことは、処分決定の判断機関が裁判所であることの意味がどこにあるのかが曖昧であることとも関係している。保安処分ではないことが前提とされている以上、現行法制度に関しては、司法機関が処分を決定する意味は自由権保障にあり、実体的な核心部分の判断は医学的に行われるべきものとして理解されるべきである。立法論として、制度を維持するのであれば、このことが明確となるよう明文規定を置く必要がある。

　次に、この制度が入院中心の発想に支えられており、地域の精神医療体制や地域における処遇の底上げ、継続的な家族支援といった措置の強化につながらず、むしろそれらを阻害しないかが問題である。緊急時の「クライシス・コール」に応えるための地域における緊急医療体制を精神科領域で確立することや、地域の受け皿が乏しいために多くの患者が入院を強いられているという「社会的入院」の問題を解決することは、現在でも大きな課題となっている。

　医療観察法上入院期間の上限は定められていないものの、ガイドラインでは18ヶ月程度が標準とされている。しかし、実際の運用において平均入院処遇期間は951日となっている[14]。入院期間が6年を超える例もあり、入院期間の長期化が課題として指摘されている。その原因が環境調整の難しさにあるのであれば[15]、社会的入院と同質の問題を解決しなければ根本的な問題への対応とはならないことになる。指定入院医療機関への滞留の原因が、

---

(13) この批判は、「医療と社会復帰のための法律」に変わったのであれば、精神保健福祉法との違いは対象行為の点だけとなるはずであり、そうであれば措置入院制度の見直しだけで対応できたはずであるとの指摘につながっていく。

(14) それに対し平均通院処遇期間は969日である。第1回「医療観察法の医療体制に関する懇談会」資料2「医療観察法医療の現状について」[https://www.mhlw.go.jp/file/05-Shingikai-12201000-Shakaiengokyokushougaihokenfukushibu-Kikakuka/shiryou2_15.pdf]

医療観察制度の対象となる障がい（統合失調症など）とならない障がい（人格障がいなど）が重複してみられる例を多く受け入れている運用と、後者の治療の難しさにあるのであれば、医療観察制度は事実上保安処分としての性格を払拭できなくなる。医療観察制度は、ただでさえ1981年の法務省刑事局案と対象犯罪を同じくするなど、かつての保安処分構想と完全に断絶したものとはなっていない。実際の運用を注視しておく必要がある。

第4節　資格制限

1　資格制限の意義

資格制限とは、有罪を言い渡されたり刑事処分を賦科されたりしたことをとらえて、犯罪行為者が社会生活を送る上で必要となる権利や地位を剥奪したり制限したりすることをいう。

かつては、刑罰カタログの中に名誉刑を置く国が広く存在した。日本も、旧刑法では、剥奪公権および停止公権が付加刑として規定されており（10条1号および2号、31条）[16]、重罪刑に処せられた者については高権の終身剥奪が、軽罪刑である禁錮に処せられた者については官職の喪失および刑期中の公権の停止が、宣告なく自動的に行われるものとされた（32条および33条）。

現行刑法は、付加刑としての名誉刑を廃止した。その趣旨は、「刑名ヲ廃止シ犯罪ノ効果トシテ資格ヲ喪失セシムルノ規定ハ総テ之ヲ特別ノ法令ニ譲ルコト」とする点にあった。これを受けて、現在、各種の資格制限は、有罪判決や刑に処せられたことに伴う付随効果として、個々の法律において設け

---

(15) 医療観察法の医療体制に関する懇談会（第1回）議事録（2017年11月28日）[https://www.mhlw.go.jp/stf/shingi2/0000188908.html]
(16) 剥奪されるものとされた公権は、次のものであった。①国民の特権、②官吏となる権、③勲章年金位記貴号恩給の権、④外国勲章佩用権、⑤兵籍に入る権、⑥裁判所で証人となる権、⑦後見人となる権、⑧管財人となりまたは会社および共有財産を管理する権、⑨学校長および教師学監となる権（31条1号から9号）。

られている。その数は、400法令で1,000ほどの資格にのぼるともいわれる[17]。なお、少年のとき犯した罪により刑に処せられてその執行を終わった者は、人の資格に関する法令の適用につき、将来に向かって刑の言渡しを受けなかったものとみなす形で、資格制限が排される（少60条）。

資格は、近代化し複雑化した社会での生活では職業の専門化に伴い、重要な役割を果たしている。資格制限は、犯罪が行われたことへの対応として、行為者の社会活動を制限しようとするものである。そこには行為「者」に全面的な否定的評価を与え、社会的な疎外や排除を正当化する発想が内包されている。しかし、再犯防止推進計画（2017年）が「資格制限等の見直し」を盛り込んでいることからもわかるように、この制度とそれを支える発想は、犯罪行為に及んだ者の社会生活への移行を困難にし、ひいては再犯防止の阻害要因にもなる。この制度については、根本的な見直しが必要である。

2 資格制限の種類

資格制限は、制限ないし剥奪される客体、形式、期間を軸として、いくつかの類型に分けることができる。

制限ないし剥奪される客体は、①市民としての権利、②公務員の身分、③職業である。①の代表例は、公民権の制限（公民権停止）である[18]。日本でも、公職選挙法は、二つの場合に、公職の選挙に関する選挙権および被選挙権の停止を定めている。一つは、一般の犯罪により禁錮以上の刑に処せられた場合である。この場合、刑の執行を終わるまで、または執行を受けることがなくなるまで（執行猶予中の者は除く）、選挙権および被選挙権が停止される（11条）。もう一つは、公職選挙法の定める選挙犯罪により刑に処せられた場合である。（252条1項から3項）[19]。

②は、禁錮以上の刑に処せられその執行を終わるまで、または執行を受けることがなくなるまでの者は、国家公務員・地方公務員になることができな

---

(17) やや古いものの、資格制限に関しては、法務省保護局恩赦課編『資格制限法令ハンドブック』（ぎょうせい、1992年）を参照。

(18) その他、市民法上の権利や家族法上の権利の制限または剥奪が考えられる。

(19) もっとも、この場合、裁判所の裁量により停止の期間を短縮したり停止しないことができる（252条4項）。

いものとされている（国家公務員法 38 条・地方公務員法 16 条）。また、公務員が在職中に禁錮以上の刑に処せられたときは、恩給受給の資格を失うものとされている（恩給法 51）。

③は、職務遂行上の犯罪に関連して、その職業への従事を禁止するものである。禁止の目的と範囲は多様である。

制限の形式は、さらに①原因となる刑の種別など、②資格制限の方法、③原因となった刑事処分の対象犯罪の扱いに分けて論じることができる。①は、⑦禁錮以上の刑[20]、④罰金以上の刑、⑨有罪の宣告に分けられる。②は、⑦絶対的・必要的な欠格（または罷免）事由としてするものと④裁量による相対的な欠格（または罷免）事由と構成するものがある。③は、⑦特定の法令（一般には当該資格を与えている法令）への違反として扱うものと④犯罪の種類を問わず、包括的に一定の刑事処分に付されたことを欠格事由として扱うものがある。

資格制限の期間は、①刑の執行が終わるまで（国家公務員・地方公務員・自衛隊員・人権擁護委員など）、②刑の執行終了後一定期間が経過するまで、③刑が消滅するまで（裁判官、検察官、弁護士、保護司、教員など）という形態がある。②は、⑦1 年（輸出検査法による指定検査機関、計量器製造事業者、内航海運事業者など）、④2 年（行政書士、危険物取り扱い、旅行業者など）、⑨3 年（司法書士、公認会計士、競輪選手など）、㋤5 年（宅地建物取引業者、生命保険募集人など）に分かれる。

3　資格制限の法的性格と課題

以上にみたように、資格制限は、多様な形で存在しており、その法的性格の吟味が必要である。

公民権停止のような市民としての権利の制限は、その沿革が明らかにしているように、名誉刑の性格をもつ。旧刑法上付加刑とされた資格制限は現行法において廃止された。これは、刑罰内容が曖昧であるために名誉刑を刑罰として残すこと自体の合理性が否定されたがゆえの措置とみるべきであろう。

---

[20] 一定の刑量以上の刑とするものもある。

罪刑法定主義の趣旨から、資格制限に名誉刑の要素を認めることは妥当でない。そもそも、公民権停止は、犯罪行為者を民主主義の担い手から排除する発想を内包している。その問題性は、選挙とは無関係な犯罪類型について選挙権や被選挙権を制限ないし剥奪する点で一層明らかになる。犯罪行為者を国家や社会の敵対者であるとみなしたり、社会の構成員でないと考えたりするのでなければ、このことに合理的理由は見出しがたい。多様な個性をもつ個人が共生することを目指す現代社会において、参政権は投票に物理的に支障がない限り、最大限保障されるべき権利である。犯罪の原因を行為者の人格に全面的に還元できない以上、犯罪行為に及んだ者の声を政治に反映させることは、よりよい共生社会の創造につながる可能性をもつとさえいえる。

　公務員となることや特定の職業に就くことの制限には、名誉刑とならんで保安処分の発想も窺われる。つまり、犯罪が反復される危険性を除去するために、ある職業に就く資格を制限ないし剥奪するとの発想である。しかし、そうであれば、ある職業に就いているがゆえに犯罪が繰り返される危険性が存在することにつき明証がなければならない。それがあるとしても、再犯の危険性は行為者によって違っているはずであるから、包括的・一律的・絶対的な資格の制限や剥奪は合理性をもたない。保安処分が認められるか否かや手続のあり方といった法体系上の整合性も問題になる。

　資格制限の多くは、現在でもなお「犯罪」を契機として行為者の人格および社会生活の全体を包括的に否定する考えに支えられている。現在では、犯罪行為者を長期間にわたり一般の市民生活から排除することの弊害の方が大きい。そのため、包括的な形態での資格制限は、今日、合理性をもちえない。資格制限ごとに刑罰の付随効果とすべき積極的な理由が存在するか否か、問い直しが必要である。

4　資格の回復

　資格制限の事務を行うためには、個人の犯罪歴を記録する必要がある。市町村が管理する犯罪人名簿は、そのためのものである。この名簿には、道路交通法違反による罰金を除いて、罰金以上の刑の言渡しを受けた記録が残れる。

第 4 講　処分論　　143

　この犯罪人名簿への登録は、しかるべき場合に抹消される。具体的には、次のような場合である。①禁錮以上の刑の執行を終わり、または執行の免除を得た後、罰金以上の刑に処せられることなく 10 年を経過したとき（刑法 34 の 2 第 1 項前段）、②罰金以下の刑の執行を終わり、または執行の免除を得た後、罰金以上の刑に処せられることなく 5 年を経過したとき（同 34 条の 2 第 1 項後段）、③刑の免除の言渡しが確定した後、罰金以上の刑に処せられないで、2 年を経過した時（同 34 条の 2 第 2 項）、④刑の執行猶予の言渡しを受け、取り消されることなく猶予期間を経過したとき（同 27 条）、⑤大赦・特赦が行われたとき（恩赦 3 条、5 条）。

　①②③は刑の消滅によるものである。これに伴い、市町村が管理する犯罪人名簿上の前科登録は抹消される。⑤の恩赦による復権は、刑を消滅させるものではないものの、これとほぼ同様の効果を生み、犯罪人名簿から前科登録を抹消することで、法令上のすべての資格を回復させる。

　①②③の刑の消滅規定は、1949 年の刑法改正により実現した。一方で、ドイツの 1922 年前科抹消法の影響や 1925 年以降起こった司法省関係者による刑余者復格促進運動といった戦前からの動きが、他方で、戦後基本的人権を尊重する思想が花開いたことが、背景にある。

　改正刑法草案は、3 年を超える懲役および禁錮刑の場合は 10 年、3 年以下の場合は 5 年、罰金の場合は 3 年、それぞれ禁錮以上の刑に処せられることなく期間が経過した場合には、刑が消滅することを構想していた（96 条）。法制審議会少年法・刑事法（少年年齢・犯罪者処遇関係）部会でも、刑の全部の執行猶予を言い渡す際に、必要と認めるときは、裁判所が人の資格制限に関する法令の適用を排除する旨を言い渡すことができるようにする案が議論されたものの、立法が見送られた。2017 年に閣議決定された再犯防止推進計画は、「犯罪をした者等の就労の促進の観点から需要が見込まれる業種に関し、前科があることによる就業や資格取得の制限の在り方」につき法務省が検討を行い、それに基づき、各府省が、所管の該当する資格制限等について当該制限の見直しの要否を検討することとしている。

　前述のとおり、資格制限の制度については、再検討の必要性が高く、その必要性と相当性について根本的に再吟味することが不可欠である。資格制限

144

の制度を広く残す場合、制限期間を短縮したり、資格制限の適用を排除したりする努力が常に必要である。

第5節 恩赦

1 恩赦の沿革と基本的性格

　行政権により、刑罰権を消滅させたり、裁判の内容・効力を変更、消滅させたりする制度として恩赦がある。恩赦は、裁判によらずにこうした効果を得る点に特徴をもっている[21]。

　恩赦の沿革は、君主や国王が犯罪に及んだ者に及ぼした恩恵的な措置にある。日本でも、旧憲法はこれを天皇の大権事項とし、天皇が大赦、特赦、減刑および復権を命じるものとした（16条）。現行憲法は、大赦、特赦、減刑、刑の執行の免除および復権の決定を内閣が行う事務とし（73条7号）、その認証を天皇による国事行為としている（7条6号）。恩赦の法的関係は、恩赦法により規律される。

　恩赦は、歴史的に恩恵的性格を色濃くもってきた。その一方で、その枠組み内であるとはいえ、一定の場合に専制君主による刑罰権濫用を償う機能をも同時に担ってきた。形の違いはあっても、この二つの性格が立憲君主制や国民主権制の政治体制の下でも継承されてきたことは否めない。日本でも、憲法上の制度の位置づけに変遷があるものの、恩恵的性格はなお色濃く残されている。その恩恵的性格をいかに払拭するかとともに、不必要な刑罰権行使を回避する機能をいかに、そしてどのような枠組みで発揮させるか、今日、立法上も運用上も大きな課題になる[22]。

---

[21] 明白に必要性が認められること（謙抑性）と同様の効果をもつ他の制度で足りないこと（補充性）とがある場合にのみ恩赦は認められるとされるのは、このためである。

第 4 講　処分論　　145

2　恩赦の種類

(1)　制度の概要

　現行法上恩赦には、大赦、特赦、減刑、刑の執行の免除、復権の 5 種類がある。また、恩赦は、行われ方によって、①一般恩赦（政令恩赦）と②個別恩赦に大別される。

　①一般恩赦は、対象者を特定せずに政令により罪や刑の種類を一律に定めて行われる。大赦、減刑、復権がこの方法で行われる。この恩赦は、国家の慶事に際して行われるのが一般的となっている[23]。

　②個別恩赦は、個々の事案ごとに行われる。特赦、減刑、刑の執行の免除、復権がこの方式で行われる。個別恩赦は、さらに、行われる時期により、常時恩赦と特別恩赦（特別基準恩赦）に区別される。前者が常時行われるのに対し、後者は一般恩赦が行われる場合などに、一定の基準に基づいて行われる。常時恩赦は、本人、刑事施設長、保護観察所長、検察官の申し出により、中央更生保護審議会が実質的に決定を行っている。

(2)　恩赦の効力

　現行制度上、恩赦は、いずれの種類であっても、刑事責任に対してのみ及ぶ[24]。また、恩赦の効果は遡及しない（恩赦 11 条）。政令恩赦は政令施行時

---

[22] 日本国憲法の施行に伴って、新しい憲法にふさわしい恩赦のあり方を検討するために内閣に恩赦制度審議会が 1946 年 10 月に設けられ、翌年 6 月に最終意見書と勧告書を内閣に提出している。そこでは、旧憲法下における恩赦の運用は「必ずしも合理的な趣旨において十分に行われたとはいい難」く、「その合理的な面がむしろ重視せらるべき」ことが主張された。その「合理的な面」として、「法の画一性に基く具体的不妥当の矯正」、「他の方法を以てしては救い得ない誤判の救済」、「事情の変更による裁判の事後変更」、「有罪の言渡しを受けた者の事後の行状等に基くいわゆる刑事政策的な裁判の変更もしくは資格回復」が挙げられている。

[23] これまでの例として、終戦および憲法公布（1947 年）、平和条約発効（1952 年 4 月）、明仁親王立太子礼（1952 年 11 月）、国際連合加盟（1956 年 12 月）、明仁親王結婚（1959 年 4 月）、明治 100 年記念（1968 年 11 月）、沖縄復帰（1972 年 5 月）、裕仁天皇大喪の礼（1989 年 2 月）、明仁天皇即位の礼（1990 年 11 月）、徳仁天皇即位の礼（2019 年 10 月）にあたっての恩赦がある。徳仁親王結婚（1993 年 6 月）にあたっては、政令恩赦は実施されず、特別恩赦のみが行われている。

[24] したがって、民事責任、行政責任にその効力は及ばない。また、少年に対する保護処分にも、効力は及ばない。

点、個別恩赦は天皇の認証時点から、将来に向かって効力を発生させる。

5種類の恩赦は、効力が異なる。

大赦は、刑事司法のすべての段階において国家の刑罰権を失わせる。そのため、有罪言渡しを受けた者についてはその言渡しの効力が失われ、まだ有罪の言渡しを受けていない者については公訴権が消滅する（同3条）。大赦は一般恩赦（政令恩赦）であり、政令で罪の種類を定めて行われる（同法2条）。

特赦は、有罪言渡しの効力を失わせる（同5条）。有罪の言渡しを受けた者を対象とする点で、大赦と異なる。特赦は、個別恩赦である（同4条）。

減刑は、刑の言渡しを受けた者について、刑を減軽したり刑の執行を減軽する（同7条）。刑や裁判所が言渡した宣告刑を軽くすることであり、刑の執行の減軽とは、宣告刑を変更せずに刑の未執行の一部を免除することである。減刑は、一般恩赦（政令恩赦）としても個別恩赦としても行われる。一般恩赦（政令恩赦）として行われる場合、政令で罪または刑の種類を定める形がとられ（同6条）、かつ、政令に特別の定めのある場合を除いては、刑の軽減が効果となる（同7条1項）。個別恩赦として行われる場合には、刑の軽減または刑の執行の軽減が効果となる（同7条2項）。

刑の執行の免除は、刑の言渡しを受けた者について、刑の未執行部分の全部を免除する（同8条）。宣告刑が変更される訳ではない点で、（刑の軽減を効果とする場合の）減刑とは異なる。刑の免除は、個別恩赦である。

復権は、有罪の言渡を受けたため法令の定めで資格を喪失したり停止されたりしている者に対して、資格を回復するものである（同9条、10条）。復権には、すべての法令上の資格を回復させるもの（全面復権、全部復権）と特定の法令に定める資格のみを回復させるもの（部分復権、一部復権）がある（同10条2項）。特赦（や刑の消滅（刑34条の2））が有罪言渡しの効力を失わせる効果をもつのに対し、復権はあくまで法律上の資格を回復させる効果をもつにとどまる[25]。復権は、政令恩赦としても個別恩赦としても行わ

---

[25] 換言すれば、復権の特徴は、直接法律上の資格を回復させる点にある。特赦や刑の消滅のように、有罪言渡しの効力を失わせ、前科を抹消する結果として法律上の資格を回復させるわけではない。

れる（恩赦9条）。政令恩赦として行われる場合、政令で要件が定められ、個別恩赦の場合、特定の者について効果の範囲（全部復権か一部復権か）が決められる。

(3) 恩赦の機能と課題

現行制度の運用において、常時恩赦として、復権と無期刑仮釈放者に対する刑の執行の免除が行われることは珍しくない。前者は、将来支障が生じうる資格の制限を外し、事前に資格を回復しておき、社会復帰を促進し更生を支援することが保護実務上定着していることを示している。後者は、無期刑仮釈放者の保護観察期間は無期となるため、すでに更生を果たしている者に対する過剰な介入を避ける趣旨で行われている。無期刑の場合に保護観察を終わらせるには、刑の執行の免除により残執行期間をゼロにするか、減刑により無期刑を有期刑に減軽するしか方法がないためである。

資格制限の制度を変えたり、無期刑仮釈放者の保護観察期間を残刑期間とすることをやめたりするなどの立法措置をとれば、こうした問題の局面で恩赦制度を用いる必要性はなくなる。しかし、その改革がなされない間は、不必要な国家的介入を避け、社会復帰阻害要因を除去する恩赦の現実的な機能は、更生支援措置の一つとして積極的にとらえられてよい。

政令恩赦には、皇室や国の慶事を名目として政権党につながる選挙犯罪に及んだ者の救済に仕えているとの批判もある。この批判の本質は、政令恩赦が行われる基準の不透明さにある。その基準や対象となる犯罪の種類につき透明性を確保することは、恩恵的性格からの脱却を図る意味でも、大きな課題というべきである。もっとも、一般的な制度として、国家に刑罰権を行使させることを躊躇させる事後的な事情変更が生じた場合の対応可能性や、国家刑罰権の行使の継続を断念させる最後の安全弁を制度として確保しておく必要性が高いことを考えれば、その機能を恩赦に担わせること自体は不合理ではない。

こうした安全弁としての機能は、現行制度が保護観察の期間につき残刑期間主義をとっているがゆえに際立っている面がある。考試期間主義を採用する場合、決定に司法機関が関与するか否かにかかわらず、事後的に保護観察

期間を長くすることが可能になる。この場合でも恩赦は安全弁の役割をもちうるものの、その力は残刑期間主義をとる場合よりも弱くなる。

「最後の安全弁」としての役割を期待する場合、恩赦の制度は恩恵によってではなく権利を土台として再構築されるべきである。

【参考文献】
冨永康雄『前科登録と犯歴事務［5訂版］』（日本加除出版、2016年）
中山研一『心神喪失者等医療観察法の性格』（成文堂、2006年）
福島至「社会復帰の権利と恩赦」『民主主義法学・刑事法学の展望 上巻』（日本評論社、2005年）696-722頁
町野朔編『精神医療と心神喪失者等医療観察法』（ジュリスト増刊、有斐閣、2004年）
町野朔＝中谷陽二＝山本輝之編『触法精神障害者の処遇［増補版］』（信山社、2006年）
松本勝編著『更生保護入門［第5版］』（成文堂、2019年）

第5講 刑事司法過程論

第1節　総説

　刑事司法過程という言葉は、刑の執行までを含めた広義で用いられる場合もあるが、典型的には判決が確定するまでのプロセスのことを指している。この意味での刑事司法過程に関して、刑事政策のテキストにおいては、せいぜい微罪処分や起訴猶予といったダイバージョンに言及されるにとどまることが多かった。その背景には、刑事政策とは犯罪対策論を論じる学問分野であり、誰がいかなる犯罪を犯したのかについて一応の解明が済んだ事件を対象として、その事件処理のあり方を検討するのが、本来のあり方である、との意識があったように思われる。それに対して、誰がいかなる犯罪を犯したのかについての解明の過程は、刑事訴訟法学の課題であるという役割分担が想定されていたと推測される（⇒第1講第2節1古典的見解）。

　しかしながら、刑事政策の伝統的な定義においては、犯罪の「予防」も検討対象である。また、捜査や公判を通じた犯罪の解明過程では、ある制度の存在根拠やその運用のあり方が治安維持の観点から根拠づけられていることがしばしばある。そうした説明の妥当性を吟味することもまた、刑事政策学の本来の守備範囲であると考えられる。また、近時の刑事司法改革では、裁判員制度や被害者参加制度の導入にみられるように、専門家以外を刑事司法に関与させることで司法への信頼を確保しようとする一方で、司法取引のような効率的な事件処理のための制度も多く導入されるようになっている。刑事司法制度が破綻なく運用されていることは、犯罪対策が有効に機能するための大前提である。そのため、こうした改革の検討を通じて刑事司法制度の

目指すべき方向性を明らかにすることもまた、刑事政策の課題といえる。

そこで本書では、刑事司法過程論という章を設け、ダイバージョンによる事件処理を目的とした制度以外についても、言及することとした。

第2節 　警察の組織と責務

1 　警察の組織

日本の警察制度は明治時代に作られた。それは、中央集権型の国家警察であり、衛生、建築、労働等に関する事務も所掌する強大な権力を有する機関であった。特に、治安維持法下では、特別高等課警察（特高）が、予防検束や拷問等により人権蹂躙を繰り返した。

その反省の下に作られた戦後の警察組織では、まず警察の責務が限定され、また市町村の自治体警察と国家地方警察の二本立てとなった。また市町村、都道府県、国にはそれぞれ公安委員会が設けられ、警察の民主的統制に意を払った改革が行われた。

しかしこの動向は、1954年の警察法全面改正により早くも転機を迎える。警察組織は都道府県警察に一本化され、警察庁長官の指揮監督制度、地方の警察予算の国庫支弁制度、上級幹部職員を国の職員とする地方警務官制度を通じて、国が地方警察の運営に関与する形となった。

現在の組織においては、国レベルでは、内閣総理大臣の所轄下に国家公安委員会が設けられ、警察庁を管理している。警察庁長官は都道府県警察を指揮監督している。

地方レベルでは、都道府県知事の所轄下に都道府県公安委員会が設けられ、都道府県警察を管理している。都警察の本部として警視庁があり、警視総監が置かれている。道府県警察には警察本部長が置かれている。

警察官の階級は、警視総監、警視監、警視正、警視、警部、警部補、巡査部長、巡査に分かれており、警視正以上は国家公安委員会が都道府県公安委員会の意見を聞いて任免している。警視正以上の警察官の俸給等、犯罪鑑識

施設の経費、警察車両船舶装備品の経費、警衛・警備の経費、国の公安に係る犯罪等の捜査経費、武力攻撃事態等の経費、犯罪被害給付金に関する経費等は国が支弁している。自治体警察の理念は形骸化している。

　警察には、それぞれの組織により分類および名称が異なるものの、おおまかには、①刑事警察、②警備警察、③交通警察、④生活安全警察の各部門が置かれている。①刑事警察は、犯罪捜査や組織犯罪対策を担う。②警備警察は、過激派・右翼団体を取り締まる公安課、治安警備・災害警備などを担う警備課、来日外国人犯罪を担当する外事課、災害警備や雑踏警備を担う機動隊から構成されている。③交通警察は、交通指導取締り、交通安全教育、運転免許事務、違反者事務などを行っている。④生活安全警察は、地域防犯活動支援やストーカー・DV・サイバー犯罪対策を担う生活安全企画課（生活安全総務課）、交番・駐在所・鉄道警察隊などが所属する地域課、110番通報を受理する通信指令課、街頭補導や有害環境除去、少年相談活動、児童買春等福祉犯罪を担当する少年課、悪質商法、廃棄物不法投棄取締り、風俗営業取締りを担当する生活環境課から構成されている。

2　警察の責務

(1) 実定法上の警察の責務

　警察法2条1項は、「警察は、個人の生命、身体及び財産の保護に任じ、犯罪の予防、鎮圧及び捜査、被疑者の逮捕、交通の取締その他公共の安全と秩序の維持に当たることをもってその責務とする。」と規定し、同2項は、「警察の活動は、厳格に前項の責務の範囲に限られるべきものであつて、その責務の遂行に当つては、不偏不党且つ公平中正を旨とし、いやしくも日本国憲法の保障する個人の権利及び自由の干渉にわたる等その権限を濫用することがあってはならない。」と規定する。

　1項の列挙する責務のうち、公共の安全、秩序の維持を目的とする活動を行政警察活動という。講学上の行政警察活動は、保健所の感染症予防、飲食店への立入検査、建築行政上の有害な建築物の規制なども含む概念であるが、現実に警察組織が担っているのは、犯罪の予防・鎮圧活動と交通取締りその他に限られている。また犯罪の捜査および被疑者の身柄確保を目的とする活

動を司法警察活動という。

司法警察活動は、海上保安官や麻薬取締官のように、特別の領域について警察官以外も担当しているが（刑訴190条。特別司法警察職員）、一般的には警察が担当している。また検察官も司法警察活動を担当しているが、あくまでも「必要と認めるときは、自ら犯罪を捜査することができる」（同191条1項）にすぎない。警察官は、あらゆる犯罪について第一次的な捜査権を有している（同189条2項）。

(2) 講学上の警察の責務論

伝統的には、警察とは人の自由を制限する作用を営むものであるとの認識を前提に、①警察消極の原則（警察は、公共の安全と秩序の維持という消極目的のみを有し、その増進という積極目的は有しない）、②警察公共の原則（公共の安全と秩序の維持に関わらない私的紛争には介入しない。民事不介入）、③警察責任の原則（警察作用は、保護法益に対する具体的危険の存在を前提に、警察責任のある者（当該危険を直接惹起した者）に対してのみ、向けられる）、④警察比例の原則（警察作用は必要な限りで、相当な手段を用いてなされなければならない）、という諸原則に基づいて活動するものとされてきた。

これに対して、警察実務家から有力な異論が呈されている。それによれば、警察にも一般行政と同様に、法治主義の原理と基本的人権の保障の原理からする限界があるにすぎない、とされる。そこからまず、警察消極の原則が否定される。警察には、国民の安全という国民の権利・自由を守るために積極目的にも行動する責務がある、とされる。また、警察公共の原則も否定される。警察法2条1項は、公共の安全と秩序の維持から独立して、個人の生命・身体・財産の保護を警察の任務としていると理解し、2項の限定も行政法の一般原則を確認したにすぎないものとする。そこから、新たな警察立法を制定する際も、警察法2条の責務範囲の限定規定は特段の意味を持たない、と主張されるのである。

確かに、ストーカー規制法（2000年）、DV防止法（2001年）、生活安全条例（2002年以降全国の自治体で制定）など、社会内での人間関係が希薄になっていくのにつれて、家庭内など親密な人間間で起きるトラブルや、従来はマ

ナーの問題と思われていた問題に警察の介入を認める立法が相次いでなされている。しかし警察による紛争解決は、強度の権利制約を伴う刑事手続への移行と隣り合わせの劇薬であり、一般論として、他の行政機関によるものよりも慎重でなければならないことは、時代を超えて堅持すべき原則であると思われる。また、警察による紛争解決に過度に依存する社会は、人間関係のトラブルなど本来警察の力を借りずに解決すべき事柄を警察に持ち込んで、警察を機能不全に追い込んだり、地域の紛争解決力を衰退させるなどマイナスの側面も有している。個人の生命・身体・財産の保護は警察が直接果たすべき任務ではなく、究極目的にとどまると解すべきであろう。民事不介入の原則も否定されたわけではなく、従来民事領域と観念されていた領域にも、公共の安全と秩序維持に関わる問題が生起していることが発見されたにすぎない、ととらえるべきではないかと思われる。

3 近年の警察改革

1990年代後半に、警察官が被害者女性に押収品の買取や交際を強要したり、覚せい剤使用の疑いのある同僚を匿ったり、重大事件が発生しているにもかかわらず出動要請に応じず、その時間に幹部が宴会に興じていた等、警察不祥事が続発したことがあった。中でも、ストーカー被害に遭った女性からの告訴を取り下げさせ、被害者の供述調書を改ざんするなど真摯な対応を取らなかった結果、被害女性が殺害された桶川事件は大きな問題となった。

それに対応して、2000年には警察刷新会議が設置され、その提言を踏まえて、同年に警察改革要綱が発出された。そこでは、①情報公開の推進、②警察職員の職務執行に対する苦情の適正処理、③警察による厳正な監察の実施、④公安委員会の管理機能の充実と活性化、⑤国民の要望・意見の把握と誠実な対応、⑥国民の身近な不安を解消するための警察活動の強化、⑦被害者対策の推進、⑧実績評価の見直し、⑨新たな時代の要請に応える警察の構築、⑩警察活動を支える人的基盤の強化が実施された。

⑥以下は警察権限を強化する方向の改革であるのに対して、①から⑤までは警察行政の透明化と自浄作用の強化を狙いとしたものである。しかし、外部監察制度の採用、都道府県公安委員会委員の常勤化、公安委員会の独自事

務局の設置、公安委員会委員の任命形態の改革など、権限を分散させる方向の改革は見送られた。しかし、警察法１条は、「民主的理念を基調とする警察の管理と運営を保障」することを目指している。強大な権限を有する警察組織が暴走しないよう我々は不断に監視しなければならないとともに、実効的な統制の仕組みのあり方についてなお検討を続けていくべきであろう。

第3節　捜査活動上の問題

1　犯罪発生前の捜査

(1)　行政警察活動と司法警察活動の交錯

　刑事司法過程は、警察が犯罪を認知し、証拠を収集するとともに被疑者を特定する活動を実施するところから始まる。この活動は刑事訴訟法に根拠を持つ司法警察活動と呼ばれてきた。他方で、犯罪発生を前提とせず、犯罪の予防や鎮圧を目的とする活動は、行政警察活動と呼ばれており、警察官職務執行法に根拠を有する。

　どちらの活動についても、行政機関の活動である以上、比例原則に従って、正当な目的のために必要かつ有効な限りにおいて権力的な活動が許容されることになる。しかし、司法警察活動においては、犯罪が認知された以上、その内実を解明する必要性が発生するため、より強い権力行使とそれに伴う人権制約が正当化され得る。強制的に室内に立ち入って証拠物や被疑者を捜索したり、証拠物を押収したり、被疑者を逮捕・勾留したりする権限が認められている。これに対して、特定の犯罪の嫌疑を前提としない行政警察活動においては、不審事由がある場合に職務質問を行えるほかは、緊急事態において保護や避難等の措置、制止や立入が許されるにすぎない。両活動において行えることには大きな差がある。これが伝統的な発想であった。

　しかしながら近時は、両活動の相対性が指摘されるようになってきている。例えば、職務質問が行われる場面についても、特定の犯罪の嫌疑が発生している場合は想定でき、その場合は、既に司法警察活動なのではないか、と指

摘される。しかし、この場面では、警察官職務執行法に加えて刑事訴訟法も適用される、と整理すればよい。

(2) 将来犯罪の捜査

問題は、将来犯罪についても捜索・押収などの捜査活動が可能であるとの立場が主張されていることである。この立場によれば、犯罪が発生する以前であっても、裁判官は、将来犯罪が発生しその証拠が存在する蓋然性を審査することができるため、令状を発付することができるとされる。犯罪が発生したか否かは、捜査を実施してみて初めて確認できることであるので、犯罪発生の有無で、捜査権限の発動の可否を決めるのは不合理だ、というのである。しかし疎明資料から犯罪が発生したことを確認することと、将来犯罪が発生する蓋然性を審査することは、やはり質的に異なっている。後者においては、より稀薄な根拠に基づいて強制捜査権限が発動されることになる。しかも、犯罪発生の蓋然性さえあれば、犯罪発生前に証拠を捜索・押収することも、それにより犯罪が発生し得なくならない限り、可能になってしまう。さらに、犯罪が実行される蓋然性があれば、実行前にもかかわらず、共謀者や教唆者を逮捕することすら可能になってしまいかねない。

日本では、戦前に、公安を害するおそれを理由とする旧行政執行法上の行政検束や、罪を犯すおそれが顕著であることを理由とする治安維持法上の予防拘禁といった行政警察権限が濫用された歴史を有する。そのことを踏まえると、将来犯罪が発生するおそれという不確実な理由を根拠とする強制的な警察権限の発動には、慎重でなければならないであろう。

関連して問題となるのは、通信傍受法3条1項が、一定の範囲で将来犯罪についての通信の傍受を認めている点である。しかし、その条件は、「対象犯罪が犯され、引き続き同様の態様または当該犯罪を含む一連の犯行計画に基づいて、対象犯罪が犯されると疑うに足りる十分な理由がある場合」（2号）か、「法定刑の重い犯罪が対象犯罪と一体のものとしてその実行に必要な準備のために犯され、かつ引き続き対象犯罪が犯されると疑うに足りる十分な理由がある場合」（3号）である。一連の犯行としては既に実行が開始されている場合であり、純粋な将来犯罪を対象にしているわけではないことに

注意を要する。実体法上の包括一罪ではなくても、それに準ずるような場合に対象を限るのだとすれば、辛うじて許容できるものと思われる。

通信傍受やGPSを用いた位置情報の把握は、対象者に知られることなく動静を監視することを可能にする。それが司法警察活動として実施されても、そこで収集された情報が直接裁判に出てくることはあまりなく、捜査機関内部で組織の内情を把握する目的で蓄積されていくおそれがある。監視が目的とされると、戦前とは反対に、行政警察目的で司法警察権限が濫用されることになる。

(3) 邀撃捜査の位置づけ

将来犯罪の捜査を認めることは、さらにおとり捜査の理解にも影響を及ぼす。おとり捜査において、捜査官は犯罪を行うように特定の人物に働きかけを行うことになる。これは、犯罪発生前であるにもかかわらず、捜査を行っているのでないかが問題となるのである。将来犯罪の捜査を認めない立場からは、だからこそ捜査官の働きかけは機会提供といわれる限度のものに限られ、犯意を誘発するような強度の働きかけは許されない、ということになるだろう（最決平16・7・12刑集58巻5号333頁参照）。しかし将来犯罪の捜査肯定説からは、当該犯罪の解明の必要性が極めて強い場合には、場合によっては、犯意を誘発してでもその人物に犯罪を行わせ、身体を拘束することが許されるということになる。

この立場をさらに推し進めると、現行法では認められていない潜入捜査によって、犯罪組織の中枢に進入した捜査官が、組織構成員と一体となって、犯罪を計画し、準備を進めることも許容される余地が出てくる。それでよいのかが、問われなければならない。

(4) 犯罪成立時期の早期化

以上の議論とは別に、実体法上犯罪の成立時期が早期化されると、これまでは将来犯罪の捜査であったものが、通常の捜査として行えるようになることに注意が必要である。2017年に制定されたテロ等準備罪（いわゆる共謀罪）においては、277罪種について、2人以上が犯罪を計画し、その一部が

下見などの準備行為を行えば犯罪になると規定された。「二人以上で計画した者は、その計画をした者のいずれかにより準備行為が行われたときは」という規定形式にもかかわらず、国会での説明では、計画だけでは既遂とならず、準備行為が行われて初めて犯罪として成立するとされている。いずれにしてもこれまで既遂や未遂しか処罰されてこなかった多くの犯罪について、著しく処罰を前倒しにすることになる。こうした犯罪発生時期の早期化は、それを行えば行うほど、それ自体としては社会に害悪をもたらさないような日常的な活動について、捜査権限が介入することを意味する。介入の根拠が稀薄になるとともに、本来の狙いとされていた犯罪組織・テロ組織以外の団体の勢力を削ぐ目的で、捜査権限が濫用されやすくなる。捜査権限の濫用が起きないように、注視し続けることが必要である。

2 取調べの機能

(1) 取調べの目的と機能

　日本の捜査の特色は、身体拘束を活用して徹底した取調べがなされることにある。取調べの目的は、自白を獲得することにより、真相を解明するとともに、被疑者の改悛の情を引き出すことにある。いったん自白した被疑者であっても、繰り返し取調べを受ける。それにより、客観証拠の収集だけでは明らかにならない犯行の細部に至るまでを明らかにする。その目的は、好意的に解釈すれば、間違った有罪判決を防ぐとともに真犯人の処罰を確保するという実体的真実の追求にあるといえるが、強引な取調べにより自白を追及することで、逆に無実の被告人から虚偽の自白を引き出してしまうことも招いている。犯した罪を認めたくないと考えている被疑者を自白させるためには、第三者の立会いのない状態で、被疑者を精神的に追い詰めることが必要となる。かつてのようにあからさまな暴力が振るわれることは少なくなったかもしれないが、このように考える限りは、人格を否定するような言葉を投げかけることをやめるわけにはいかないことになる。

　さらに、自白した被疑者は、取調べを続けられ、反省を迫られる。これにより、軽微な犯罪を起訴猶予とすることが可能になるとともに、起訴される事案でも寛大な処罰で済ませられる、といわれる。これが取調べの刑事政策

158

的機能と言われるものである。しかし起訴猶予や寛大な処罰をちらつかせられた場合、形だけの反省がなされることも多いと思われる。また、罪を認めている事件でも、動機や態様など犯行の細部について捜査官の見立てに沿った自白調書が作成され、それが後に争われることも稀ではない。虚偽自白の問題は、冤罪事件だけに存在するわけではないことに留意する必要がある。

(2) 取調べの規制のあり方

　2016年の刑訴法改正で導入された取調べの録音・録画（刑訴301条の2）については、義務づけの範囲が裁判員裁判対象事件と検察独自捜査事件に限定され、非常に狭いこと、義務づけの除外事由が抽象的に規定されており、潜脱が生じ得ることなどが指摘されている。それでもなお、殺人事件を含む重大事件、汚職などのいわゆる特捜事件は自白獲得が最も重視されてきた事件であり、その事件で録音・録画が原則となったことの意義は大きいと思われる。録音・録画されている状態では、少なくとも捜査官があからさまな暴力を振るうことはなくなるであろう。しかし長時間の取調べや、言葉による圧力、泣き落としなどを用いて、被疑者を自白に追い込んでいく手法がなくなる保障はない。こうした手法がなくなるかどうかは、裁判官や裁判員がどう評価するかにかかっている。容易に自白しない被疑者に対して、多少強く自白を迫ることはやむを得ないと評価されるようであれば、こうした取調べはなくならないであろう。ここに取調べの録音・録画の限界がある[1]。

　虚偽自白の構造的要因にメスを入れるためには、取調べへの弁護人の立会いや取調べ時間の圧縮など抜本的な対策が必要となる。それに対して、真相解明機能や反省促進機能が損なわれるという懸念があり得るであろう。しかし取調室で語られたことが真実であるとは断言できない。また日本人の国民性が真相の解明を欲しているのだとも言われるが、事件の本筋とはかかわらない細部にわたる事情の解明が本当に必要とされているのか、疑問の余地がある。被害者やそれに共感する一般市民にとっても、本当に必要とされてい

---

[1] 近時、取調べの録音録画、記憶媒体で再現された被告人の供述態度等を重視することに警鐘を鳴らす裁判例が登場しており（今市事件にかかる東京高判平30・8・3判時2389号3頁）、注目される。

第5講　刑事司法過程論　**159**

るのは、なぜ被害者が事件に巻き込まれざるを得なかったのかという心の内面に深く関わる情報であるが、そうした情報はしばしば被疑者本人も正確に把握できないものである。捜査官の取調べよりも、鑑定などを通じて専門家による解明に委ねた方がよい可能性はないだろうか。反省促進機能についても、圧力をかけられて無理になされた反省は真の反省といえるのか、仮にその場では反省心を深めたとしてもそれが持続するのか、そもそも反省しても更生するとは限らないのではないか、といった様々な疑問があり得る。こうした機能が実際にどれだけ必要なのか、を問い直す姿勢が重要だと思われる。

3　未決拘禁による身体拘束

　起訴前の身体拘束には逮捕と勾留があり、最長23日間に及ぶ。身体拘束の目的は、逃亡と罪証隠滅を防止することにある。しかし、学説の有力な反対論にもかかわらず、実務は身体拘束下の被疑者に取調べ受忍義務を認めているため、実際には身体拘束は取調べを目的としてなされることが多いとされている。

　そのことは身体拘束の運用にも表れている。日本の捜査実務では、警察から検察官へ送致される事件のうち、身体拘束されている事件が3割強と必ずしも多いとはいいがたい。しかしいったん逮捕されると、9割以上の事件が勾留請求を受ける。請求を受けた裁判官は勾留質問を行って、被疑者の言い分を聴取して審査を行っているが、請求が却下される割合は、近年上昇傾向にあるとはいえわずか2％強である。現行犯逮捕の場合は別にして、任意取調べで対応することで十分な事件では逮捕は行われないが、本格的な取調べの必要があるとなれば、逮捕し勾留することになる。一度勾留されると、起訴された段階において改めて勾留審査が行われることはなく、引き続き勾留され続ける。検察官が公判請求した事件の7割以上が勾留事件となり、そのうちの8割以上が起訴後1ヶ月を超えて勾留され続ける。起訴後は保釈制度が存在する。刑事訴訟法89条が「保釈の請求があつたときは、次の場合を除いては、これを許さなければならない。」と規定しているように、起訴後は保釈されるのが原則である。しかし、同条は、①被告事件が重大な場合、②中程度以上の事件の有罪歴がある場合、③被告事件が常習犯の場合、④罪

証隠滅のおそれがある場合、⑤証人威迫のおそれがある場合、⑥氏名住居が不明の場合、に権利保釈の除外事由を認めており、これらの場合には、90条において裁量で保釈するという構造になっている。①②③は形式的な理由であり、逃亡のおそれや罪証隠滅のおそれの有無について、実質的な審査が行われることが重要となる。保釈率は1970年代には5割を超えていたものが、2000年代前半に10%強まで低下し、その後近年上昇傾向にあるとはいえ、依然として3割に満たない状態である。なお2016年改正刑訴法90条は、裁量保釈の際の考慮要素として、「保釈された場合に被告人が逃亡し又は罪証を隠滅するおそれの程度のほか、身体の拘束の継続により被告人が受ける健康上、経済上、社会生活上又は防御の準備上の不利益の程度その他の事情」を掲げ、逃亡・罪証隠滅のおそれがあっても直ちに保釈が不許可になるわけではないことを明確にしている。

　保釈率の低下の要因については、保釈の際に納めなければならない保証金の額が高額化したこと、保釈請求を行いにくい国選弁護人請求率が上昇したこと、性質上保釈されにくい来日外国人事件や薬物事犯が増加したことなど様々に指摘されている。要因は複合的であると推測されるが、私選弁護事件でも保釈率が低下していることから、保釈の基準、なかでも罪証隠滅のおそれを認定する基準が厳格化したことが大きな要因ではないかと思われる。実際に、近年の保釈率上昇は、裁判員制度や公判前整理手続の導入を契機として罪証隠滅のおそれをより具体的に認定すべきとの裁判所の方針によるものと推測されている。しかしそれでもなお保釈率は以前の水準には回復していない。抽象的な罪証隠滅のおそれにより身体拘束を継続することについては、否認や黙秘から罪証隠滅のおそれを推認することを許し、結果的に自白しなければ保釈されないといういわゆる人質司法の状態を作り出している、と批判されてきた。これに対しては、否認や黙秘の状態から直ちに罪証隠滅のおそれが推認されているわけではない、という反論もされてきたが、これらを罪証隠滅のおそれを根拠づける一要素とすること自体は否定されていない。しかし否認や黙秘の動機には様々なものがあり得る。罪を免れることがその動機だと特定でき、かつそのために証拠の隠滅をも辞さないと推認できるだけの根拠がある場合がどれだけあるのかが、問題ではないだろうか。

第5講 刑事司法過程論 　161

4 代用監獄問題

(1) 未決拘禁の場所に関する法規定

　代用監獄とは、警察留置場を刑事施設の代わりに用いて、被疑者を収容する制度のことである。旧監獄法1条3項が「警察官署に付属する留置場は之を監獄に代用することを得」と規定したことに由来する。現在の刑処法は、①刑務所・拘置所などの刑事施設、②都道府県警察に設置されている留置施設、③海上保安留置施設を刑事収容施設と定義している。被収容者のうちの被逮捕者・被勾留者等については、刑事施設（拘置所。拘置所がない場所では刑務所等の拘置区）の収容対象となっているが（3条2号、3号）、刑事施設に収容することに代えて、留置施設に留置可能だとされている（15条1項）。それに対して留置施設の収容対象は、①警察官が逮捕し又は私人が現行犯逮捕した者を受け取った被逮捕者、②警察逮捕から引き続く被勾留者、③法令の規定による被留置者、とされている（14条2項）。この二つの条文の関係は難解であるが、①の警察による被逮捕者は、刑訴法上48時間以内に検察官に送致しなければならず（刑訴203条）、短期間の身体拘束しか予定されていないため、特別司法警察職員や検察官に逮捕される場合を除き、留置施設が本来的な収容施設であるとされている。また、③の鑑定留置者（同167条）なども、本来的な収容施設の一つとして留置施設を予定している。それに対して、最長20日間続く勾留については、刑事被収容者が収容される場所として設置された拘置所が本来的な収容場所であると解される。しかし15条2項が、留置施設への代替収容を認めているため、②の被勾留者も留置施設の収容対象になっており、さらに、留置施設の本来的な収容対象ではない検察官等による被逮捕者についても、③として留置施設に代替収容できる、とされているのである。

(2) 代用監獄に関する議論

　代用監獄は元々、1908年に旧監獄法が制定された際に、区裁判所に監獄設備がないという実際上の必要性から規定されたもので、監獄が整備されるにつれて縮減されていくことが予定されていたものであった。しかし、次第

に積極的に運用されるようになり、戦前は警察留置場で過酷な取調べが行われるなど弊害が顕在化した。そのため、1947年の監獄法改正要綱は、代用監獄は経過措置であるとして将来的に廃止する方針を打ち出し、1980年の法制審議会「監獄法改正の骨子となる要綱」も、刑事施設の増設および収容能力の増強に努め、被勾留者を刑事留置場に収容する例を漸次少なくする、といういわゆる漸減条項を提案していた。ところが1982年に刑事施設法案が国会に提出される際に、警察庁から留置施設法案があわせて提出された。両法案は、漸減条項を持たず代用監獄を恒久化するものであると批判された。以来、監獄法改正は実現せず、ようやく2006年に現行刑処法が成立した。前述のように、現行法上、刑事施設に代えて留置施設に収容する代替収容が認められており、留置場は依然として代用監獄としての性質を有している。しかし現行法の運用において、警察に逮捕された後に勾留される場合、引き続き留置施設に収容され、起訴後被告人になってから拘置所に移送されることになっている。被疑者については、代用監獄はむしろ原則的な収容場所となっている。

　代用監獄必要説は、①迅速、適正な捜査を遂行し、事案の真相を明らかにするためには、捜査機関と身柄拘束の場所が近接し、取調室や面通しの設備が十分に確保されている必要がある、②拘置所では取調べのための設備が十分でない、③拘置所・拘置区は都道府県に数個しかなく、取調べや被疑者の家族・弁護人の面会などにも交通の上で時間がかかり、引き当たり捜査・実況見分等の立会いも困難になる、④拘置支所の増設には人的、物的な面で莫大な財政的支出を必要とする、⑤代用監獄の弊害は、捜査のあり方の問題であり、代用監獄制度それ自体の問題ではない、と主張する。

　これに対して、廃止論は、①代用監獄では、被疑者の全生活が自らを取り調べる警察により支配管理されている、②被疑者の日常生活を規律する基準が不明確である、③刑訴法上、勾留の目的は逃亡の防止と罪証隠滅の防止であり、積極的な捜査目的に利用することは問題である、④本来、国の事務である被拘禁者の取り扱いを都道府県警察に委任するために必要な機関委任規定を欠いている、⑤留置場の設備・環境は劣悪である、⑥代用監獄は冤罪の温床である、と批判してきた。国連の自由権規約委員会も、日本政府に対し

て代用監獄の改善ないし廃止を勧告し続けている。

　こうした批判を受けて、1980年以降、警察は代用監獄の改善に取り組んできた。留置施設の管理・運営は捜査を主管する刑事部門から、捜査に関わることのない総務・警務部門に移管され（刑処16条3項）、弁護人との接見は執務時間外にも柔軟に認めることとされた。留置場の設備も改善され、地方自治法改正により留置業務は自治事務となった。さらに、刑処法の制定により被留置者の処遇基準も明確化された。

　問題は、捜査部門と留置部門を分離すれば十分か、である。代用監獄問題の本質は、犯罪の嫌疑を受けている防御の主体である被疑者が、捜査の主体である警察の手元で、24時間いつでも取調べができる状態に置かれることにある。取調べが厳しく規制されれば別であるが、現状のようにほとんど規制されていない状態では、被疑者を代用監獄に置くことは、被疑者の無力感を高める一方で、捜査官の取調べ依存を強めることで、虚偽自白の危険を増加させるといわざるを得ない。被害者の主体性を維持するためには、収容場所を捜査の主体である警察から物理的に分離することが必要だと言わざるを得ないように思われる。

5　未決拘禁者の処遇

　未決拘禁者は、犯罪の嫌疑を受けているにすぎず、有罪が確定しているわけではない。そのため、受刑者と異なり、改善更生ための積極的な処遇は行われない。刑処法31条は、「未決拘禁者の処遇に当たっては、未決の者としての地位を考慮し、その逃走及び罪証の隠滅の防止並びにその防御権の尊重に特に留意しなければならない。」と規定する。

　個別の規定においても、受刑者よりも自由度が拡張されている。例えば、自弁物品（自ら調達した物品）は、規律秩序の維持その他管理運営上支障を生ずるおそれがある場合を除き、原則として使用・摂取が許される（41条2項）。また調髪・ひげそりについては、強制されることなく、申し出があった場合に許す、とされる（60条3項）。自弁書籍等の閲覧は罪証隠滅のおそれがない限り、禁止されることはない（70条1項2号）。

　しかし問題は、「未決拘禁者は無罪と推定され、それにふさわしく処遇さ

れなければならない。」（国連の被拘禁者処遇最低基準規則111-2）という趣旨の規定がないことである。これについては、無罪と推定されることからいかなる処遇原則が導かれるのか不明である、との理由で規定を置くことが見送られた。しかしながら、規範内容としては、「未決の者としての地位」の方が不明確であろう。現行法の曖昧な処遇原則の規定は、逃走等の必要性からの自由権利の制限が必要最小限にとどまるかどうかの検討をおろそかにさせるおそれがある。

　実際に、刑処法では刑事施設と留置施設で未決拘禁者の処遇内容が異なっている。例えば、居室に関して、刑事施設では、罪証隠滅防止上支障を生ずるおそれがある場合は必要的に、それ以外の場合は共同室が処遇上適当である場合を除き、できる限り、単独室とする、とされるが（35条2項）、留置施設では、罪証隠滅の防止上支障を生ずるおそれがないと認められる場合に限り、単独の留置をしないことができる、とされる（182条2項）。未決拘禁者は防御の準備をする必要があり、また可能な限り一般人と同様の生活を保障するとの観点からも、単独室で処遇されるのが望ましいにもかかわらず、留置施設では施設の裁量により共同室収容があり得ることになる。

　また大声を発する場合、刑事施設では保護室に収容することで対応するが（79条）、留置施設では、保護室が設置されていない場合、防声具を使用する、とされる（213条3項）。しかし防声具の着用は非人道的であり、尊厳のある処遇とは言いがたい。逃亡・罪証隠滅防止の必要があるとして国が拘禁する以上は、保護室の設置は必須のように思われるが、留置施設のすべてに保護室が設置できないという現実的な事情から、こうした扱いが許容されているのである。

　反対に、留置施設の方が処遇が緩やかな場合もある。刑事施設における未決拘禁者への懲罰は、基本的に受刑者に対するものと同様であり、①戒告、②自弁物品の使用・摂取の一部又は全部の15日以内の停止、③書籍等閲覧の一部又は全部の30日以内の停止、④30日ないし60日以内の閉居罰とされる（151条3項）。これに対して留置施設では、被留置者に反則行為があった場合、自弁の嗜好品の摂取の3日以内の停止が規定されるにとどまっている（190条1項）。この扱いの差は、留置施設への収容期間は短期であること

にあるとされるが、場合によっては留置施設への収容期間が数ヶ月以上に及ぶ場合もある。それでも、こうした不利益処分で足りるとされていることからは、刑事施設での懲罰は過剰である疑いが生じる。そもそも無罪推定の観点からすれば、施設の規律秩序の維持等の必要性を超えて、書籍等の閲覧を制限すること自体に疑問がある。

　未決拘禁者にふさわしい処遇のあり方については、なお検討が必要であると思われる。

6　微罪処分

　犯罪事実について一応一通りの解明が終わったが、起訴して処罰する必要がないと判断される場合に、事件を公式手続の外に離脱させることをダイバージョンという。ダイバージョンは、①より有効な社会内処遇を迅速に提供し、②刑事手続に係属し、有罪判決および刑罰を受けることの烙印を回避し、③公式手続の負担を軽減し重要事件に資源を集中させるために、幅広く活用されている（⇒第1講第3節1 数からみた日本の刑事司法運営）。

　警察段階でのダイバージョン制度として、微罪処分がある。刑訴法246条は、司法警察員は、犯罪の捜査を遂げた場合、事件を検察官に送致しなければならないとするが、検察官が指定した事件をその例外とする。これを受けて犯罪捜査規範198条は、「捜査した事件について、犯罪事実が極めて軽微であり、かつ、検察官から送致の手続をとる必要がないとあらかじめ指定されたものについては、送致しないことができる。」と規定している。警察限りで事件が終結する。

　実務上は検事総長の示した基準に基づいて、各地方検察庁の検事正が管轄区域内の司法警察員に指定を行っている。指定事件は、一般に、窃盗罪、詐欺罪、盗品関与罪、賭博罪、暴行罪等であるとされる。例えば、①被害僅少かつ犯罪軽微で、盗品等の返還その他被害の回復が行われ、被害者が処罰を希望せず、かつ、素行不良でない者の偶発的犯行で、再犯のおそれのない窃盗、詐欺、横領事件、およびこれに準ずべき盗品関与事件、②得喪の目的物が極めて僅少、犯情も軽微であり、共犯者のすべてについて再犯のおそれのない初犯者の賭博事件、③素行不良者でない者による偶発的犯行で、被害も

軽微な粗暴犯（暴行・傷害等）、といった形で指定されている。被疑者が令状逮捕・緊急逮捕された事件、告訴・告発・自首のあった事件、被害者不明などの理由で証拠品を還付できない事件、検察官がとくに送致を命じた事件を微罪処分にすることは許されない。なお、被疑者が少年である場合は、すべての事件を家庭裁判所に送致しなければならないとする全件送致主義が採用されている関係で（少41、42条）、微罪処分は適用されない。

微罪処分とした事件は毎月1回、一括して検察官に報告される（犯罪捜査規範199条）。被疑者に対しては、厳重に訓戒を加えて、将来を戒め、また被害者に対する被害の回復、謝罪その他適当な方法を講ずるよう諭す。親権者、雇主等に対しては、呼び出し、将来の監督について必要な注意を与えて、その請書を徴する（同200条）。

実務上、微罪処分は幅広く適用されている。適用件数は、犯罪認知件数の減少に伴い減少傾向にあるが、少年法が適用されない処理時成人の事件中、一般刑法犯の35％程度、暴行罪の50％程度、窃盗罪の45％程度、占有離脱物横領罪の65％程度が微罪処分で処理されている。

微罪処分の問題点としては、①警察限りの処分であるために事後的なチェックが何らなされないこと、②基準が非公開であること、③地域により対象事件にばらつきがあること、④前歴として残ること、⑤被害者が処罰を希望していても、警察が処分相当と判断した場合には被害者を説得して告訴等を取り下げさせることがあるとされていること、⑥犯罪事実を争いたい場合に手続的保障が十分でないこと、が指摘されている。少なくとも事後的に微罪処分歴抹消を求めて争う機会を保障すべきであろう。基準の公開については、微罪処分になることを見越して犯罪をする者が出てくることが懸念されるが、初犯の偶発的犯行に限定する限り、そのおそれは小さいとも思われる。

第4節　検察官の訴追裁量

1　検察官の役割

(1) 現行法上の検察官の権限・地位

　検察官の職務は、①刑事について、公訴を行い、裁判所に法の正当な適用を請求し、且つ、裁判の執行を監督すること、②裁判所の権限に属するその他の事項についても職務上必要と認めるときは、裁判所に、通知を求め、又は意見を述べること、③公益の代表者として他の法令がその権限に属させた事務を行うことであるとされる（検4条）。このうち訴追に関しては国家訴追主義、起訴独占主義が採用されており（刑訴247条）、また起訴便宜主義の採用（同248条）も相まって、検察官は強い権限を有している。他方で、検察官はいかなる犯罪でも捜査できる、とされる（検6条1項）。検察官がこれらの権限をどのような比重で行使するかが問題となる。

　旧法時代、検察官は裁判官とともに司法官として司法大臣の監督下にあった。捜査の主宰者は検察官であり、警察官は検察官の指揮下で補助官として捜査を実施していた。刑事手続全体が事実上検察官により支配されていたといってよい。強制処分の権限は現行犯の場合を除き裁判官（予審判事）が有していたが、裁判官に対する検察官僚の司法行政上の優位の確立という事情もあり、検察官を指揮官とする捜査機関の捜査の上塗りをするに過ぎなかったと言われる。捜査機関は要急事件について強制処分権限を有していたし、行政検束、違警罪即決例による拘留等を濫用して犯罪捜査に流用していた。

　それに対し、戦後改革においては、裁判所と検察庁は機構上分離し、裁判官の独立が強化された。また、警察が第一次的捜査機関とされ、検察官は「必要と認めるとき」に自ら捜査できる（刑訴191条1項）第二次的捜査機関と位置づけられた。検察官は、警察と協力関係にあり（同192条）、警察に対し、①一般的準則を定めて行う、警察捜査に対する一般的指示権、②捜査に協力を求めるための一般的指揮権、③検察官の独自捜査を補助させる具体的指揮権を有している（同193条）。警察が検察官の指示・指揮に従わない

場合、検察官は懲戒・罷免の訴追をすることができる（同 194 条）。このように、現行法は、主たる捜査機関を警察として、検察は補充的役割を果たすにとどまることを想定していた。検察は、その固有の任務である公訴提起および訴訟の追行に重点を移すことが意図されていた。

　また、「検察庁は、検察官の行う事務を統括するところとする。」（検 1 条 1 項）とあるように、検察権は、検察庁という官署や検察庁の長により行使されるのではなく、個々の検察官の責任と権限で行使されることになっている（独任制官庁）。そして、検察官は、定年、懲戒処分の場合を除いては、国会議員や裁判官等からなる検察官適格審査会から職務を執るに値しないとの議決を受けて罷免される場合を除けば、失職・職務停止・減俸を受けることがない（同 22-25 条）。裁判官に準じた強力な身分保障を受けている。検察官の独立が保障されている。このことも公訴提起以降の法律家でなければできない業務を適正に行わせるための制度ということができる。

　ところが、検察官は職務執行に当たり、各検察庁の長（最高検の検事総長、高検の検事長、地検の検事正等）から指揮監督を受けるとともに（検 7-10 条）、検事総長等は、指揮監督下にある検察官が指揮監督に従わない場合、その検察官の事務を自ら取り扱ったり、他の検察官に取り扱わせたりすることができる、といういわゆる事務引取移転権を有している（同 12 条）。このことから、検察官同一体の原則が導かれる。検察官は国としての統一的な検察権行使のため、一体として活動できるようになっている。実際には、現場の検察官は上司の決裁を受けながら職務を実施しており、行政官としての側面が強いように思われる。

(2) 検察官の役割

　そして実際には、行政作用に他ならない捜査業務は、検察内部で非常に重視されている。警察から送致されてきた事件は検察において補充捜査をされる。この補充捜査は、文字どおり警察の捜査で不足している部分について行われるのが本来のあり方であるが、参考人の供述調書について、刑訴法が警察官が作成したものには原則として証拠能力を認めないのに対し、検察官が作成したものについて緩やかに証拠能力を認めていることもあり（刑訴 321

条1項2号・3号)、検察の取調べは、被疑者に対するものも含め、公判での供述調書の証拠申請を念頭に置きながら、警察取調べでの供述内容が間違いないか確認しながら行われる。いきおい検察官の行う業務のうち捜査の占める比重が上がることになる。それに加えて、検察では、経済財政事件、政治家・高級官僚の贈収賄事件・政治資金規正法違反、検察庁に告訴・告発された事件、独自に認知した事件などについて独自に捜査を行っている。東京・大阪・名古屋の地方検察庁には独自捜査を専門に行う特別捜査部も設けられている。

このいわゆる特捜事件では、同一の検察官が初動捜査から公判維持までを担当する。このことの弊害が生じたのが、郵便不正事件における、検察官による証拠偽造であった。最初の見立てが誤っていても、その見立てに固執して、手段を選ばずに有罪獲得を目指してしまったのである。しかし、事件を踏まえて出された、検察の在り方検討会議提言「検察の再生に向けて」(2011年)は、検察内部でのチェック体制の強化を提言するにとどまり、特捜部は、社会的強者の犯罪を摘発し、国民の期待に応える必要から存続すべきとされた。

しかし学説上は、捜査の最終的責任は警察に負わせて、検察官は起訴・不起訴の判断を適正に行うことだけに専念すべきとの主張もある。法律家として適正な公訴権の行使するためには、検察の捜査権は警察捜査の不十分なところを補うためではなく、警察捜査の行き過ぎを規制したり、被疑者に有利な方向で行使されるべきではないか、と思われる。

なお、以上の帰結を導くために検察官は裁判官と並ぶ準司法官であるとか、客観義務を負うなどの主張がされることがあるが、これらの発想は、検察官の当事者性を曖昧にしかねない。検察官は、あくまでも国民の負託を受けた法律家として活動する責務を有すると位置づけるべきであろう。

2 検察官の終局事件処理

検察官の事件処理は、起訴するか否かに大きく分かれる。起訴はさらに、公判請求をする場合と略式命令請求をする場合に分かれる。事件数が減少するに連れて、公判請求数も減少しているがそれでもなお8%程度の事件が公

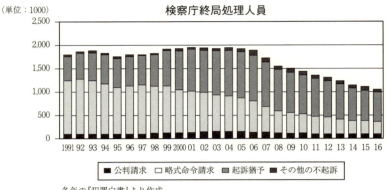

各年の『犯罪白書』より作成

判請求されている。略式命令請求数は大きく減少し、23％程度を占めるにすぎない。不起訴のうち、最も多いのは起訴猶予であり、事件数が減少する中でも起訴猶予件数はさほど減っていない。起訴猶予となる比率は一貫して上昇傾向にあり、現在は実に56％程度の事件が起訴猶予となっている。その他の不起訴のうち大きいのは嫌疑不十分であり、不起訴全体の20％程度を占めている。その他不起訴理由には、親告罪での告訴取消し、時効完成、嫌疑なし、罪とならず、心神喪失などがある。

　検察官は証拠関係に照らして有罪を確信する場合にのみ、起訴を行っている。そのことが無罪率が驚異的に低いことの主たる要因だと考えられる。判例は、起訴は合理的な判断過程により有罪と認められる嫌疑があれば足りるとしており（最判昭53・10・20民集32巻7号1367頁）、起訴に有罪の確信を必要としていない。検察官が自主的に起訴基準を引き上げて、有罪と確信できなければ、嫌疑不十分で不起訴としていることになる。

　無罪判決が少ないことは、起訴に伴う不利益を回避できるため、一見好ましいことのように思える。起訴を有罪と同視する国民感覚にも合致するといわれる。しかし、起訴のために確実な嫌疑を要求することは、捜査、とりわけ取調べを糾問化し、公判を形骸化することにつながると批判されてきた。それは、無罪判決を許した検察官にマイナスの評価を与え、それを防止するために検察官の有罪獲得に固執する姿勢を招く。社会的関心事に対して公の

場で判断がされる機会を失わせることにもつながる。確かに現状を前提に、起訴基準を下げると、身体拘束が継続するなど被疑者被告人の負担が増加してしまう。しかし、起訴基準が下がれば、無罪推定が徹底して、安易な身体拘束も避けられるようになる可能性もある。さらに起訴以前に逮捕時点から社会的に有罪視される傾向があり、嫌疑不十分で不起訴となっても有罪視を防ぐことはできないという問題もある。反対に、無罪判決が珍しくなくなれば、国民の間でも無罪推定の感覚が広がっていくことも期待できる。

3 起訴猶予

(1) 現行制度の概要

検察官は、起訴基準をクリアしているにもかかわらず、訴追の必要がないと判断される場合に起訴を差し控えることができるとする起訴便宜主義を採用している（刑訴248条）。これが、検察段階でのダイバージョンとしての起訴猶予である。明治時代から、国費負担軽減を理由に事実上実施され始め、旧刑訴法において明文の規定となった。起訴猶予率は上昇し6割を超えるまでになり、更生保護団体による保護観察措置も取られるようになった。現行刑訴法は、起訴猶予の考慮要素として「犯罪の軽重」を付け加えた。

起訴猶予は、①被疑者に関する事項（性格、年齢、境遇）、②犯罪自体に関する事項（軽重、情状）、③犯罪後の情況に関する事情を総合考慮して、刑を科さなくても法秩序維持に支障がなく、犯罪者の社会復帰に好都合であることを個別に判断して行われる。微罪処分と異なり、罪種に限定がない。少年事件に適用がないのは、微罪処分と同様である。

起訴猶予率の高い罪名は、過失運転致死傷・横領・暴行・傷害・窃盗など類型的に軽微な犯罪であるが、殺人・強盗・強姦（強制性交等）など、類型的には重大な犯罪も起訴猶予になっている。これらは統計上未遂を含んで計上されているため、個別的にはなお軽微な事案が多いと推測されるが、傷害致死や強盗致死についてもごく少数であるが起訴猶予になる事案が確認できる。

(2) 運用上の課題

　起訴猶予は、微罪処分に比して特別予防的側面が強いといわれる。確かに、起訴猶予には、不必要な前科者との烙印づけや起訴に伴う不利益を回避する効果がある。また起訴猶予には一事不再理の効果がないため（最判昭32・5・24刑集11巻5号1540頁）、起訴猶予後に再犯をすれば猶予された罪が起訴される可能性が残ることで、行状を慎ませる効果も認められるともいわれるが、実際には起訴猶予は検察官の終局事件処理である不起訴の一種と観念されている。起訴猶予になった罪が起訴されることは、重大な新証拠が発見されたような場合でない限り、まずないと思われる。もちろん、起訴猶予歴がある場合、再犯時に起訴されやすくなる効果は認められる。ただし、以上の効果は、多かれ少なかれ微罪処分にも妥当するものであろう。起訴猶予に特別予防的側面が強いと言われるのは、犯罪自体が軽微で起訴猶予相当な場合だけでなく、犯罪自体を取り上げると起訴相当であるが、被疑者本人の反省の深まり等から、再犯のおそれが低いとされた場合にも、起訴を見送る運用がされているからである。もちろん、一定以上の重大犯罪については、反省の有無にかかわらず、起訴される。

　しかしながら、この再犯のおそれの判断は科学的な知見に基づいた厳密なものではない。古い研究ではあるが、1964年の主要刑法犯起訴猶予者の2年ないし3年後の再犯率は、2割程度であるとするものがある[2]。また反省の深まりの評価は不明確であり、恣意的な判断を招きやすい。反省を求めるあまり、必要以上の取調べや身体拘束がなされ、表面的な反省を誘発するおそれもある。黙秘を続けていると、犯罪自体は軽微でも起訴猶予にならないことがあり、権利であるはずの黙秘が抑制されてしまう、といった弊害も認められる。前述のように、起訴猶予率は5割を超え、極めて多くの事件が対象になっているが、このように起訴猶予で事件を処理するのが不適切な事例が混入しているおそれがあり、現在の運用では起訴猶予が相応しい事案をうまく選別できないという問題がある。

　この問題を解決するためには、起訴猶予の対象を、①実質的に見て犯罪自

---

[2] 井手昭正・佐藤寧子「起訴猶予処分に付された者の成行に関する研究」法務総合研究所研究部紀要10輯（1968年）1頁。

体が軽微な場合と、②被害弁償や示談の成立などで、処罰によらなくても当該犯罪で生じた法秩序の乱れを解決できる場合に限り、③再犯のおそれが問題となる事案の処分は、起訴した後に科学的な知見を踏まえて決めることが考えられる。

4　入口支援と起訴猶予に伴う再犯防止措置

　後述するように、現在の公判の運用では、特別予防を重視して処分を決定することには限界がある。そこで、現在注目されているのが、起訴猶予時に一定の再犯防止措置を付加する試みである。元々は、知的障害者や高齢者で軽微な犯罪を繰り返す人たちは、起訴して受刑生活を送らせても再犯防止が見込まれないため、むしろ起訴猶予にして福祉につなごうという「入口支援」として始まったものである。不起訴が見込まれる被疑者について、検察庁に雇用されている社会福祉士が受入先を探したり、あるいは更生緊急保護の制度を用いて更生保護施設に入居させたのちに福祉につなぐ試みなどがされている。不起訴とした被疑者を放置せず、必要な支援を行うことは、基本的には好ましいと評価できよう。ただし、純粋な支援であるため、被疑者が支援を拒絶し出奔したとしても、阻む手段がない。

　そこで一部の地検では、被疑者の同意をとり遵守事項を定めた上で処分保留で釈放し、履行状況が順調であれば起訴猶予処分とする運用もなされている。法制審議会少年法・刑事法（少年年齢・犯罪者処遇関係）部会では、この試みを公式の制度にすることが、検討された。念頭に置かれている対象者も、福祉的支援を要する被疑者だけでなく、軽微な児童虐待や DV などを反復し、カウンセリングを受講させた方がよいと思われる被疑者にまで拡大し、もはや福祉を内容とする入口支援の枠をはみ出すに至っている。部会の議論では、制度化は当面見送りとされたが、断念されたわけではない。

　これに対しては、①有罪が確定することなく、罪を犯したことを前提とする処遇を受けていることになり、無罪推定に反するのではないか、②被疑者の同意を得ているが同意しなければ起訴される可能性があるため、同意しないことは難しく、任意の同意とは言えないのではないか、③本人の意思を尊重して行われるはずの福祉に、強制の契機が持ち込まれ、福祉が変質してし

まう、④検察官が裁判官に類似する役割を果たすことになり、当事者主義の枠組みに沿わないだけでなく、検察官の権限がさらに強まり、刑事司法の権限の均衡が崩れる、⑤検察官の訴追権限は、処分保留釈放後の処遇を行う権限を含まないため、起訴するために必要な範囲を超えて捜査を継続していることになってしまう、⑥従来起訴猶予相当であった事案にこの措置が用いられ、遵守事項違反があった場合に起訴することになれば、公判での特別予防重視には限界があるというこの措置の前提からは、単に対象事件を厳罰化することになってしまう、といった問題がある。

　最後の問題を解決するには、結局、公判で採り得る手段をより特別予防を重視したものにする必要がある。そうであれば、理論上・実際上抱えている問題が大きい起訴猶予による対応ではなく、起訴後の対応に委ねるべきではないだろうか。

5　検察審査会

(1)　制度の概要と運用状況

　検察審査会とは、公訴権の実行に関し民意を反映せしめてその適正を図ることを目的とした制度であり（検審1条）、全国の地裁管轄区域に最低一つ以上設置されている。主に、検察官の不起訴処分の当否を審査するチェック機関であり、戦後、アメリカの大陪審の制度を参考にして作られたものである。抽選で選ばれた市民の代表が検察官の不起訴処分をコントロールすることが期待されており、裁判員制度と並ぶ司法手続への貴重な市民参加の場である。

　検察審査会は、選挙権者からくじで選ばれた11名の検察審査員により構成され、検査官の不起訴処分の当否を審査するとともに、検察事務の改善について建議勧告を行う（同2条1項）。審査を申し立てることができるのは、不起訴事件の告訴人、告発人、請求人、犯罪被害者とその遺族である（同2条2項）。そのため、被害者遺族がいない事件では、告訴告発がなされていないと、審査される可能性がないことになる。審査会は、全員出席の上で対象事件について審査を行い、起訴相当・不起訴不当・不起訴相当の3種類の議決を行う。議決は原則として過半数で行われるが、起訴相当議決は8人以

上の多数を要する（同27条、39条の5）。起訴相当・不起訴不当議決がされた場合、検察官は議決書を参考にして、公訴を提起すべきか否かを検討する。

1949年の制度開始以降、約10％の対象者に起訴相当・不起訴不当の議決が出されており、そのうち9％ほどが検察官により起訴され、うち9割ほどが有罪となっている。

2004年の法改正では、起訴相当議決後に検察官が再度不起訴処分とした事件および3ヶ月以内に処分を通知しない場合について、検察審査会が再度処分の当否を審査し、再び8人以上の多数をもって起訴すべきとの結論を出した場合、起訴を強制する効果を有することとなった（起訴議決、同41条の2以下）。この場合、審査を慎重に行うため、必ず弁護士の中から審査補助員を委嘱し、法律に関する専門的な知見をも踏まえつつ、審査を行わなければならず、また、検察官に予め審査会に出席して意見を述べる機会を与える必要がある。強制起訴されると、裁判所から指定された弁護士が検察官役を担う。

改正法は2009年に施行されたが、施行後、明石歩道橋事件、JR尼崎駅脱線事故事件、陸山会事件（政治資金規正法違反）、福島原発爆発事件など著名事件を含む複数の事件が強制起訴の対象となった。2016年までに、24人が検察審査会の再審査対象となりうち14人に起訴議決が出されている。その後、裁判が確定した7人中有罪は2人と、かなり無罪率が高くなっている。

(2) 制度の課題

起訴強制制度には、検察官の起訴独占主義の修正、部分的な公衆訴追主義の導入という重要な意味がある。制度開始当初は、検察審査会の積極的な起訴方針が、検察官の起訴基準を変化させ、無罪率が一般的に上昇するのではないかとの予測もされたが、現在までそのような事態は確認されておらず、起訴基準は二元化した状態にある。強制起訴事件で無罪率が高い現状については、一方で、市民の素朴な正義観念を背景とした刑罰権強化により、被疑者被告人の負担を増加させる制度であるという否定的な評価もされている。しかし、公開の法廷での審理の結果、無罪となっても、検察官の不起訴判断の適正さや、処罰できない理由を社会的に確認することには、なお一定の意

味がある。強制起訴事件についての判決が積み重なれば、検察審査会の審査もそれを踏まえたものになっていくことも予想される。反対に、強制起訴事件が有罪となれば、長期的に検察官の起訴基準に影響を与える可能性はなお残されている。

検察審査会制度の課題としては、①嫌疑不十分を理由とする不起訴事件には、上述のような意味があるが、高度の政策的判断である起訴猶予を理由とする不起訴事件について、その当否が市民感覚による判断に馴染むのか、②不当起訴をコントロールする手段として、公訴権濫用論が事実上機能していない現在、起訴事件についても、被告人からの申立てを受けて、その当否を検察審査会が審査すべきではないか、というものがある。①については、権力者への迎合など不当な考慮から起訴猶予が選択されることがある以上、対象事件から外すことはできないと思われるが、公判審理の結果、起訴猶予相当であったと判断された場合の救済手段に欠ける点が問題である。②については、検察審査会制度の改革は裁判員制度とともに公判中心主義を実現することを意図していたのであるから、起訴事件を検察審査会で審査する必要はないとの意見がある。しかしこの制度は、訴追裁量をコントロールする必要性があるとの問題意識から生まれたものであるという元々の出自からすれば、起訴事件を対象とすることはなお検討の余地があるように思われる。

第5節　裁判所における対応

1　刑事裁判の役割

刑事裁判は、起訴された被告人が有罪であるか否か、有罪である場合、どういった刑を科すかを決定する役割を担っている。日本の刑事裁判は、適正手続を重視する立場から、戦後の刑訴法全面改正において、当事者主義を採用した。裁判官は、起訴状一本主義の下、予断のない状態で公判に臨み、検察官と被告人の主張立証を見比べて、公正な第三者の立場から判断を下すことになっている。

しかし、近時の刑事司法改革は、重大事件に裁判員制度を導入するとともに、裁判員の負担に配慮して連日的開廷を実現させるという目的もあって、公判前整理手続を導入した。公判前整理手続では両当事者が主張と立証の予定を示し、類型的な証拠開示と被告人の主張に関連する証拠開示が行われることで、争点の絞り込みが行われる。その過程で、場合によっては、裁判官は証拠の内容に触れてしまうこともある。これはあくまでも、争点整理のためであり心証を形成するわけではないから、予断排除の原則には抵触しない、とされる。この説明が予断排除の原則と整合的かには争いがあるが、はっきりしているのは、裁判官は文字どおりの白紙状態で裁判に臨むわけではなくなったということである。そして、裁判員裁判は短期集中型で行われるため、公判前整理手続で主張しなかった争点は、原則として取り上げてもらえない。また、裁判員の負担を軽減する観点から、重複証拠が制限される場合もある。このように、裁判員裁判において、裁判官は、適正な審理を行って、被告人の納得を得るという従来からの役割に加えて、裁判員への配慮という役割をも担う。被害者参加が行われると、被害者参加人への配慮という役割も付け加わる。こうした刑事裁判のアクターの増加が、適正手続を掘り崩すことがないように、常に警戒しなければならない。

2 裁判の公開と犯罪報道

(1) 裁判の公開

　刑事裁判を含む裁判は、公開されており、不特定かつ相当数の者が自由に傍聴できる状態に置かれている。裁判の公開は、憲法82条1項で制度として保障されているが、刑事裁判については、それに重ねて、憲法37条1項において、被告人の公開裁判を受ける権利としても保障されている。これは、明治憲法が、安寧秩序を害するおそれがある場合について対審の公開を停止する規定を有していたため、戦前の政治的事件が非公開で裁かれたことの反省の上に設けられた規定である。

　裁判公開の趣旨について、最高裁は、「裁判を一般に公開して裁判が公正に行われることを制度として保障し、ひいては裁判に対する国民の信頼を確保しようとすることにある。…裁判の公開が制度として保障されていること

に伴い、各人は、裁判を傍聴することができることとなるが、右規定は、各人が裁判所に対して傍聴することを権利として要求できることまでを認めたものでないことはもとより、傍聴人に対して法廷においてメモを取ることを権利として保障しているものではないことも、いうまでもないところである。」と述べつつ、「傍聴人のメモを取る行為が公正かつ円滑な訴訟の運営を妨げるに至ることは、通常はあり得ないのであって特段の事情のない限り、これを傍聴人の自由に任せるべき」としている（最大判平1・3・8民集43巻2号89頁）。通説もまた、公開は裁判の公正を国民の直接監視により保障しようとしたものであり、具体的には、①公正さの外観を維持することで司法の権威を確保すること、②国民に裁判を公開することで、国民が司法のチェックを行い、そのことで司法への信頼を得ること、③内容的に公正な裁判を行い、真実を発見することが目指されているとする。そこから、被告人は裁判公開を求める権利を放棄することはできないという帰結が導かれる。

これに対しては、裁判公開は国民の知る権利に由来し、憲法21条の表現の事由が実質的に機能するための前提である、との学説も存在する。しかしながら、この立場を前提とすれば、傍聴人が個々の裁判の内容を逐一理解できるような審理を行わなければ、公開の要請を満たさないことになると思われる。

ところが、不正競争防止法は営業秘密の内容が法廷で明らかにならないようにする秘匿決定の制度を設けているし（23条以下）、刑訴法は証人保護のため尋問の際の傍聴人との間の遮へい措置やビデオリンク方式の証人尋問や（157条の5、157条の6）、被害者特定事項や証人特定事項について、公開の法廷で明らかにしない決定をする制度を設けている（290条の2、290条の3、291条2項3項、295条3項4項、305条3項4項）。さらに少年事件や性犯罪の事件など、高度なプライバシー情報が問題となる場合、書証について朗読を簡略化して、傍聴人には了知させない審理がされたり、少年被告人と傍聴人との間に遮へい措置が行われたりしている。こうした制度や運用を是とするのであれば、裁判公開を知る権利から根拠づけるのは難しいように思われる。

それに対して、知る権利から公開を根拠づけるからこそ、プライバシーな

ど他の権利と衝突する場合に公開を制限することが可能になる、との主張も
あり得るところである。しかし、そうなると、被告人は一般的に、プライバ
シーの権利を侵害され、さらに社会復帰の利益も損なわれる、さらには傍聴
人を気にして防御権行使が萎縮するともいえることから、裁判公開という原
則自体が危うくなりかねない。裁判公開は、不適正な裁判を防止するための
制度的保障と位置づけた上で、個別に弊害が強い場合は、裁判公開がかえっ
て国民の信頼を害するおそれが生じてくるため、公開を制限できる、という
制度を目指すべきではないかと思われる。

(2) 裁判・事件の報道

　このように、裁判公開は刑事政策との関係で微妙な問題をはらむが、それ
がより先鋭化するのが、間接公開と呼ばれる、法廷における写真撮影、録音、
録画である。刑訴規則は、個々の事件における裁判官の許可に委ねているが
(215条)、実務上は、カメラ取材は、裁判長が許可した場合に、開廷までの
2分間、被告人の在廷前に代表撮影の方式でのみ認める、という厳しい運用
となっている。最高裁は、公判廷における写真の撮影等は、公判廷における
審理の秩序を乱し、被告人その他訴訟関係人の正当な利益を不当に害するお
それがある、として刑訴規則の規制を合憲としている（最大決昭33・2・17
刑集12巻2号253頁）。

　直接公開を知る権利により根拠づける立場からは、法廷の管理・秩序維持
に支障がない限り、カメラ取材も認めるべきことになると思われる。ただし、
被告人等のプライバシーの侵害はより深刻になるため、それとの比較衡量を
どのように行うかにより、間接公開の可否は左右されると思われる。

　それに対して裁判公開は制度的保障であるとの立場からは、必ずしも間接
公開までは要請されないことになる。知る権利の充足の観点からは、直接公
開に基づく情報の報道でも十分であると思われるからである。間接公開は、
必ずしも事実面で情報を付け加えない。とりわけ映像や音声の放送が行われ
ると、視聴者に訴求するため、裁判が劇場化するおそれがある。こうした情
報の提供には、視聴者の感情を掻き立てて、裁判内容を理性的に理解し判断
することを妨げる効果があるように思われる。裁判の運営だけでなく、被告

180

人の防御権行使や社会復帰にも悪影響が及びかねない。刑事政策の観点から
は、間接公開については一層慎重に対応すべきだと思われる。

　間接公開の問題は、犯罪報道一般の問題にもつながる。現在は、容疑者呼
称が付される、手錠をかけられた様子の報道は避けるなど、捜査段階でのあ
からさまな犯人視報道は避けられるようになったものの、被疑者が逮捕され
ると実名報道に切り替えられる。また被疑者被告人への人格的非難を内容と
する報道も多くなされている。裁判報道と異なり、事件報道は直接的に知る
権利の問題であるが、刑法230条の2第2項が、公訴提起前の犯罪事実に公
共性を擬制していることからも、被疑者被告人や被害者を含む関係者のプラ
イバシーは制限されると考えられている。これについては従来から、犯罪報
道に関係者の実名は不要ではないか、実名報道は社会復帰に有害である、と
いった議論がなされてきた[3]。その問題とは別に、犯罪報道の公共性の内容
として想定されている、事件から再犯防止に向けた教訓を各人が引き出すと
いった利益にとっては、扇情的な事件報道はかえって有害ではないかという
問題が存在する。また、実名報道により社会的制裁を加えることを正面から
認める主張もあるが、こうした私的制裁は法治国家では許容しがたいことは
言うまでもない。理性的な議論を積み重ねる上で有益な報道のあり方につい
て、検討を深めていく必要がある。

3　自白事件の簡易・迅速な処理

(1) 現行制度とその運用

　自白事件を簡易・迅速に処理するため制度としては、略式手続、簡易公判
手続、即決裁判手続が設けられているが、簡易公判手続はほとんど用いられ
ていない。

　略式手続は、簡易裁判所が、検察官の請求により公判前に略式命令にて、
100万円以下の罰金または科料を言い渡す手続である（刑訴461条以下）。公

---

(3) EUで確立している忘れられる権利が、日本でも承認されると、実名報道の弊害は緩和される可
能性がある。しかし、日本の最高裁は、実名報道がなされても、長期間が経過すると前科情報はプ
ライバシー情報として保護される場合があり得るとしつつ（最判平6・2・8民集48巻2号149頁）、
数年間が経過した程度では、検索事業者による検索結果の提供は違法とはいえない、とした（最決
平29・1・31民集71巻1号63頁）。

判は開かれず、非公開の書面審理で判断される。検察官は、被疑者に異議が
ないことを確認してから、公訴提起と同時に略式命令を請求する。請求を受
けた簡裁は、14日以内に命令を出す。略式命令を受けた者と検察官は告知
を受けてから14日以内に正式裁判の請求が可能である。

　略式手続で処理される事件数は、交通反則金制度の適用拡大に伴い、減少
傾向にあるが、それでもなお公訴提起の75％前後を占めており、第一審の
罰金・科料の99％は略式命令で言い渡されている。

　最高裁は、略式命令は公判前手続にすぎず、不服があれば、憲法上の権利
が保障された正式裁判を請求できることを理由に、憲法違反ではない、とす
る（最大判昭24・7・13刑集3巻8号1290頁）。しかし、罰金刑で済む誘惑は、
とりわけ身体拘束をされている被疑者にとっては大きなものであり、本当は
無実であるにもかかわらず、略式請求に同意してしまう場合もあると思われ
る。

　即決裁判手続は、2004年に裁判員制度と同時に設けられた簡易手続であ
る（同350条の16以下）。検察官は、事案が明白かつ軽微であり、証拠調べ
が速やかに終わると見込まれること等を考慮して、被疑者の同意を得て、公
訴提起と同時に即決裁判手続の申立てを行う。被疑者の弁護人が異議を述べ
ると、申立てはできない。申立てを受けた裁判所は、被告人に弁護人がいな
ければ、できる限り速やかに職権で弁護人を付すとともに、できる限り速や
かに公判期日を指定する。公判では、被告人が有罪の陳述をし、被告人・弁
護人が即決裁判手続への同意を撤回しない限り、簡易な方法による証拠調べ
を行い、できる限り即日判決を言い渡す。判決で懲役・禁錮を言い渡す場合
は、必ず全部の執行を猶予しなければならない。即決裁判手続での判決には、
事実誤認を理由とする上訴が制限される。最高裁は、即決裁判手続は、被告
人の自由意思による選択に基づき、弁護権も保障されていることから、執行
猶予の言渡しが必要的であっても、安易な虚偽自白を誘発することはない、
とした（最判平21・7・14刑集63巻6号623頁）。

　ところが、即決裁判手続の運用は極めて低調で、通常第一審の1％前後し
か適用されていない。その大きな要因は、被告人が、判決までいつでも同意
を撤回でき、通常の公判手続に移行する可能性があるため、検察官としては

通常公判でも耐えられるだけの証拠を確保するための裏づけ捜査を省略できないことにある、とされた。すなわち、通常公判の場合と同様の捜査が必要である以上、あえて即決裁判手続を選ぶ必要もない、というわけである。

そこで、2016 年刑訴法改正において、被告人が否認に転じ、即決裁判手続の申立てが却下・取消しになり、それ以降に証拠調べが行われることなく公訴が取り消された場合、再度の起訴を重要な新証拠が新たに発見された場合に制限する規定（同 340 条）を適用しないこととされた（同 350 条の 26）。再度被疑者の状態に戻して捜査をやり直す余地を認めることで、検察官が、念のための裏づけ捜査を行うことなしに即決裁判手続を申し立てることで、捜査の省力化が実現することが狙いである。

仮に、この規定が効果を発揮するとすれば、全部執行猶予を得たい被疑者だけでなく、検察官にとっても即決裁判手続を活用するインセンティブが生まれることになり、事実上の司法取引が促進されることになると思われる。そうなった場合に、なお最高裁の論理が通用するかが問題であろう。

(2) 今後の課題

簡易・迅速な処理をより徹底する場合、英米法のように、被告人が有罪を答弁すれば、事実認定の審理を省略して直ちに量刑審理に進むアレインメント制度を導入することが考えられる。日本では、刑訴法 319 条 3 項が、有罪を自認した場合でも有罪とするには補強証拠が必要である、としていて、この制度の採用を否定しているが、立法論として、採用が提言されている。導入積極説は、司法を合理化・効率化し、限られた資源を真に争わなければならない事件に集中して投下すべき、とするものと、被告人の自己決定を尊重し、事件を処理する権限を認めることが被告人の利益にかなう、とするものがある。他方で、消極説は、裁判所が証拠に基づく事実認定を行わないのは実体的真実主義に反するというものと、現状の人質司法を前提とすれば、身体拘束からの解放を得るために有罪答弁が事実上強いられ、冤罪が発生する、というものがある。客観的な司法の利益を重視する立場からも、被告人の利益を重視する立場からも賛否両論が主張されているところに、問題の複雑さがある。

第5講　刑事司法過程論　**183**

　そうしたところ、法制審議会新時代の刑事司法特別部会では、この制度は、実体的真実主義とはなじみにくく、現状では国民の理解を得るのは難しいため、採用にはなお慎重な検討を要する、として、採用が見送られた。しかし、手続の簡易化をどこまで進めるべきかは、処理事件数にも左右されるため、今後とも、あるべき手続を検討し続ける必要がある。

4　司法取引

(1)　司法取引の概念と現行法

　司法取引とは、捜査公判段階を通じて、被疑者被告人が有罪を自認したり、捜査公判に協力したりすることと引換えに、検察官が被疑事実の不起訴、軽い罪での訴追、軽い求刑等を行うことをいう。自己の犯罪についての取引を自己負罪型、他人の犯罪についての取引を捜査公判協力型という。

　司法取引が極めて積極的に活用されているアメリカでは、煩雑で予測可能性の低い陪審裁判を回避しつつ膨大な事件を効率的に処理することに主眼が置かれ、自己負罪型の取引を有罪答弁の制度と組み合わせた答弁取引（plea bargaining）が広く行われている。法域により異なるものの、7割から9割の事件が答弁取引で処理されている、とされる。被疑者に取引に応じるインセンティブを設けるために、取引を拒否した場合の量刑は有罪答弁後のものに比べて数倍重いものになっている。それとも関連して、無実の者が司法取引に応じてしまう冤罪事件も多いとされる。

　これに対して日本では、従来、公式の制度としての司法取引は認められていなかったが、捜査段階で暗黙のうちに取引が行われることはあったと言われている。日本では、寛大な処分だけでなく身体拘束からの解放が取引材料になることがあるとされる点に特色がある。

　そうしたところ、2016年刑訴法改正は、取調べの録音録画の導入に伴う供述証拠獲得の困難化を踏まえた新たな供述確保の方法として、協議・合意制度を導入した（350条の2以下）。自己負罪型については、被疑者の「ごね得」を招き、結果として被疑者に大きく譲歩せざるを得なくなり、事案の解明や真犯人の適正な処罰を困難にするとの意見が強かったことから、導入が見送られ、捜査公判協力型のみが導入された。

対象事件は、生命・身体犯や裁判員制度対象事件を除外し、文書偽造、贈収賄、詐欺、恐喝、マネーロンダリング、脱税、独禁法違反、薬物犯、麻薬特例法違反、銃刀法、武器等製造法、外国公務員贈賄などの経済財政事件および組織犯罪事件に限定されている。検察官は協力対象事件と協力者の事件の「関連性の程度」を考慮しなければならない（同350条の2）。しばしばスパイである未決拘禁時の同房者という協力対象事件とまったく無関係な者が密告する、というアメリカで冤罪原因となっている事態は一応回避される、と考えられる。協力内容は、対象事件についての捜査官への供述、法廷での証言、証拠収集への協力である一方、見返りは、協力者の事件の起訴猶予、公訴取消し、軽い罪名での起訴、軽い刑の求刑であり、身体拘束からの解放は含まれていない。協議には弁護人が必要的に関与し、合意にも弁護人の同意が必要となる。合意内容は必ず書面化され、協力対象事件・協力者の事件の法廷に提出される。供述・証言の真実性を担保するために、合意に反して虚偽の陳述や証拠偽造を行った場合は犯罪となる。

(2) 協議・合意制度の問題点

協議・合意制度の最大の問題は、組織内部の犯罪に関与していない人物を引っ張り込む危険が存在している点である。供述の信用性は慎重に吟味されるし、確実な裏づけ証拠なしに対象事件を訴追することはない、とされるが、確実な歯止めとは言い難い。虚偽供述の処罰はかえって、当初供述への固執を誘発するともいえるし、弁護人は供述内容の真実性を保証できる立場にはない。

また取引を公式の制度とすることにより、取引内容が可視化される意義があるともいわれるが、制度上認められていない身体拘束からの解放を条件としたり、自己負罪型の取引が隠れて行われたりすることを阻止することは困難であろう。

さらに捜査公判協力型取引自体に内在する問題として、公正さの問題がある。犯罪関与者のうち、他者が関与していることの情報を有している、典型的には組織の上位者は軽い処分を得られるが、情報を有していない末端の関与者はそれを得られないことになる。この点については、検察官の健全な訴

追裁量に委ねられており、不公正な取引には検察官が応じないだろうと言われていたが、制度導入後の第1号事件では、従業員の不正行為を把握した企業が自主的に協力を申し出て、法人としての訴追を免れており、会社のために不正を行った従業員だけが処罰されるのは不公正ではないか、との疑問も生じている。関連して、このように企業法務主導で取引がされると、引っ張り込みがあった場合の発見が極めて難しくなる、という問題もある。

　また、対等な共犯者同士でも、先に協力を申し出ると処分が軽くなる。この点についても公正でないとの意見はあり得るところであるが、協議・合意制度がなければどちらの処罰も実現できないとすれば、一部の関与者であっても適正な処罰が実現する方がより公正であるともいえると反論されている。この点は公正さの感覚の問題ともいえるが、それ以前に、現実には、協議・合意制度がなければ処罰できない事件かどうかの見極めが困難である、という問題もある。

　そして、協力者は典型的には自らの処分を軽くするという打算的な動機で供述を行うが、こうした必ずしも悔悟を伴わない自白を根拠に処分を軽くしてよいかという問題がある。この点は量刑理論の問題とも重なり、伝統的には否定説が有力であったが、犯した犯罪の重大性の評価や特別予防の必要性評価に関わらない政策的理由からでも刑を軽くすることは可能である、との見解が次第に有力化している（⇒6刑の量定）。しかしその立場を前提としても、当該協力により、それがなければ適正に処罰できなかった犯人の処罰を確保できた、といえて初めて減軽が正当化されるように思われる。

　なお制度の帰趨を見守る必要がある。

5　裁判員制度

(1)　制度の概要

　裁判員制度は、法定刑に死刑・無期刑が含まれる事件、故意の犯罪で人を死亡させた事件について、20歳以上の有権者から無作為に選ばれた6人の裁判員が3人の裁判官とともに合議体を形成し、共働して、有罪・無罪の事実認定と刑の量定を行う制度である（裁判員2条以下）。2009年から開始されている。

裁判員制度の目的について、『司法制度改革審議会最終報告書』（2001年）は、「以前より判決に国民の『健全な常識』を反映させることで、公的理解と司法への支持を増進し、公衆の強い基礎の上で司法制度を確立するためである」、としていた。裁判員法1条を見ると、「司法に対する国民の理解の増進とその信頼の向上に資する」とされており、あたかも、司法のあり方には問題がなく、単に国民の理解不足を解消するための広報手段として採用されたようにも見えるが、決してそうではなく、これまで国民の「健全な常識」から乖離していると批判され続けながら、司法はその問題を克服できなかったため、国民の参加を求めざるを得ない点に主眼があったとみるべきであろう。そうでなければ、裁判員候補者による裁判員逃れに対して過料の罰則を設けてまで（同110条以下）、国民に参加を義務づけることは正当化できないであろう。最高裁は、裁判員制度は国民主権の理念に沿って司法の国民的基盤の強化を図るものであることを根拠に、裁判員の職務は「苦役」に当たらない、とする（最大判平23・11・16刑集65巻8号1285頁）が、その意味は以上のように理解すべきであろう。

(2) 制度の課題

しかし問題は、いかなる領域で裁判員の「健全な社会常識」を発揮させるべきか、である。通常第一審での無罪率は、0.2％、否認事件を母数にしても2％程度であるが、裁判員裁判での無罪率は3％、否認事件を母数とすると6％台となっている（2017年）。直接主義・口頭主義が徹底され、公判中心主義が実現した結果、事実認定が活性化していると認められる。これは基本的には、好ましい傾向といえると思われる。

それに対して、量刑判断においては、訴追時期等の関係で同時並行的に行われていた裁判官だけの裁判との比較において、致死事件や性犯罪での量刑がやや重くなる一方で、対象事件での執行猶予判決の比率が、裁判官裁判13.0％に対して裁判員裁判16.2％、執行猶予判決に保護観察が付される比率も裁判官裁判35.8％に対して裁判員裁判54.2％と、増加している。これについては、市民感覚が反映した結果であるとの評価もあり得るし、裁判官が抑制しているため市民感覚が不十分にしか反映していない、との評価もあり得

るところである。しかし逆に、この程度の変動であれば、市民参加が不可欠だったとは言い難く、また理解の増進と信頼の向上に資するともいえないとして、量刑判断を裁判員の判断対象とすること自体に否定的な評価もあり得る。

裁判員経験者へのアンケートからは、選任前は、職務従事に消極的だった層が、減少傾向にあるものの、依然として5割程度を占めているにもかかわらず、職務に従事したことを肯定的に評価する感想が9割以上を占めており、この制度は高い評価を受けている。しかし、世論調査によれば、51％が裁判員制度に意義を認めつつ、裁判員として参加したいとの回答は15％にとどまる。そのためか、裁判員候補者の選任期日以前の辞退率は年々増加し6割を超えている一方で、選任期日の無断欠席率も年々増加し4割弱にまで達している。制度の担い手が、次第に、国民全体からこの制度に意義を見出す一部の国民に変わりつつある[4]。ただし、参加意欲の低い層に無理に参加を求めていないからこそ、裁判員は職務に熱心に取り組み、制度が高い評価を受けているという側面もあると思われる。

今後の課題としては、重要なのは、裁判員の守秘義務の緩和である。現行法では、評議の内容は包括的に守秘義務の対象とされ、職務終了後においても、漏示すると処罰される（同108条）。この規定は、裁判員経験者が貴重な経験を他の市民に伝えていくことを阻害していると思われる。守秘義務の緩和が、刑事司法や犯罪対応は、お上に任せておけばよい事柄ではなく、国民一人一人がそのあり方に責任を負っている問題である、との考え方の普及につながることが期待される。

6 刑の量定

(1) 制度の概要

刑事裁判で被告人が有罪判決を受ける場合には、刑の量定が行われる。量刑は、①有罪となった犯罪の法定刑を出発点とし、②加重事由（累犯加重、併合罪加重）や減軽事由（未遂、幇助、過剰防衛、心神耗弱、自首などと酌量減

---

[4] しかし、最高裁判所事務総局『裁判員制度10年の総括報告書』（2019年）4頁は、「現実に選任された裁判員の構成は概ね『国民の縮図』になっている」と楽観的である。

軽）が存在する場合は、刑法68条以下に従って、法定刑を修正して処断刑を形成し、③処断刑の範囲内で宣告刑を言い渡すことにより、行われる。しかし、日本の刑法が規定する法定刑は一般に幅が広いため、量刑判断においては裁判官の裁量に委ねられている範囲が非常に広いことになる。最高裁は、「刑の量定は、事実審裁判所において、犯人の性格、年齢及び境遇並びに犯罪の情状及び犯罪後の情況を考察し、特に犯人の経歴、習慣その他の事項をも参酌して適当に決定するところに委かされている」（最判昭25・5・4刑集4巻5号756頁）と述べている。

(2) 量刑基準論

　理論上、量刑基準については、責任と予防の関係をめぐって議論されてきた。通説は、刑事責任の重さに対応する刑罰は一定の幅を形成し、その内部で一般予防、特別予防の必要性を勘案して、宣告刑を決定するという幅の理論を採用している。この見解は、予防的考慮により刑を上下させる範囲に制約を設けることで、量刑が不安定になることを防ぐ狙いがある。量刑は結局刑事責任の重さに応じてなされることになり、刑罰論としての相対的応報刑論に対応している。これに対して、無目的に応報を追求することは刑事政策の一部を担う量刑のあり方として妥当でないと考えると、量刑は犯罪予防の必要性に応じて行う目的刑論を採用することになる。ただし、責任主義の要請は遵守しなければならないため、刑事責任は刑の上限を画し（点の理論）、その範囲で予防的考慮を行って宣告刑を確定することになる。この見解では、刑の個別化が重視され、特別予防の必要性から刑事責任に対応するよりも軽い刑を言い渡すことが可能になる。

　現在、刑事責任論として、人格責任論は否定されており、刑事責任は行為責任＝罪の重さにより測られるという点に異論は見られない。また犯罪予防のうち、一般予防は考慮するとしても例外的にしか考慮されず、主として特別予防の必要性が考慮される。従って現在の実質的対立点は、罪の重さに応じた刑に社会復帰を妨げる要素があったり、より社会復帰に有益な選択肢があるといえる場合に、責任に対する応報を重視するか否かにある。拘禁は常に社会復帰に弊害をもたらすとみなすのでなければ、両説の差異は見かけほ

ど大きいものではない。特に、幅の理論において刑罰の幅を広く解するのであれば、点の理論同様に、特別予防の要請を柔軟に考慮することができる。ただし、その場合、同時に、保安的な考慮から要請される重い刑も責任の広い幅の中に収まっているとして、正当化されてしまう。この点を警戒して責任の幅を狭く解すれば、刑の個別化が妨げられる、というジレンマが幅の理論には存在する。点の理論には、こうした難点は存在しない。

なお、犯罪予防以外に、政策的要素を加味して量刑を行うことを認める立場も有力である。例えば、違法捜査が行われたことや打算的考慮から捜査公判に協力したことについて、刑を軽くする要素として考慮すべき、との立場があるが、これらの要素は罪の重さにも再犯可能性の高さにも影響しない。こうした要素を量刑で考慮することに批判的な見解もあるが、幅の理論では責任応報としての刑の性質を害さない限りで、目的刑論では当該政策目的が刑を軽くしてでも達成すべきものであるといえる限りで、考慮は妨げられないように思われる。

(3) 量刑裁量統制の手段

量刑基準論においてどのような立場を選択したとしても、量刑の場合は、依然として大きな裁量が判断者に残る。責任にしても予防にしても、そこからある犯罪に懲役何年が相当かを一義的に明らかにすることはできない。そこで実務上は、量刑の妥当性を確保するための工夫として、量刑相場が用いられてきた。同種・同程度の行為を内容とする事件に対しては、同刑量の刑罰を適用すべきとの考え方であり、幅広い法定刑・処断刑の範囲内で公平性を確保するために自然発生的に生まれてきたもので、裁判官が長年の経験により体得するものとされる。しかし、量刑相場は明文化されているわけではなく、あくまでも大雑把な目安であるにすぎない。近時、量刑相場はあくまでも参考に過ぎないということを示す意味で、量刑傾向と言い換えられることが多くなっている。

そこで量刑相場の存在に加えて、量刑の統一性に重要な役割を果たしてきたのが求刑である。求刑とは、刑訴法293条1項に規定された検察官の意見陳述のうち、論告に続いて述べられる科刑に関する意見であるが、判例上、

裁判官に対し拘束力がなく、単なる参考意見であることが確立している（最判昭24・3・17刑集3巻3号318頁）。論告の主張がすべて認められたからといって、必然的に検察官が求める刑が妥当だ、ということにはならないからであろう。そのため、求刑を上回る量刑を行っても、違法ではないことになる。しかし実際には、求刑の8割程度の量刑がなされることが多い。求刑は、検察官同一体の原則のもと、地域的な特性をも加味しつつ、全国統一的に刑事政策を推進する機関である検察が内部で有している基準に従って求めている刑であり、それに依拠すれば、裁判官の個人的な相場観が一般のものとずれているリスクを回避できるという安心感がある。また検察官の求刑をかなり下回る量刑をすると、検察官から控訴され控訴審で量刑不当で破棄されてしまうおそれが生じるという事情も、求刑から離れすぎる量刑を抑制しているとされる。なお、量刑が求刑をやや下回ることが多いのは、論告では言及されず、弁護人の弁論で主張される被告人に有利な事情を加味するからである、といわれる。

(4) 判決前調査制度の不存在

　量刑相場と求刑を目安とした量刑は、裁判官毎のばらつきを抑制することに成功してきた。事件自体に属する事情（犯情）を相場形成の目安とすることで、行為責任主義を量刑において体現することにも寄与してきた。しかしそれは同時に、被告人の個別事情を踏まえた刑の個別化が極めて不徹底であることも意味していた。そのことと関連しているのが、日本には判決前調査制度が存在していないことである。諸外国には、経験科学の専門家であるプロベーションオフィサーやソーシャルワーカーなどが被告人の個別事情を調査し、望ましい量刑に関する参考意見を裁判所に提出する制度があることが多い。この意見は典型的には、拘禁刑を選択するか社会内処遇とするかを判断する際に役立てられている。また動機や原因が分かりにくい場合の動機・原因を解明する役割を果たしている場合もある。日本でも、1958年に判決前調査制度要綱が作られ、裁判所に設置された調査官が調査を担うことが提案されたが、法務省や日弁連から当事者主義に反するとの反対が強く、制度化の動きは頓挫したままとなっている。近時は、個別事案で、必要性に応じ

て情状鑑定が実施されることも増えているが、あくまでの例外的な措置であり、量刑全体を科学的で合理的なものとすることにはつながらないし、質にばらつきが出ることも避けられない。

判決前調査をめぐっては、犯情に対応する刑を科すことを基本とする以上、被告人の個人的事情について調査しても、それが刑の軽重を左右する余地は限られていることを理由に、不要論も主張されている。しかし、実刑にするか否かが問題になる事案は確実に存在しており、そうした事案で被告人の更生可能性が高ければ社会内処遇を選択することは、合理的な刑事政策の進展に確実に資する。不要論は、量刑が刑事政策の一環であることを看過しているといわざるを得ない。むしろ、判決前調査制度を導入すれば、幅の理論を前提とした場合でも、責任に対応する刑の幅を広く観念することによって、刑の個別化が実現されていく効果が期待される。

担い手をどう設定するか、どの機関に所属させるか、調査はいつ実施するか、有罪宣告前の調査は無罪推定に反しないか、有罪宣告後に調査を実施する場合は公判手続を二分する必要がある、被告人に調査内容を争う権利を認めるか等解決すべき課題は多く存在しているものの、合理的な刑事政策を推進していくために、判決前調査制度の導入を諦めるべきではなかろう。

(5) 裁判員制度と量刑

量刑のあり方に大きな影響を及ぼしたのが、2009 年に開始された裁判員制度であった。民主的正統性を欠くため、自らの裁量権行使に謙抑的で、類似事例との公平性を重視していた職業裁判官と異なり、裁判員は民主的正統性を備えており、かつ健全な社会常識を反映させることを期待されて就任している。裁判員裁判で言い渡された量刑は、類似事例との公平性を失していたとしても、なお正当と評価され（その結果、上訴審でも是正されず）、従来よりも量刑がばらつくとともに、厳罰化が促進されるのではないかが懸念されたのである。

そこで裁判所では、裁判員裁判において量刑検索システムを導入した。これは、裁判員裁判対象事件について、実際の量刑だけでなく事案の概要のほか、動機、凶器の種類、被害の程度、共犯者関係、被告人からみた被害者の

立場等、主として犯情に関わる十数項目の量刑因子をデータとして入力し蓄積したものである。因子を選択することで、当該類型の事案の量刑分布グラフと事例一覧表が出力される。これが量刑評議の際に参考資料として活用されるとともに、検察官・弁護人にも開放され、論告や弁論で活用されることになったのである。量刑データはあくまでも参考資料としての位置づけであるが、データなしに闇雲に量刑するのではなく、データを出発点として量刑を行うことにより、裁判員裁判の量刑は、極端にばらつくことも、極端に厳罰化することもなかった（⇒5裁判員制度）。

　また従来の裁判官裁判では、求刑と同じ判決が裁判官裁判で2.0％、求刑を上回る判決が0.1％だったのに対し、裁判員裁判ではそれぞれ2.0％、1.0％と、絶対数は少ないものの目につく状況があった。そこで最高裁は、犯罪類型ごとの一定の量刑傾向は、直ちに法規範性を帯びるものではないが、量刑を決定するに当たっての目安としての意義を持っており、量刑要素が客観的に評価され、結果が公平性を損なわないためには、これまでの量刑傾向を視野に入れて判断することが重要である、とした。その上で、「量刑判断が公平性の観点からも是認できるものであるためには、従来の量刑の傾向を前提とすべきではない事情の存在について、裁判体の判断が具体的、説得的に判示されるべきである。」と述べた（最判平26・7・24刑集68巻6号925頁）。これは、裁判員裁判にあっても、量刑は裁判員の市民感覚だけで決めてよいものではない、という立場を明らかにしたものである。これにより、求刑を超えるような量刑は、事案の特性からして、公平性を害されないことを具体的、説得的に示さない限りは、上訴審で是正されることになった。裁判員の主体的判断を制約できる根拠は、行為責任主義に反することに求められることが多い。しかし民主的正統性を有しない裁判官の場合と異なり、裁判員の罪刑均衡の尺度が、従来の量刑傾向からずれていたとしても、そのこと自体を不当とはいえないであろう。結局、用いる尺度が従来の量刑傾向との関係で公平性を害さないことが求められていることになるのだと思われる。

(6) 科刑状況の実際

	総数	死刑	無期刑	有　期　刑				
				10年を超え 30年以下	5年を超え 10年以下	3年を超え 5年以下	3年以下 実刑	3年以下 猶予
1999	60,349	8	72	178	1,000	2,617	18,829	37,645
2000	66,540	14	69	269	1,164	2,990	21,270	40,764
2001	69,607	10	88	281	1,300	3,273	22,156	42,499
2002	73,431	18	98	321	1,408	3,575	22,953	45,058
2003	77,617	13	99	372	1,597	3,847	23,350	48,339
2004	78,352	14	125	423	1,836	3,843	23,631	48,480
2005	76,396	13	119	530	1,764	4,027	24,008	45,935
2006	72,451	13	99	520	1,655	3,853	23,904	42,407
2007	68,127	14	74	457	1,452	3,478	22,485	40,167
2008	65,418	5	63	411	1,331	3,351	21,509	38,748
2009	63,512	9	69	329	1,348	3,203	21,282	37,272
2010	60,649	4	46	351	1,305	2,910	20,676	35,357
2011	55,809	10	30	354	1,124	2,632	19,670	31,989
2012	54,509	3	39	306	1,038	2,800	19,021	31,302
2013	49,940	5	24	289	1,001	2,550	17,629	28,442
2014	50,130	2	23	232	929	2,435	17,165	29,344
2015	51,680	4	18	220	841	2,464	17,159	30,974
2016	50,602	3	25	212	823	2,415	17,503	30,627
2017	47,796	3	21	171	724	2,311	16,949	29,120

　表は、地方裁判所における、死刑・自由刑の科刑状況を示している[5]。言渡し総数および死刑から5年を超え10年以下の自由刑までの各項目は、2000年代中盤に最多を記録し、その後減少傾向に転じていることがわかる。近年の緩刑化傾向は比率でみるとより鮮明となり、刑が重くなるほど構成比の減少幅も大きくなっている。

7　執行猶予

(1) 刑の全部執行猶予の概要

　執行猶予とは、有罪を宣告し、刑を言い渡すものの、その執行を一定期間猶予する制度である。短期自由刑を科すことの弊害を回避するという消極的

---

[5] この他に、第一審では、簡裁において4,200件の3年以下の自由刑が、地裁・簡裁の通常手続で2,500件弱、簡裁の略式手続で24万4,000件の罰金刑が言い渡されている（いずれも2017年）。

な機能と、執行猶予取消しの威嚇の下で自覚に基づく改善更生を図るという積極的な機能がある、とされる（最判昭24・3・31刑集3巻3号408頁）。

　現行法には、刑の全部の執行猶予（刑25条以下）と刑の一部の執行猶予（同27条の2以下）が存在する。全部執行猶予の場合、猶予期間が無事に経過すると刑の言渡しは効力を失う（同27条）。

　刑の全部執行猶予には初度目と再度目がある。初度目は、3年以下の自由刑または50万円以下の罰金刑を受けた場合で、①前に禁錮以上の刑を受けたことがない、②前に受けた禁錮以上の刑の執行終了日・失効免除日から5年を経過している、のいずれかの条件を満たす場合に、「情状により」付すことができる。再度目は、前に禁錮以上の刑を受けていても、1年以下の自由刑を言い渡す場合で、かつ保護観察期間中の再犯でない場合、「情状に特に酌量すべきものがあるとき」付すことができる。執行猶予期間は1年以上5年以下である（同25条）。初度目は任意的に、再度目は必要的に保護観察に付される（同25条の2第1項）。執行が猶予されても、「刑に処せられた」ことには変わりはなく、猶予期間が無事に経過するまでは資格制限など法律上の不利益は免れない。①猶予期間中の再犯により実刑を受けた場合、②猶予期間前の再犯で猶予期間中に実刑を受けた場合、③猶予期間前に実刑を受けた余罪が発覚した場合は、執行猶予が必要的に取り消される（同26条）。①猶予期間中の再犯により罰金刑を受けた場合、②保護観察の遵守事項を遵守せず、情状が重い場合、③猶予期間前に執行を猶予された余罪が発覚した場合、裁量的に取り消される（同26条の2）。

(2) 執行猶予の法的性質

　執行猶予の法的性質については、あくまでの刑を猶予するにすぎないため、刑の付随処分であるとする見解と、刑の実体を構成しており、一個の独立した刑事処分である、とする見解が対立している。刑法の建前からすれば、刑の種類（刑9条）として執行猶予が掲げられていない以上、付随処分説に至るが、最長3年という短くない刑について刑事施設での執行を受けるか否かは、実質的には刑の重さをまったく異にすると言わざるを得ないと思われる。実務も、刑の実体説を採っていると思われる[6]。

第5講　刑事司法過程論　　195

　付随処分説によれば、まず刑期を決め、次いで、対象者の改善更生の観点から執行を猶予すべきかを判断することになる。他方で、刑の実体説によれば、第一義的に刑事責任の重さを、副次的に改善更生の観点を考慮して、刑期の決定と執行猶予の判断は一体的に、あるいはまず執行を猶予するかを判断してから刑期を決定することになる。その結果、実務上、執行を猶予するか否かが問題となる事案については、実刑となる場合は短期になるが、猶予の場合は社会内にいながら短期実刑に実質的に等しい刑の効果を確保するために、刑期が長くなる傾向にある。ただし、執行猶予が取り消された場合、当初から実刑になるよりも長期間の刑の執行を受けなければならなくなる。当初の犯罪に対応する刑の長さが著しく異なる事態は正当化困難であり、現在の実務は格差を付け過ぎているのではないか、との疑問がある。

　付随処分説は、執行猶予を責任に対応する刑を科さない制度だと理解することになるが、そうした位置づけは、制度の運用を消極化させるおそれがある。刑の実体説にも上述のような問題点はあるものの、この見解を是認せざるを得ないように思われる。

(3) 執行猶予の運用状況

　執行猶予の運用状況を見ると、有期刑に執行猶予が付される比率は長期的に60％前後で安定している。なお制度上可能な、罰金への執行猶予は極めて少数である。他方、執行猶予付き判決に保護観察が付される比率は元々少なかった上に、長期的に低下傾向にあり、近年は10％弱となっている。これは、保護観察を付してしまうと、再度の執行猶予が制度上不可能となり（刑25条2項但書）、被告人に不利益であると考えられてきたことの影響である。執行猶予取消率は、単純執行猶予が10％強、保護観察付執行猶予が25％程度となっている。保護観察付執行猶予の取消率が高いのは、元々、猶予期間を無事に過ごす上で単純執行猶予では心許ないと考えられた場合に保護観察が付されているためであろう。

---

(6) 判例は、刑の執行猶予は刑の執行を一時猶予するにすぎず、刑の内容ではないとするが（最大判昭23・11・10刑集2巻12号1660ノ1頁）、学説上批判が強い。少なくとも、刑法6条にいう「刑の変更」に当たるか、という論点に限定した判示であると解すべきであろう。

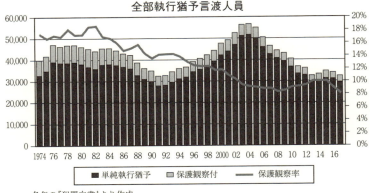

各年の『犯罪白書』より作成

各年の『犯罪白書』より作成

(4) 執行猶予の改革課題と宣告猶予

　全部執行猶予をめぐっては、法制審議会少年法・刑事法（少年年齢・犯罪者処遇関係）部会において、再度の執行猶予の要件のうち、言渡し可能刑期を1年以下から2年以下に拡大し、初度目に保護観察付執行猶予となっていても再度の執行猶予を可能にする改革が検討されている。この改革により、保護観察が付しやすくなるが、判決前調査制度がない状態で、保護観察の要否を的確に判断できるのかについては課題が残る。

執行猶予に類似する制度として、宣告猶予がある。裁判所が被告人を有罪と認めた場合に、有罪判決の宣告または刑の宣告を猶予する制度である。猶予期間中に被告人の予後を確認し、良好であれば手続を打ち切り、不良であれば判決ないし刑を宣告することになる。宣告猶予には、執行猶予のように犯罪者という烙印を押さず、また資格制限を伴わない、というメリットがある。いわば、裁判官を主体とする処遇制度であり、この制度を導入すれば、刑事裁判はより特別予防を重視したものとなる。

この制度についても、法制審議会少年法・刑事法部会で議論されたが、従来起訴猶予となっていた者を対象にすると訴追の負担を負わせることになるし、従来執行猶予となっていた者を対象にすると執行猶予との使い分けが困難である、との理由で導入が見送られた。しかし問題は、広範な起訴猶予をそのままにし、さらに起訴猶予時に積極的に処遇を実施していくことの是非ではないかと思われる。

(5) 刑の一部執行猶予制度

刑の一部執行猶予は、2016 年から運用が開始された新しい制度である。仮釈放者にはより長期の保護観察を必要とする者がいるが、現状では仮釈放期間は短いことが多く、かといって考試期間主義の導入には理論的な難点があることから、判決においてあらかじめ言渡し刑期の一部の執行を猶予しておくことで、長期の社会内処遇期間を確保しようとしたのが導入の理由である。

刑の一部執行猶予には、初入者に対する刑法上のものと、累入者に対する「薬物使用等の罪を犯した者に対する刑の一部の執行猶予に関する法律」上のものとがある。初入者に対するものは、3 年以下の自由刑が言い渡された場合で、全部執行猶予と異なり、禁錮以上の全部執行猶予歴がある場合にも適用可能である。実質要件は、「犯情の軽重及び犯人の境遇その他の情状を考慮して、再び犯罪をすることを防ぐために必要であり、かつ、相当であると認められるとき」である（刑 27 条の 2）。この要件は、①刑事責任の観点からの相当性、②特別予防の観点からの必要性、③特別予防の観点からの相当性によって判断される。猶予期間が 1 年以上 5 年以内である点、保護観察

が任意的である点は全部執行猶予と同様である。

　薬物法上の一部執行猶予は、薬物使用等の罪について、実刑歴がある場合にも、適用可能となる。実質要件のうち、②③は、社会内での依存改善のための処遇の実施に関して判断されることになる（薬物3条）。保護観察は必要的となる（同4条）。

　保護観察付の刑の一部執行猶予の場合、遵守事項違反による猶予取消しは仮釈放の場合と同様に「情状が重いとき」でなくても可能となっている（刑27条の5第2号）。一部執行猶予の場合、猶予期間が無事に経過すると、執行が猶予されなかった部分の期間を刑期とする刑に減軽される（同27条の7）。

　2017年の統計によれば、年間1,500件程度適用されており、そのほとんどが保護観察付である。適用対象は、刑法上の制度が用いられる場合であっても、ほとんどが薬物事犯である。

　この制度は、判決言渡し時に一定期間刑の執行を受けたのちにどのような社会内処遇が必要なのかを予測することは極めて困難である、という問題を抱えている。遠い将来の予測であるため、類型的形式的な判断になりやすい。特に、刑の執行中に帰住先を失ったままでも、実刑部分の刑期が満了すると自動的に釈放され、猶予期間が始まってしまうため、早期に猶予が取り消されてしまうことになりかねない。再犯のおそれが低い場合にこの制度を適用することは不要な介入となり、逆に再犯のおそれが高すぎる場合にこの制度を適用すると、早晩猶予が取り消されて、全部実刑だった場合よりも被告人に不利益となってしまう。この制度は、応報刑論と刑の個別化を両立させようとした苦肉の策といえ、そのことに起因する問題を孕んでいる。制度に過大な期待をするのは禁物であろう。さしあたっては、制度の運用を注意深く観察する必要がある。

【参考文献】

小田中聰樹ほか『盗聴立法批判』（日本評論社、1997年）

川崎英明『現代検察官論』（日本評論社、1997年）

川崎英明『刑事司法改革と刑事訴訟法学の課題』（日本評論社、2017年）

小池信太郎「刑の執行猶予の判断」法律時報87巻7号（2015年）38-45頁

後藤昭ほか「特集・刑事手続と更生支援」法律時報89巻4号（2017年）4-53頁

後藤昭ほか「特集・日本型司法取引とは何か」法学セミナー756号（2018年）22-61頁

白取祐司ほか「特集・取調べの可視化とは何だったのか?」法学セミナー750号（2017年）14-46頁

白藤博行「『安全の中の自由』論と警察行政法」公法研究69号（2007年）45-68頁

須藤明ほか編『刑事裁判における人間行動科学の寄与』（日本評論社、2018年）

田村正博『今日における警察行政法の基本的な考え方』（立花書房、2007年）

平川宗信「犯罪報道と人権」同『憲法的刑法学の展開』（有斐閣、2014年）315-366頁

福井厚編『未決拘禁改革の課題と展望』（日本評論社、2009年）

本庄武「刑罰論から見た量刑基準」一橋法学1巻1号（2002年）173-224頁、2号（2002年）111-160頁、3号（2002年）723-753頁

三島聡編『裁判員裁判の評議デザイン』（日本評論社、2015年）

三井誠「検察官の起訴猶予裁量」法学協会雑誌87巻9・10号（1970年）1-48頁、91巻7号（1974年）37-81頁、9号（1974年）1-47頁、12号（1974年）1693-1738頁、94巻6号（1977年）852-905頁

201

第6講 処遇論

第1節　処遇(論)の位置づけ

1　処遇の意義

(1)　処遇論の意義

　刑罰のあり方に関する議論を刑罰論、犯罪を行ったとされる者に対する「処遇」[1]のあり方に関するそれを処遇論という。処遇論は、処遇を実施する場所に着目して、施設内処遇と社会内処遇とに区別される。すなわち、施設内処遇とは、自由刑または保安処分中に移動の自由を奪う形で行われる犯罪行為に及んだ者の扱いのことをいう。それに対し、社会内処遇とは、刑事施設の外でとられる社会内での扱いのことをいう。

　処遇論は刑罰論と区別されてきた。その理由は、犯罪を行ったとされる者の扱いを刑罰論と直接つなげる場合に生じる問題を考えてみるとわかりやすい。刑罰論において①（絶対的）応報刑論の立場をとれば、罪に見合う「懲らしめ」を行うことが有罪確定後の扱いとして重要であり、それ以上のものは出てこない。②目的刑論のうちの一般予防論の立場からは、当該行為者の具体的な扱い方が導き出されない。他の社会の構成員が類似の犯罪に及ばないようにすることに目が向くことになるため、その扱いはむしろ関心の外に置かれることになるともいえる[2]。③目的刑論のうちの特別予防論では、当

---

[1]「処遇」というのは英米法圏でいう treatment、ドイツ語圏でいう Behandlun のことであり、「扱い」を意味している。

該行為者が再び犯罪とされる行為に及ばないようにすることが目指される。そのうち消極的特別予防論からは社会との物理的な隔離が重視されるため、犯罪行為に及んだ者への働きかけというよりも社会と切り離すための物理的条件に関心が向かうことになる。それに対し、積極的特別予防論は犯罪行為に及んだ者に対する教育や改善更生に関心を向けることになる。しかし、それはあくまで刑罰の内容としてとらえられる。④相対的応報刑論は、応報刑論と目的刑論とを組み合わせるため、「懲らしめ」と予防的な関心とを混合することになる。しかし、両者がどのような関係に立ち、どのような形態で混合されるのかは、明らかでない。以上をまとめれば、①応報刑論では、刑の内容である「懲らしめ」の執行方法のみを語ることになり、②一般予防論では、犯罪行為に及んだ者に対する執行内容が語られえない。③特別予防論では、積極的特別予防論をとる場合、犯罪行為に及んだ者の扱い方は出てくるものの、その扱いのすべてを刑罰として位置づけることになる。それが妥当なのかが、別途問題になる。

　刑罰論から直接導き出される犯罪を行った者の扱い方が以上のようであるとすれば、大きくは二つの異なる方向から、刑罰論とは別に処遇論を講じる必要性が出てきうる。一つは、とりわけ刑罰論で応報刑論に立つ場合の不都合を念頭に置いたものである。これは、不利益処分を本質的内容とする刑罰の枠組みでのみすべてを語ることの限界であるといえる。犯罪に及んだ者の扱いを「苦痛」としてのみとらえることの限界の認識は、代表的には、人道主義、改善更生思想、社会的効用という角度が異なる問題関心から出てくる[3]。人道主義の関心は、苦痛としてのみとらえることで刑罰が過酷化することを批判する[4]。それに対し、改善更生思想を重視する立場からは、改善更生や再犯の予防を行うのに刑罰の枠組（とりわけ応報刑論の枠組み）では不十分あるという認識に立つ。責任に基づく刑罰の枠組みを乗り越えて改善更

---

[2] 一般予防論は、さらに、威嚇を手段とする消極的特別予防論と、規範の確証を手段とする積極的一般予防論に区別される。しかし、その本質が当該行為者以外の社会の構成員に関心が向けられる点にあることは共通している。

[3] 「処遇（treatment、Behandlung）」という言葉は、行刑の理念が社会復帰や再犯防止とされるに伴って、残酷な刑罰の反省をも交えて19世紀半ばから用いられてきたとされる。ここでの問題関心は、そもそも「処遇」という言葉が使われるようになった歴史とも重なる。

生の働きかけを行うべきであるというが、この考えの核心である。社会的効用への着目は、例えば、犯罪に及んだ者を労働力として利用することなど、犯罪予防とは別の社会的要請に基づいている。

もう一つは、とりわけ刑罰論において目的刑論をとる場合の問題点を考えるものである。犯罪に及んだ者の扱いを刑罰論の枠組みで扱うことは、暗黙裡に刑罰内容を豊富にしてしまう危険性をもつ。とりわけ改善更生や再犯防止への関心が社会的に高まっている状況下では、特別予防を目的とする各種働きかけの措置を義務づけようとする発想が強くなりやすい。しかし、予防の関心自体が本質において未来指向であり、予測判断に基づくため、その限界づけは不明確なものになりやすい。そのため、これを刑罰論の枠組みに取り込むことになれば、限界づけが不明確なまま刑罰内容が豊富化してしまう。しかし、自由権保障のためには刑罰内容を限定し明確化を図ることが不可欠である。そのために、刑罰論の枠組みとは別に犯罪行為に及んだ者の扱いを論じるべきであるという問題関心が出てくる。

本書は、人間の尊厳と自律性の尊重を価値選択の基本に据える立場をとる。そのため、この第二の問題関心から、刑罰論と処遇論を区別する。この場合、刑罰論の枠組みから離れることでどのような扱いでも「処遇」として認められてよいことには、当然にならない。上記の価値を基礎に据える場合、処遇の問題と切り離すことで刑罰内容を明確化することだけでなく、処遇の内容と法的性格を明らかにすることが課題になる。そのためにも、「処遇」概念や「改善更生」の意味を整理しておく必要がある。先に述べておけば、本書は、「処遇」を狭い意味にとらえ、本人の自発性に基づく措置として考える立場をとる。「改善更生」もこの観点から、本人の自発性に基礎を置くべき

---

(4) 人道主義からの要請は国際条約・国連準則に結実している。被拘禁者処遇最低基準規則（1955年）は、「拘禁刑及び犯罪者を外界から隔離するその他の処分は、犯罪者からその自由を剥奪することにより、自己決定の権利を奪うものであって、まさしくこの事実こそが、彼らに苦痛を与える。それゆえに、刑務制度は、正当な理由に基づく分離拘禁又は規律の維持に伴う場合を除いては、この状態に固有の苦痛をそれ以上に増大させてはならない。」と規定している（para. 57）。また、市民的自由及び政治的権利に関する国連規約（1966年）は、「自由を奪われたすべての者は、人道的にかつ人間の固有の尊厳を尊重して、取り扱われる。」（para. 10 1項）と、被拘禁者処遇基本原則・被拘禁者の処遇基本原則の宣言は、「すべての被拘禁者は、人間固有の尊厳と価値を尊重して扱われる。」と定める（1）。

204

ものと考える。

(2)「処遇」の概念内容と分析の重要性

「処遇」という言葉は多義的であり、使われ方も多様であるため、その概念内容を整理する必要がある。整理が重要なのは、この概念が「処遇」の主体、法的性格、介入根拠と結びついているからである。

「処遇」という言葉は、広義では、「司法的処遇」、すなわち、微罪処分や起訴猶予などのダイバージョンも含む刑事システム全体の中での処分を意味する。また、狭義では、刑事施設内および社会内での犯罪行為に及んだ者の扱いを、最狭義では、その中でも改善、矯正、治療を通した人格や環境への働きかけを意味するものとして用いられる。

最狭義で「処遇」が語られる局面において国家がこれを行う場合、果たして改善、矯正、治療を通した人格や環境への働きかけを強制できるのか、強制できるとしてその根拠は何なのか、その明確化が課題になる。本書では、刑罰内容の限定、明確化とともに処遇の根拠を明らかにするために、最狭義の「処遇」概念の内実を一般的福祉作用または社会復帰のための援助として理解した上で、その法的性格を、本人の自発性と同意に基づいてのみ行われうる援助措置としてとらえることにする。

狭義でこの言葉が用いられる場合にも、働き掛けを受ける者の権利との関係が問題になる。施設内処遇の実務では、「処遇」概念が、生活規律（所内規則、受刑者心得）、刑務作業、学科教育、レクレーションなど施設側からの働きかけすべてを指すものとして用いられる[5]。これらの措置は、一方で、「犯罪行為に及んだ者」への働きかけということで道徳主義と結合しやすく、他方で、働き掛けを受ける側のためというパターナリズムに馴染みやすくもある。そのため、ややもすれば強制されやすい性格をもっている。しかし、この概念内容は曖昧である。それがゆえに、働きかけを受ける者の他の権利を過度に制約する危険性をもち、とりわけ施設内処遇では、実質的に保安上

---

[5] 刑処法の第2編が「被収容者等の処遇」として多様な措置を定めているのも、こうした「処遇」概念を用いているがゆえのことである。

第6講 処遇論 205

の関心が紛れ込みやすくもある[6]。過度の介入や保安の重視により不必要な自由権侵害が起こる事態を避けるためには、内容が曖昧である狭義の「処遇」概念の使用は避けるべきであり、その使用が不可避であるときにはこうした危険性があることを十分に認識すべきである。

(3) 改善更生

「処遇」概念と関連して「改善更生」の概念も明確化しておく必要がある。現行制度下で施設内処遇を規律する刑処法は、被収容者等への「適切な処遇」を法律の目的の一つに据えている。その上で、「受刑者の処遇の原則」として、「改善更生」を強調している（30条、89条、103条、104条、110条を特に参照）。社会内処遇を規律する更保法も、「改善更生することを助ける」ことを法律の目的としており（1条）、やはり処遇にあたり「改善更生」のための働きかけを行うことを強調している[7]。同様の言葉遣いは、少年法（52条2項）の他、少年院法[8]、少年鑑別所法[9]、国際受刑者移送法（1条）、更生保護事業法[10]、保護司法[11]にもみられる。再犯の防止等の推進に関する法律でも、「改善更生」という言葉が再犯防止のための諸施策を推進する文

---

[6] 例えば、現行の刑処法でも差入れ物の引取り等（46条1項2号）、保管私物又は領置金品の交付（50条3項）、調髪およびひげそり（60条2項）、自弁の書籍等の閲覧（70条1項2号）、面会（111条2項、112条1号・2号・3号、113条1項2号ニ）、信書の発受（127条1項、2項2号・3号、128条、129条1項6号）などは、「処遇」を根拠に制限されうる。

[7] 更保法において「改善更生」の語は、同法41条（少年院からの仮退院）、49条1項（保護観察の実施方法）、51条2項（特別遵守事項）、56条1項（生活行動指針）、59条（保護者に対する措置）、61条2項（保護観察の実施者）、85条（更生緊急保護）で用いられている。

[8] 少年院法1条（目的）、15条（処遇の原則）、16条（処遇の段階）、26条（教科指導）、40条2項（矯正教育の援助）、45条1項（外出および外泊）、66条1項3号（差入物の引取り等）、72条1項3号（領置金品の他の者への交付）、83条1項（少年院の規律及び秩序）、91条（外部交通の留意事項）、92条1項3号（面会の相手方）、106条（電話等による通信）、113条2項（懲戒の要件等）、115条1項5号ハ（謹慎の内容）、119条2項（懲戒の実施）を特に参照。

[9] 少年鑑別所法22条（在院中在所者の観護処遇における留意事項）、51条1項3号、同条2項2号（在院中在所者への差入物の引取り等）、58条1項3号、同条2項2号（在院中在所者の領置金品の他の者への交付）、67条1項2号（在院中在所者の自弁の書籍等及び新聞紙の閲覧）、88条1項3号、同条2項2号（面会の相手方）、90条（面会の一時停止及び終了等）、101条3項（信書の検査）、102条（信書の発受の禁止）、103条（信書の内容による差止め等）、105号（電話等による通信）、106条1項2号、同条2項（通信の確認等）を特に参照。

脈の中で用いられている（13 条、15 条、16 条）。

　問題は、「改善更生」という概念の中身である。この言葉の意味は法律上定義がなされていない。それゆえ、多様な意味が盛り込まれる可能性がある。しかし、「改善更生」は各種措置をとる際の指針となるだけでなく[12]、権利制限の事由ともなりうる[13]。そうすると、意味内容が不透明な事由により処遇を受ける者の自由が制限される事態が生じうる。

　「改善及び更生」の語を先駆的に用いたのは、犯罪者予防更生法（1949 年（昭和 24 年）5 月 31 日法律第 142 号）である。それが、改正刑法草案と刑事施設法案[14]を経る中で「改善更生」と一語にされ、刑処法に受容されるとともに更保法に継承された。その意味を理解するためには犯罪者予防更生法制定の際の説明が参照されなければならない。国会での説明によれば、「改善」とは主として本人の心的な面や内的な性格といった内面的問題に、「更生」とは就職や家庭環境といった社会環境に焦点をあてた概念である。治安が維持され、社会が防衛、保護されるのは、犯罪行為者が再犯に及ばなくなることによってである[15]。

　問題は、社会防衛や社会の保護を直接の目的に据えて、その手段として「改善」や「更生」を強制することまで刑事政策の枠組みで行いうるかどうかである。例えば、「改善」のために本人の物の考え方や性格傾向の変容を

(10) 更生保護事業法 1 条（目的）、2 条 2 項、同条 3 項、同条 4 項、同条 7 項（定義）、3 条 1 項、同条 2 項、同条 3 項（国の措置等）、6 条（公益事業及び収益事業）を特に参照。

(11) 保護司法 1 条（保護司の使命）、8 条の 2 第 1 項第 1 号、同条同項第 2 号、同条同行第 4 号（職務の遂行）、17 条（地方公共団体の協力）を特に参照。

(12) 刑処法 30 条（受刑者の処遇の原則）、89 条（優遇措置）、103 条 2 項（改善指導）、104 条 1 項（教科指導）、110 条（受刑者についての外部交通の留意事項）、111 条 1 項 3 号（面会の相手方）、146 条（電話等による通信）、150 条（懲罰の要件等）、217 条 1 項 3 号（被留置受刑者の面会の相手方）を特に参照。

(13) 刑処法 187 条（自弁の物品の使用等）、193 条 1 項 3 号（差入物の引取り等）、197 条 3 号（保管私物又は領置金品の交付）、207 条 1 項 3 号、217 条 2 項（自弁の書籍等の閲覧）、219 条 1 項 4 号イ（面会の一時停止及び終了）、223 条（信書の発受の禁止）、224 条 1 項 7 号（信書の内容による差止め等）を特に参照。

(14) 監獄法改正作業において「監獄法改正の骨子となる要綱」は、施設内処遇の目的を「矯正及び社会復帰」とした。刑事施設法案は、施設内・社会内における犯罪者処遇の用語の統一を図る意図から、犯罪者予防更生法が用いていた「改善更生」の語を用いるようこれを改めた。

(15) 第 5 回国会参議院法務委員会会議録第 16 号（昭和 24 年 5 月 18 日）11 頁［齋藤三郎発言］。

図る精神的・心理的プログラムの受講を強制したり「更生」を目的として就職や家族関係の調整を本人の意思に反して行ったりすることが許されるか否かである。とりわけ本人の内面への介入を強制的に行うことは、幸福追求を実現するために自己決定を重んじる社会の基本的な価値に反するだけでなく、個人の尊厳を著しく害する。「改善更生」を強制することには問題がある。また、同様の理由から、「改善更生」を理由として、信書の発受や面会といった権利を制限することは過度のパターナリズムとなり、自由権侵害にあたる。

2　処遇のモデル

(1)　メディカル・モデルとジャスティス・モデル

　処遇論においては、とりわけ刑事施設内における処遇（施設内処遇）を念頭に置いて、いくつかのモデルが語られてきた。有名なのは、アメリカを舞台に繰り広げられたメディカル・モデル（医療モデル）とジャスティス・モデル（公正モデル）の対立である。

　メディカル・モデル（医療モデル）は、犯罪行為に及んだ者を病人と同視する。医学の世界では、病気の原因を探るための診断を行い、病名を確定した上で治療が行われる。これになぞらえて、「危険性」の解明（≒犯罪の原因を探るための診断）を行い、犯罪者類型にしたがった社会復帰プログラムに分類した上で（≒病名の確定）、処遇（≒治療）を行おうというのが、このモデルの基本的な発想である。アメリカにおいてこのモデルが発展した際に土台となったのは、不定期刑と保護観察（パロール）の制度であった。これはまさしく病気、入院・通院と類比させて処遇をとらえるものであった。犯罪を病気と、処遇を治療と見立てるのであれば、病気が治るまで退院させないことや退院後に通院を求めることが合理性をもつ。反対に、事前に刑期を定めておくことは不合理である。また、裁判官には刑の範囲を定めるだけの役割を与えるにとどめ、具体的な仮釈放時期は行政機関である仮釈放委員会（パロール・ボード）により柔軟に決めさせる方がよいことになる。このモデルが展開された背景には、画一化された規律の強制が刑事施設運営の非人道性の原因となっており、それを払拭すべく処遇方法を個別化すべきであるとの

認識の強まりがあった。その個別化のための方法が科学主義であった。当時、医療は科学主義の範型であった。しかし、このモデルは、マーティンソンが1974年に「有効なものは何もない」（"nothing works"）といい表した再犯防止の効果の観点[16]の他、量刑の不均衡や釈放時期の不安定さ、社会復帰プログラムの倫理性といった「公正さ」という価値の観点から、批判を浴びることとなった。

これに代わって台頭してきたのが、対象者の公平な扱いを重視するジャスティス・モデル（公正モデル）である。このモデルは、①刑罰目的として「社会復帰」を放棄し、応報や抑止を採用することと、②不定期刑やパロールに規制をかけたり廃止したりするとともに、裁判官の量刑裁量を制限し、量刑の画一化を図ること[17]とを柱とした。もっとも、リベラルと保守の双方から同じ結論に至る主張がなされたことから示唆されるように、①②のいずれにおいても、「ジャスティス（＝公正さ）」という言葉は二重の意味合いを含むものであった。①について、リベラルな立場は社会への適応の強制をやめる側面から、保守の立場は寛大な処遇をやめて刑罰を峻厳化する側面から、これを支持した。また、②につき、リベラルな立場は量刑の不公平の解消と可能な限り早期の釈放を求める文脈で、保守の立場は量刑の重罰化や刑期の間は釈放しないことを要求する脈絡で、これを肯定した。

メディカル・モデルが個別化を追求するあまり不平等な法適用と運用を許したことは、確かである。そして、その根源的な問題は、犯罪を病気に見立ててその原因を犯罪行為者の資質面に求め、本人の意向にかかわらず刑事司法を治療になぞらえて介入を行った点にあった。しかし、この類比に基づくメディカル・モデルの仮説自体、今日では、効果が疑われており、事実の面

---

[16] これは社会復帰プログラムの評価研究を通してなされた評価であった。しかし、この研究自体、公表当時から、プログラムを「成功」と認定する基準が厳格すぎる、検証方法が主観的で追試が困難である、プログラムの運営にかかる人的物的資源の問題が考慮されていない、といった問題が指摘されている。マーティンソンの評価研究の対象となったプログラムのうち40%から60%は有効な処遇であったとの評価も、後になされるようになっている。

[17] それを象徴するものとして、量刑ガイドライン（Sentencing Guideline）と量刑表（sentencing table）の導入がある。量刑表では、犯罪の重さによる「基本等級」を縦軸、被告人の前科に関する「犯罪歴カテゴリー」を横軸として基準範囲が定められ、個別事情を考慮した微調整の上で宣告刑が決められる。

で維持するのが難しい。また、患者と医師の関係性や医療のあり方など、なぞらえられる側の病気や医療のとらえ方自体がこの間変化してきている。インフォームド・コンセントや医療の選択肢を示した上でなされる患者の自己決定の重視にみられるように、医療現場でも医師と患者との非対称性を最小限化する努力がなされるようになっている。メディカル・モデルは拠って立つ価値の面でも支持できない。それではジャスティス・モデルを手放しで肯定的に評価できるかといえば、そうではない。「公正さ」や「平等性」は、刑事政策上の選択を行う際基盤に据えるにふさわしい価値の一つである。しかし、形式的な公正さや平等性を求めるあまり「犯罪」現象のうち行為態様や結果の重大性といった形式的・外形的な部分だけを切り取るのであれば、個別性を捨象した硬直した対応や制度となってしまう。「犯罪」現象に結びついている個別具体的な要素を捨象して「犯罪」への対応を行うことになれば、却って刑事司法制度は社会的な不公正さを放置し、場合によってはそれを助長するものにならないか危惧される[18]。

　両モデルをめぐる論争は、刑事司法上で行われるべき扱いが個別具体的なものか公正で平等なものかだけでなく、「犯罪」をどの深さや広がりでとらえようとするのかにまでかかわっている。メディカル・モデルは犯罪原因を一元的に個人的資質に求め、その除去を国家が刑事司法の枠組みで行うことに対しあまりに楽観的であった。ジャスティス・モデルは犯罪をあまりに「行為」や「結果」に近いところで切り取りすぎるきらいがあり、行為者が抱える問題や負因の解決を刑事司法の枠組みからできるだけ放逐すべきことまでは明らかにしたものの、その先の対応について何かを語りえたわけではなかった。

　重要なのは、「犯罪」が社会的に複雑な現象であることを認め、刑事司法制度が果たすべき役割を諸社会制度の中で位置づけた上で、刑事司法制度で対応できる事項、対応すべき事項を明確にすることである。犯罪現象への対応として刑事司法上の対応は万能ではなく、諸社会制度・政策による対応をも視野に入れざるをえない。その意味での刑事司法制度による対応の消極性

---

(18) こうした問題は、税制との類比で「刑事司法の逆進性」と呼ばれることもある。

や謙抑性を十分に認識しておく必要がある。

(2) RNR モデルと GL モデル

　近時、実証的な証拠に基づく（エビデンス・ベイスト）犯罪学が興隆をみせる中で新たに生じているのが、RNR モデル（Risk Need Responsivity model [リスク・ニード・応答性モデル]）と GL モデル（Good Lives model [グッド・ライブズ・モデル]）との対立である。

　RNR 原則は、①処遇の密度を再犯リスクに合わせなければならないこと（リスク原則）、②将来の犯罪と関連性が強く、介入によって変化させることができる犯罪誘発性要因（criminogenic needs）について評価を行い、当該要因を処遇のターゲットとすること（ニード原則）、③対象者の能力や学習スタイルに合致した方法で処遇を実施すること（応答性原則）、という三つの原則からなる。その者の応答性を高めるようにする手段として有力化しているのが認知行動療法である。再犯リスクの高い者には高密度の処遇を、再犯リスクの低い者には低密度の処遇を、実証に基づき行うことで処遇による再犯率低減の効果を得ようというのが、このモデルであるといえる。この原則に忠実であるほど再犯リスクは低下するとされる。RNR モデルは、実証性を基盤に据えて、再犯のリスクの高低により応差的な処遇を展開するものであるといえる。実証に基づく政策（エビデンス・ベイスト・ポリシー）や再犯予防、資源配分の効率化への関心の高まりを背景として、現在各国の刑事政策に影響を与えるようになっている。

　しかし、RNR モデルに対しては、再犯リスクを正確に推定することの難しさが指摘されている。また、RNR モデルの関心がもっぱらリスク管理に向けられており、本人の動機づけや協力を引き出すことが難しいとの批判や、RNR モデルは有効性を介入の正当化根拠としており、効果があれば介入を許すという論理をとっているとの批判が存在する。

　それに対し、人間が生まれながらにもっている何らかの「よさ」（primary human goods）を追求しようとするのが GL モデルである。GL モデルは、犯罪行為はその「よさ」を不適切な手段で得ようとした結果である考え、処遇の目標もその「よさ」の獲得に設定する。例えば、他人との親密さという

「よさ」を得ようとして暴力を用いる人がいる場合、GLモデルでは、行為主体性や交友関係、内的平和・創造性などの「よさ」を獲得することが処遇の目的とされる。ここでは、直接的なリスク管理よりも本人に対するエンパワメントが重視される。本人にとっての「よき人生」の追求が結果的に犯罪のない人生と社会につながると考えるのが、このアプローチであるといえる。

RNRモデルとGLモデルは、組み合わせ方次第では完全に矛盾するものにはならない。しかし、処遇を受ける本人をいかなる存在とみるのかという処遇論の本質部分において、両モデルのアプローチの差は小さくない。社会にとってのリスクととらえるのであれば、その者を潜在的行為者として監視の対象にしやすいであろうし、処遇を強いることにもなりやすい。それ対し、「よき人生」を追求する主体とみるのであれば、本人に自律的な主体性を認めた上で処遇の本質を援助ととらえるのが整合的である。

(3) モデル論から学ぶべきこと

モデル論を踏まえて検討が必要なのは、①そもそも「社会復帰」のための処遇には効果があるか、あるとすればどのような方法か、②「社会復帰」は価値として放棄されるべきか、放棄されるべきでないとすればどのような枠組みや条件において考えられるべきか、という事実に基づく効果と価値、各々にかかわる根本的な問題である。

①社会復帰のためにとられる処遇の効果について、メタ・アナリシスの手法を用いた実証研究は、刑事施設での拘禁は社会との関係を断絶しやすいがゆえに再犯抑止効果が低く、再犯のリスクを高めること、その上で「罰」は再犯抑止効果からみた場合むしろ不利に働く一方、ターゲット・グループを絞り対象者の社会関係に着目した特定プログラムの中には抑止効果が認められるものもあることを明らかにしている。種々の条件設定は別途考慮に入れる必要があるものの、事実の問題として、社会復帰を目的に据える処遇が効果をもっていることを否定することはできないであろう。

その上で、②「社会復帰」を放棄すべきかが、価値の問題として考えられなければならない。社会復帰を施設内処遇（および社会内処遇）の指針となる価値に据えることは、歴史的には過酷な刑罰を克服する役割を担った[19]。

そのことは、単に社会から隔離することを施設内処遇（および社会内処遇）の目的や内容とすることを避ける点で、今日なお積極的な意義を有する。「社会復帰」は価値としても放棄されるべきではない。

しかし、だからといって、社会復帰プログラムを本人に強制できるわけではない。たとえ事実の問題として実証的な証拠（エビデンス）の裏づけがあったとしても、それを強制することが許されるのか、許容性の検討が必要である。③処遇は強制できるか、強制できるとすればその根拠は何かが、併せて問題になる。

社会復帰が通例は本人の利益になることを考えれば、介入の正当化根拠としてまずパターナリズムによることが考えられる。しかし、社会復帰プログラムは多かれ少なかれ本人の内面や周囲の人間関係に介入する面をもつ。このことを考えれば、果たして「本人のため」ということでその介入を全面的に正当化しうるのか、疑問が生じる。パターナリズムによる介入は、逆に、自律性を奪い、人間としての尊厳を脅かすことになりかねない。強制的な措置とする場合、処遇プログラムへの不参加は懲罰などの不利益措置を伴うことにもなるであろう。そうなれば、社会復帰の主体が社会復帰プログラムへの不参加のために懲罰を受けるという矛盾も生じる。処遇効果としても、自発性のない強制されたプログラムへの参加には疑問が残る。

社会復帰が社会の安全の保持や治安の維持に（も）資することに着目すれば、そのためのプログラムを受けることを過去に犯罪行為に及んだことを理由とする応報や特別予防の内容に含めることも考えられる。この場合の正当化根拠は、侵害原理に求めることになるであろう。このとき、プログラムを受けることは過去に犯罪行為に及んだことに関連づけられることになるから、ここでの「処遇」は刑罰内容をなすことになると考えるのが自然である。つまり、ここでの「処遇」論は刑罰論から分離されていないことになる。これは、刑罰内容を暗黙裡に豊富化、不明確化するものであり、自由権保障を危うくする。

一方で、事実として社会復帰には効果が認められ、価値としてもこれを保

---

(19) もっとも、ここでは刑罰論と処遇論を直結することが前提とされていたことに注意が必要である。

持すべきであり、他方で、自由刑や処遇の内容と国家介入の限界を明確にすべきであるとすれば、結局、社会復帰は刑罰と切り離された処遇の一内容であり、かつ、本人の任意に基づく措置として位置づけるしかない。それが結局は、処遇効果を一層高めることにも資することになるであろう。

第2節　施設内処遇

1　総説

(1)　施設内処遇の意義と課題

　施設内処遇とは、刑事施設における犯罪行為に及んだ者の扱いのことをいう。多くの場合、犯罪行為に及んだ者の社会復帰や改善更生を目的とした働きかけが、施設内処遇として行われる。移動の自由を制限した環境で行うことが前提となるため、施設内処遇では社会内処遇と比べて集中的で強力な働きかけを行うことが可能になる。反面、そこでは、社会環境との断絶が生じやすい。そのため、一方で、処遇を何に基づきどこまで行いうるかという根拠と限界が、価値として、他方で、社会と断絶させた環境でどこまで効果的な処遇をなしうるかが、事実として、課題になる。

　施設内処遇は、また、司法機関が刑罰[20]を言い渡し、それに基づいて自由が制限された状況を前提とする。したがって、施設内処遇は、従前自由刑の執行のあり方と密接に関連づけられてきたし、現在でもそうされている。しかし、処遇論と刑罰論、行刑と刑罰執行を分離せずに理解した場合（行刑と刑罰執行の未分離）、施設内で営まれる生活や各種の働きかけ（行刑）もが自由刑という刑罰の執行となり、全面的に不利益な「罰」として性格づけられることになる。そうなれば、「罰」である以上全面的に不利益な措置がとられなければならないとの理由で刑事施設において人権保障が全面的に排除されることにもなりかねない。施設内での生活すべてを国家の支配下に置か

---

[20] 諸外国では刑罰の他に保安処分が司法機関により言い渡されることもある。

れた「罰」と理解することには問題がある。刑罰と処遇、行刑と刑罰執行を分離した上で、刑事施設内における働きかけが刑罰として行われているのか、それとも処遇として行われているのか、刑罰として行われるとしてどこまでそれが許されるのか、刑罰と処遇との関係が、とりわけ処遇を受ける本人の権利とのかかわりにおいて明確にされなければならないことになる（⇒第3講第6節3自由刑の内容と許容根拠、第1節1処遇の意義）。

　以上のことを少し具体的にみてみよう。刑事施設内での扱いという意味での施設内処遇は、司法機関により自由刑を言い渡されたことを根拠とする拘禁に関係するものと刑事施設による被収容者に対する直接的な働きかけに関係するものに大別できる。拘禁に関係するものには、①拘禁された状態での生活の基礎に関係するもの（衣服、食事、居室、運動、休息、衛生（頭髪、入浴）、給養、宗教など）、②外部との交通（知る自由（テレビ・ラジオの視聴、新聞・雑誌・書籍の閲覧）、通信、面会）、③拘禁の緩和・一時停止（週末拘禁、開放処遇、外部通勤、帰休など）、④拘禁関係の終了を目指すもの（仮釈放など）、⑤拘禁された状態での経済生活に関係するもの（作業報奨金、社会保障など）がある。被収容者に対する直接的な働きかけに関係するものとして、❶処遇調査や心理テスト、❷作業や職業訓練（改善指導、教科指導）、❸教育、❹余暇時間の利用、クラブ活動、催物、❺カウンセリング、❻環境調整などがある。こうした措置につき一般社会とは別の扱いをする必要があるか、あるとして、それを刑罰内容として行うのか処遇として行うのか、どのような理由づけによりそれを行うのかを明確化することが必要になる。

(2) 沿革と展開

(a) 刑罰執行と行刑の一体化と監獄法

　歴史的にみれば、施設内処遇は自由刑の展開と密接に結びついて展開してきた（⇒第3講第2節刑罰の歴史、第3講第6節2自由刑の歴史）。16世紀末から本格化するイギリスのブライトウェルやオランダのアムステルダムにおける懲治場、19世紀初頭からアメリカを中心に展開したペンシルベニア制やオーバン制などに象徴されるように、自由刑の展開は、当初から受刑者の労働力の利用や改善更生のための働きかけと結びついていた。

第6講　処遇論　　215

　同様のことは、日本の歴史をみた場合にもいえる。石川島人足寄場（1790年）は、無宿者や身体刑の執行を終えた者を対象とした救貧・授産の更生施設にとどまらず徐々に犯罪行為に及んだ者をも収容するに至った。笞・杖・徒・流を廃止し、懲役刑を採用した改定律例（1873年）を経て制定された旧刑法（1880年）では、重罪の主刑とされた重懲役と軽懲役とが刑種として区別されたものの、「懲役場ニ入レ定役ニ服ス」ことが刑の内容とされた。現行刑法（1907年）も、この骨格を引き継いでいる。

(b) 監獄法

　現行刑法を受けて制定された監獄法（1908年）は、施設内処遇のあり方を規律する日本で最初の法律であった。しかし、この法律は応報刑論を土台に据える刑法の考え方をそのまま反映し、応報主義に立つ刑罰執行法であるとともに当時「監獄」と呼ばれた刑事施設を管理するための施設管理法の性格を強くもった。換言すれば、刑罰の執行として刑事施設内で「懲らしめ」を行うための法律という性格をもち、刑罰と処遇とを未分離のものとした。そのため、一方では、法律の留保の考えが弱く被収容者の権利保障が極めて不十分であり、他方では、個別処遇の要請に応えることができないという問題を抱えた。

　このうち個別処遇の実現は、累進処遇制度と分類処遇制度により、比較的早期に手当てがなされた。前者は、数個の階級・段階に分けて受刑者の改善効果に応じて順次その階級を進め、上級になるにしたがって刑罰の厳しさを緩和して優遇や特典を与えるものである。この制度は、行刑累進処遇令（1933年）により導入された。後者は、各個の受刑者について計画的な個別処遇を行うため受刑者をグループに分けて行う処遇方法であり、受刑者分類調査要綱（1948年）[21]により採用された。

　それに対し、被収容者の人権保障の観点からの手当ては立ち遅れていた。1966年の監獄法施行規則の改正は、昼夜独居拘禁の期間を原則2年までから6月に改正したり、交談の一般的禁止をやめ、必要と認める場合だけを禁

---

(21) これは、後に受刑者分類規程（1972年）に改められた。

止することとしたり、開放処遇を実施したり、一般新聞紙の閲読禁止を解除したりするものであった。しかし、こうした手当ては部分的なものにとどまる不十分なものであった。

(c) 監獄法改正の試み

　施設内処遇の充実と刑事施設被収容者の自由権保障のために監獄法を改正する必要性があることは、早い段階から認識されていた。監獄法改正の動きは、1922年に行刑制度調査委員会が設置されたことを皮切りとして第二次世界大戦前から司法省内に存在し、「刑務法案」[22] (1926年)、「刑務法改正予備草案」(1927年)、「刑務法案」[23] (1940年) が作成されたものの、立法に結実しなかった。

　第二次世界大戦後になると、その必要性は一層強く認識されるようになった。被拘禁者処遇最低基準規則[24]が1955年に第1回犯罪予防及び犯罪者処遇に関する国際連合会議で決議、1957年に国際連合経済社会理事会で採択されたことにみられるように、施設内処遇のあり方については、刑事政策上の重要なテーマの一つであるばかりでなく、人権侵害が起こりやすい領域でもあるとの認識から、国際人権法の分野で高い関心が示されるようになった。日本でも、1946年に財団法人刑務協会の行刑法改正委員会が「監獄法改正に関する建議要綱」と「附帯建議要綱」[25]を、1947年に司法省の監獄法改正調査委員会が「監獄法改正要綱」を作成している。その後、法務省内では第一次〜第四次「行刑法草案」(1947年〜1948年)、「刑務所法（仮称）仮要綱案」(1964年) などを作成するなどの動きがあったものの、刑法の全面改正の動きと重なったこともあり、立法に結実しなかった。こうした状況の中で

---

(22) これは、1923年に監獄法改正調査委員会が作成した「行刑法案」、「予防拘禁法案」、「未決勾留法案」を土台とした。

(23) これらは、刑法改正に向けた作業と並行していた。

(24) この規則は、2015年に大幅改定され、国際連合総会で採択された。「ネルソン・マンデラ・ルールズ」の名前でも知られるこの規則は、人間としての生まれながらの尊厳と価値を尊重した処遇、公正な適用・差別の禁止、苦痛の増大の禁止、社会への再統合、社会生活との差異の最小化などを原則として、広範囲にわたり施設内処遇のあり方に関する国際人権法としての基準を定めている。

(25) これらは、刑務作業に関する賃金制や善時制の採用を提唱するなど先進的な内容をもっており、今日なお参照するに値する。

本格的な立法の動きが起こったのは、1976年に法務大臣が法制審議会に対して監獄法改正を諮問した後のことである。しかし、行刑の「近代化」、「国際化」、「法律化」をスローガンとしたこの動きは、留置施設法案と刑事施設法案として国会提出の法案として具体化したものの、3度の法案国会提出後（1982年、1987年、1993年）、いずれも廃案となり、法改正は暗礁に乗り上げた。

　監獄法が改正されたのは、2005年の「刑事施設及び受刑者の処遇等に関する法律」の成立によってである。その発端となったのは、刑務官が被収容者に暴行を働いたことが明らかになった名古屋刑務所事件（2002年）である。それを受けて設置された行刑改革会議を経た後、法案が作成されたものの、過去の改正論議でも大きな争点となってきた代用監獄の扱いに争いがあったことから、この法律の対象は当初既決の「受刑者」に限定された。未決拘禁者や死刑確定者もが対象に含まれることになったのは、翌2006年の「刑事収容施設及び被収容者等の処遇に関する法律」（刑処法）によってである。

(3) 日本型行刑

　しかし、刑処法により1970年代半ばからの監獄法改正のスローガンとされた行刑の「近代化」、「国際化」、「法律化」が果たして達成されたかは、慎重な検討を要する。

　監獄法下の運用では「日本型行刑」と称される独自の施設内処遇の様式があった。日本型行刑は、担当制と施設長の広範な裁量、厳格な規律秩序の維持を基本要素として、受刑者の権利や自由をすべて剥奪・制限することを前提に、その裁量により被収容者に対して恩恵的に便宜を提供することで擬似的信頼関係と家父長的依存関係を作り上げ、被収容者を管理する構造をとる。

　こうした構造は、法の支配の下で国家と被収容者との関係性を権利義務関係で規律する考え方と対極にある発想により支えられている。したがって、人間の尊厳や個人の尊重を刑事政策の中心的価値に据える立場からは、克服すべきものととらえられる。刑処法でも、多くの措置について施設長の裁量が留保されており、法の構造上その残滓があることが窺われる。また、「規律秩序」の維持など不明確な概念により被収容者の権利行使が制限される構

造もある。法律の構造とその運用において被収容者の権利が不必要に制限されていないか、常に注意が必要である。

(4) 刑事施設

　「刑事施設」とされる施設は、刑務所、少年刑務所、拘置所である（法務省設置法8条）。主として、刑務所および少年刑務所には、裁判が確定し自由刑に服することになった者（受刑者、既決被収容者）が、拘置所には、裁判が確定していない者（未決拘禁者、未決被収容者）や死刑が確定した者（死刑確定者）が、収容される。2018年4月1日現在、本庁となる刑務所は62庁（そのうちPFI方式による社会復帰促進センターは4庁）、少年刑務所は6庁、拘置所は8庁ある。また、支所として、刑務支所8庁、拘置支所100庁がある。

2　既決施設被収容者の法的地位

(1) 自由刑の執行方法の改善

　18世紀以降の自由刑の展開は、拘禁環境や執行方法の改革の歴史と重なる。18世紀末の刑事施設は、ハワードが『監獄事情』（1777年）で描いたように、不衛生で病気が蔓延している凄惨な実情にあった。こうした状態から脱するための監獄改良運動は、1790年のフィラデルフィア新監獄法が採用した厳正独居方式から、1818年以降に設けられたフィラデルフィア東西両懲治監で採られたペンシルバニア制（被収容者同士による接触の一切の禁止、聖書の朗読による魂の救済を通じた犯罪行為者の改善、沈黙と静寂の中での反省・悔悟）、1824年のニューヨークで生まれたオーバン制（昼間は沈黙を強いながらも工場作業に従事させ、夜間に独居させる）へと展開していき、アメリカで本格的に開花した。

　しかし、こうした執行方法の改善の試みも、刑罰（の内容）と処遇とがなお未分離な状態を前提としたものであったことには注意を要する。監獄改良運動として出現した各方式も、自由刑の中身自体は豊富であり、その中身となる処遇を改善することで刑罰の人道化を図るものであったといえる。執行方法の改善も、既決施設被収容者の法的地位と、それを土台とした刑罰内容

と処遇内容の明確化を通して講じる必要がある。

(2)「法的に死んだ者」としての施設被収容者

　古代ギリシア、ローマにおいて、受刑者は市民としてのすべての権利を剥奪され、国の慈悲によってのみ生かされる存在ととらえられた。事情は中世においても同様であった。近代になると自由刑中心の刑罰体系がとられるようになったものの、受刑者は依然として「法的に死んだ者」としてとらえられた。まさしく受刑者は「自己の犯罪の結果として、自由を剥奪されるばかりでなく、法が其の慈悲のゆえに与えている特権を除いて、すべての個人的権利を喪失する」もの、「しばらくの間、国家の奴隷になる」もの（ラッフィン判決（1871 年））と考えられていた。『監獄事情』で描かれたように、受刑者は獄吏の恩恵と慈悲によって辛うじて生かされている状況に置かれていた。

　近代以降、監獄改革の進展と人権思想の浸透により刑事施設被収容者の扱いは改善されてきている。しかし、法的にも現実的にも、刑事施設被収容者が、「恩恵により生かされている者」という地位をどれだけ脱却しえているかは常に問い返しが必要な問題である。この問いは、例えば、刑事施設内での図書の閲覧、面会・信書の発受による外部交通の問題の理解へと跳ね返ってくる。

(3) 法的地位

　刑事施設被収容者を「法的に死んだ者」とまではいわないにしても、その権利主体性がどれだけ認められるのか、その法的地位をどのようにとらえるかは時代により変遷してきており、見解の対立がある。

　かつては、①特別権力関係論が支配的であった。この考えは、国と刑事施設被収容者の法的関係を包括的な支配服従関係ととらえる。ここでは基本的人権が制約され、法律の留保と司法的救済が排除され、刑事施設行政の日常的業務の一切が行刑当局の専権的な裁量に委ねられる。かつてのアメリカにおいて行刑領域の問題を司法判断が回避するための原則として定着していたハンズ・オフ（hands-off）原則も、同じ理解の上に立っている。こうした理

220

解は、刑事施設被収容者は犯罪に及んでいる以上一般人よりも劣った扱いを
されるべきであるという犯罪者劣等性原則と親和する。しかし、過去に犯罪
とされる行為に及び刑事施設に収容されているという一事をもって刑事施設
被収容者に全面的に法の支配を及ぼさないことには、理論上無理がある。

　そこで、②修正された特別権力関係論が出てくることになる。この考えは、
国と刑事施設被収容者の法的関係を基本的には特別権力関係にあるととらえ
つつ、重要な基本的人権の制限については原則として法律の留保が必要であ
り、拘禁の本質や目的に照らして合理的かつ必要と認められる範囲において
のみ制約が是認できるものと考える。反対からいえば、法律の留保が及ばな
い「内部規律維持の自主性」をなお承認するのが、この考えである。その理
由は、施設収容関係から生じるあらゆる事象を事前に予想して法で定めるこ
とは不可能であり、収容目的をより効率的に実現するためには行刑当局の専
門的判断に委ねることが必要であることに求められる(26)。しかし、「内部規
律維持の自主性」という概念をわざわざ用いる必要性は乏しく、むしろ法の
支配を排除するためにこの概念がもち出されているのではないかという疑義
がある。同様の結論を得ることは、法律の授権に基づく行政裁量と構成して
も十分に可能であり、特別権力関係という概念を援用する必要性はない。こ
の考えは、今日維持できない(27)。

　そこで、特別権力関係論を否定し、そこから脱却することを試みる見解と
して、③一般的権力論が出てくる。この見解は、既決施設被収容者は刑罰目
的達成のために身体を拘束されているものの、それ以外の点では一般市民と
変わらないと考える。これは、刑事施設に収容されているという一事をもっ
て市民的権利まで奪ったり制限したりすることは許されないことを基本とす
る点で妥当な方向性をもっている。しかし、刑罰目的を達成するための身体

---

(26) この考えに立ったと考えられる裁判例として、大阪地判昭33・8・20行政事件裁判例集9巻8
　号1662頁（孫斗八事件判決）がある。
(27) 最大判昭45・9・16民集24巻10号1410号は、喫煙の禁止に法律の根拠が必要か否かについ
　ては言及していないものの、旧監獄法施行規則の合憲性を判断しており、在監関係についても司法
　救済が及ぶという理解を前提にしている。また、最判平3・7・9民集45巻6号1049頁（14歳未
　満の者との接見禁止国賠事件）は、接見の制限を法律の留保が妥当する領域に属する問題としてと
　らえている。

拘束という限度であっても、市民的自由が及ばない領域を認める点、換言すれば被収容者に一般市民とは違う部分を認める点に、なお問題をもつ。

そこで、ここからさらに一歩踏み込んだ見解として出てくるのが、④デュー・プロセス関係論である。この考えの要諦は、次のようなものである。刑事施設に収容されている者は、自分の意思にしたがい行動する移動の自由を物理的に制限することを内容とする自由刑に服することで、過去の犯罪に対する責任を果たしている（⇒第３講第６節３自由刑の内容と許容根拠）。刑事施設における処遇は、犯罪の原因や背景となった問題の自発的で自律的な克服を側面から支援するものでなければならない。そうすると、処遇の局面において国と刑事施設被収容者の法的関係は、自由刑の刑罰内容を超える過剰な働きかけが国により行われないよう実体的にも手続的にも適正なものでなければならない。別言すれば、権力作用がある以上、デュー・プロセス保障は刑事司法のすべての段階で必要であり、その権力作用が顕著な領域である刑罰執行や行刑の段階であるからこそ、デュー・プロセスが保障されなければならないことになる。具体的には、①自由の推定、②比例原則、③法定主義が妥当しなければならず、人権は、目的達成のために必要最小限度の範囲で制約することが許されるにすぎず、より非侵害的な代替手段が他に存在しないかどうかが検討されなければならない（LRA原則）。人権保障を実効化するために、不服申立手段の整備は不可欠である。規律違反も、施設内での共同生活という観点から再構成される必要がある。

施設内処遇は、移動の自由を強制的に制限し物理的に社会と隔絶させることを内容とする自由刑を前提としており、ただでさえ人権侵害が生じやすい環境にある。国と被収容者の関係は、デュー・プロセス関係としてとらえられるべきである。この考えから施設内処遇を再整理してみると、まず、自由刑の内容は移動の自由の制限に限定されなければならない（⇒第３講第６節３自由刑の内容と許容根拠）。そして、刑罰と区別される処遇として、刑事施設内における生活は一般生活状態と同一にされなければならない[28]。作業や社会復帰を目指す各種プログラム（矯正処遇）は、本人の任意に基づくサービスの提供としてとらえられる[29]。施設内の規律秩序の維持も、被収容者同士の共同生活の観点からとらえられるべきことになる。これらの処遇は、

本来刑罰内容に含められるべきものでない。にもかかわらず前提として自由刑により移動の自由を制限されているがゆえに、一般生活状態からかけ離れたものになりやすく、また本人の意思とはかかわりなく強制されやすい。そのために、国家と被収容者との関係性はデュー・プロセス関係として規律される必要があるし、移動の自由が制限されることで生じる不利益や弊害を除去する義務が国家には生じることになる。

　近時裁判実務では、刑事施設被収容者の選挙権保障などにつき積極的に憲法判断が行われるようになってきており、違憲判決も出されている（例えば、大阪高判平25・9・27LEX-DB: 25501750）。この傾向は、刑罰内容の明確化と奪われる市民的自由の最小限化、刑事施設内外の生活をできるだけ同一化する方向性を示すものといえ、妥当である。

3　施設内処遇の内容

(1) 刑処法の特徴

　監獄法と対比した場合の刑処法の特徴は、①「矯正処遇」の概念の導入、②個別処遇原則の明文化、③権利制限の法的根拠の明文化、④刑事施設視察委員会の設置、⑤不服申立規定の整備にある。

　具体的にいえば、①「矯正処遇」が作業、改善指導、教科指導に限定された。旧監獄法下で行われていた生活指導はこれに含まれないことになり、「矯正処遇」の範囲の明確化が図られた。これにより24時間処遇の考えが否定されることになった。②個別処遇の原則が明文化されるとともに、分類制度が再構成された。累進処遇制度が廃止され、制限の緩和や優遇措置の制度が導入された。③信書の発受や面会など権利制限の法的根拠の明文化が図られた。④第三者委員会である刑事施設視察委員会が各刑事施設ごとに設置さ

---

(28) こうした本書の立場は、ドイツの連邦行刑法に謳われている行刑の社会化原則とも共通する。同法3条は、「執行中の生活は、できる限り、一般の生活状態と近似されねばならない」こと（1項）、「自由剥奪の有害な効果は妨げられねばならない」こと（2項）、「執行は、自由な生活に社会復帰するよう、被拘禁者を援助するためになされなければならない」こと（3項）を規定する。
(29) この観点からは、例えば被収容者による自治制度も、社会復帰を目指す処遇プログラムとしてではなく、一般社会生活と同一のものにすることが目指される刑事施設における生活に関係するものとして検討されることになる。

れ、10名以内で法務大臣が委員を任命することとされた。⑤旧監獄法下では請願の一種である情願と事実上の措置である所長面接で対応されてきた不服申立てに関する規定の整備が行われた。

(2) 施設内処遇の流れ
(a) 旧監獄法下の分類処遇制度と累進処遇制度

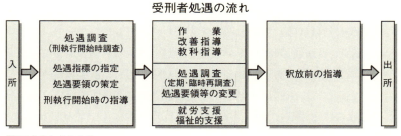

『犯罪白書』より抜粋

　現行の刑処法下において既決被収容者の処遇は、①入所直後の処遇調査、②矯正処遇の実施、③釈放前指導の段階に分けられ、②矯正処遇が中心とされる。①処遇調査の制度が前置されるのは、矯正処遇が、個々の被収容者の資質および環境に応じて適切な内容と方法で実施しなければならないものとされるからである（刑処30条を参照）。こうした矯正処遇の実施方法は、「個別処遇の原則」と称される[30]。現行法下では、処遇指標を用いた集団編成と制限の緩和・優遇措置とで、被収容者が抱える問題への対処を図っている。
　その沿革は、旧監獄法下の累進処遇制と分類処遇制にある。応報刑を執行する施設管理法の性格をもつ旧監獄法は集団処遇を予定するにすぎなかったが、特別予防や改善更生の考えが強まると、処遇として犯罪行為の背後にある問題に対処する指向が生じる。この指向は、一方では、集団処遇の中で被収容者本人に能動性・主体性をもたせる方途を探ることへ、他方では、類似

---

[30] とりわけ裁判段階での調査制度（判決前調査制度）をもたない日本の刑事司法制度では、刑事施設における個別的な処遇にとり、処遇調査が重要な役割を果たす。

する問題を抱える被収容者をまとめて処遇する方法の模索へとつながった。前者を形にしたのが行刑累進処遇令（1933年）に基づき導入された累進処遇制であり、後者を体現したのが受刑者分類調査要綱（1948年）により導入された分類処遇制である。

累進処遇制は、処遇内容を幾つかに段階づけて被収容者の成績や自発的な改善の努力に応じて最下級から漸次階級を上昇させて行くことで処遇を緩和し、更生意欲を高めるものである[31]。行刑累進処遇令における累進処遇制度は、一級から四級までの階級を設けて、最下位の第四級から最上級の第一級にまで改善効果に応じて順次昇級させるものであった。

分類処遇制度は、①被収容者が抱える問題を施設内処遇の最初期の段階で科学的に調査し（分類調査）、②それに基づき処遇計画を作成し、③その計画を実施するための集団編成を行うものであった。③集団編成は、収容分類級と処遇分類級を組み合わせて行われた。収容分類級とはどの刑事施設（どの区画）に収容するのかの分類、処遇分類級とはどのような処遇を行うのかの分類である。要するに、被収容者を、収容される施設と施設内で受ける処遇の二段階で「分類」しようというのがこの制度であった。

しかし、累進処遇制度には、進級が画一的であり、形式的・画一的な行動評価による恩恵的な自由拘束の緩和に終始しているという批判や、優遇措置の多くはそもそも初めから奪われるべきではない自由なのではないかという根本的な疑問があった。分類処遇制度に対しては、収容分類級を決めた後に処遇分類級を決定するのは矯正処遇よりも施設の保安を重視することになりやすいという批判があった。また、刑期や犯罪傾向の進度で分類することが本当に可能なのかという制度の有効性や、単性社会を形成することを含めて、多様性のない社会の形成が人間の尊厳を損なわないのかという制度の前提にある価値の面でも疑問が呈されていた。両制度は、施設管理法であった旧監獄法下で制度化されたものであったために、被収容者本人の社会復帰ではなく秩序維持や管理を容易にするためのものとして機能するという問題も抱え

---

(31) 累進処遇制は、イギリスの流刑地であったオーストラリアのノーフォーク島でマコノキーが1840年に点数制を考案したことを淵源とし、1856年のアイルランド制、1877年のエルマイラ制と広がっていった。

た。

（b）処遇指標による集団編成と制限の緩和・優遇措置

（ア）処遇指標による集団編成

こうした批判があったこともあり、刑処法は、分類処遇制度と累進処遇制度を、処遇指標を用いた集団編成と制限の緩和・優遇措置として再編している。

もっとも、刑処法上、矯正処遇等は効果的な実施を図るため必要に応じ受刑者を集団に編成して行う旨が定められているにすぎず（86条1項）、集団編成の方法は「受刑者の集団編成に関する訓令」（平18・5・23矯成訓第3314号）に委ねられている。それによれば、集団編成は、①矯正処遇の種類及び内容、②刑名、刑期、性別、年齢等の属性、③犯罪傾向の進度を基準として行われ、被収容者には各々の観点から「処遇指標」が指定される[32]（次頁の表を参照）。予め処遇指標に対応する処遇区分が刑事施設ごとに指定されているため、被収容者は処遇指標にしたがって対応する刑事施設に収容されることになる。

処遇指標に基づく集団編成では、拠って立つ基準の考慮の順番が分類処遇制度とは違っている[33]。この点をとらえて、旧監獄法下の分類処遇制度よりも、施設への収容が施設内での処遇内容と関連づけられるようになったとか、施設の保安よりも矯正処遇が重視されるようになったと評価できないわけではない。しかし、こうした肯定的評価は、矯正処遇と規律秩序の維持や保安とを完全に分離させ、両者の混同が生じないことが確かなものとされて初めて可能になる。矯正処遇を法的に義務づけたりそれに刑事施設内の規律

---

[32] この処遇調査は、各刑事施設において医学、心理学、教育学、社会学その他の専門的知識および技術を活用して行うものとされている。また、新たに刑が確定した者で、26歳未満の者および特別改善指導の受講に当たり特に調査を必要とする者等には、調査センターとして指定されている特定の刑事施設で精密な処遇調査が行われるものとされている（平18・5・23法務省矯成訓3308号「受刑者の処遇調査に関する訓令」）。

[33] 処遇指標に基づく集団編成では、処遇調査を通してまず①行うべき矯正処遇の種類と内容を決めた後に、②刑名・刑期・性別・年齢等の属性を考慮し、最後に③犯罪傾向の進度をみるという順番になっている。

処遇指標の区分・符号別人員

① 矯正処遇の種類及び内容

種　類	内　容		符　号
作業	一般作業		V0
	職業訓練		V1
改善指導	一般改善指導		R0
	特別改善指導	薬物依存離脱指導	R1
		暴力団離脱指導	R2
		性犯罪再犯防止指導	R3
		被害者の視点を取り入れた教育	R4
		交通安全指導	R5
		就労支援指導	R6
教科指導	補習教科指導		E1
	特別教科指導		E2

② 受刑者の属性及び犯罪傾向の進度　　　　　　　（平成 29 年 12 月 31 日現在）

属性及び犯罪傾向の進度	符　号	人　員
拘留受刑者	D	—
少年院への収容を必要とする 16 歳未満の少年	Jt	—
精神上の疾病又は障害を有するため医療を主として行う刑事施設等に収容する必要があると認められる者	M	222
身体上の疾病又は障害を有するため医療を主として行う刑事施設等に収容する必要があると認められる者	P	268
女子	W	3,531
日本人と異なる処遇を必要とする外国人	F	1,211
禁錮受刑者	I	111
少年院への収容を必要としない少年	J	10
執行刑期が 10 年以上である者	L	4,918
可塑性に期待した矯正処遇を重点的に行うことが相当と認められる 26 歳未満の成人	Y	1,859
犯罪傾向が進んでいない者	A	10,696
犯罪傾向が進んでいる者	B	20,704

注　1　矯正統計年報による。
　　2　複数の処遇指標が指定されている場合は、符号の欄において上に掲げられているものに計上している。

『犯罪白書』より抜粋

秩序を維持する機能を担わせたりすれば、旧監獄法下の分類処遇制度よりも巧妙な形で矯正処遇と保安とが一体化する危険性がある。また、処遇指標による集団編成も、分類の科学的な担保や精度、多様性のない社会を形成することがもつ人間の尊厳に対する疑義という根本的な問題点にはなお応えていない。単性社会を人為的につくることの問題性は措くとしても、施設内処遇に焦点をあてた集団の編成自体が、本来多面的である個人が多様性のある社会へ適応することを難しくさせる面をもつことは否定できない。

（イ）制限の緩和・優遇措置

　刑処法は、「その者の資質及び環境に応じ、その自覚に訴え、改善更生の意欲の喚起及び社会生活に適応する能力の育成を図ることを旨として行う」ことを「受刑者の処遇の原則」としている（30条）。その上で、この目的を達成する見込みが高まるに従い、受刑者の自発性および自律性を涵養（かん）するために、刑事施設の規律および秩序を維持するための受刑者の生活および行動に対する制限は順次緩和されるものとしている（88条1項）。また、同様に、受刑者の改善更生の意欲を喚起するため、物品の貸与または支給、自弁の物品の使用または摂取、面会の時間または回数につき、一定の期間ごとの受刑態度の評価に応じた優遇措置を講ずるものとしている（89条）。前者を制限の緩和、後者を優遇措置という。制限の緩和が標準的・類型的な緩和であるのに対し、優遇措置は比較的短期間（実務上は6ヶ月ごと）の受刑態度の評価に基づき臨機に特典を与えようとする点に違いがある。

　制限の緩和は、第一種から第四種までの制限区分を被収容者に指定し、その制限区分に応じて各種制限を緩和する仕組みをとる。第一種は「改善更生の意欲の喚起及び社会生活に適応する能力の育成を図ることができる見込みが特に高い者」、第二種はその「見込みが高い者」、第三種はその「見込みが中程度である者」、第四種はその「見込みが低い者」を指定するものとされる（平18・5・23法務省矯成訓3321号「受刑者の生活及び行動の制限の緩和に関する訓令」3条）。第四級から第一級の順に、上位の制限区分に指定された被収容者ほど制限が緩和される。また、その「見込み」は①犯罪の責任の自覚及び悔悟の情並びに改善更生の意欲の程度、②勤労意欲の程度並びに職業上

有用な知識及び技能の習得状況、③社会生活に適応するために必要な知識及び生活態度の習得状況、④受刑中の生活態度の状況、⑤心身の健康状態、⑥社会生活の基礎となる学力の有無を総合して判断されるものとされている（同4条）。制限の緩和の対象となるのは、①居室の指定、②矯正教育等を行う場所、③信書の検査、④面会の立会い、⑤外出・外泊、⑥外部通勤、⑦電話である（刑事施設及び被収容者の処遇に関する規則48条、49条、50条、57条、65条、83条）。

　制限の緩和と優遇措置の課題は、実際上「飴と鞭」として刑事施設内の効率的な行動管理の機能をもつことにある。制限の緩和が「緩和」たりえ優遇措置が「優遇」たりうるのは、一般的な拘禁環境と差があるからである。その差が大きくなる方が特典としての魅力が増すというのであれば、「緩和」なり「優遇」の措置をさらに進めるか一般的な拘禁環境をより厳しくするしかない。後者の方法が安易に選択されることになれば、被収容者が予め剥奪される自由や利益が大きくならざるをえない。制限の緩和と優遇措置は、自由を制約する程度の「落差」を処遇に活用するという原理において、分類処遇や累進処遇の制度と変わりがない。そもそも「緩和」や「優遇」が行われる前の自由や利益の制約がどれだけの根拠をもつのか、事後的に与えられることになる「緩和」や「優遇」は刑罰や施設内処遇を理由として本来制約されえないものなのではないかが、根源的な問題として残る。自由を大きく奪った上で自由の拡大を刺激にして処遇を行うことは、施設内の規律秩序や保安の維持への関心とも結びつきやすく、却って被収容者の他律性を強めるという矛盾をも招くことになる。

(3) 矯正処遇

(a) 矯正処遇の概要

　刑処法は、広義の処遇の中に狭義の処遇を埋め込む構造をとっている。第2編「被収容者等の処遇」の第2章「刑事施設における被収容者の処遇」が16の節を収め、保健衛生・医療、宗教上の行為、書籍等の閲覧、外部交通、賞罰、不服申立てなどまで含めていることからも明らかなように、この法律における「処遇」概念は極めて広く、刑事施設でのあらゆる働きかけとほぼ

同義となっている。そうした中で中核的な役割を果たすのが、積極的な働きかけを行う狭義の処遇である「矯正処遇」であるとされる。

「矯正処遇」とされるのは、①作業、②改善指導、③教科指導である。旧監獄法下で事実上の措置として行われており、かつての刑事施設法案でも「矯正処遇」の一つとして組み込まれていた生活指導は、現行法上の「矯正処遇」には含まれていない。このことは、旧監獄法下の実務で一般的な認識であった「24時間矯正」の考え方が捨てられ、物理的にも時間的にも無限定であった「矯正」に一定範囲で限定がかけられたことを意味する。

①作業（92条–102条）には一般作業と職業訓練がある。生産作業や自営作業（施設運営に必要な作業）の他社会貢献作業も一般作業として行われている。

②改善指導（103条）は、すべての在所者を対象とする一般改善指導（103条1項）と、社会復帰に際し困難な問題をもつ者を対象とする特別改善指導（同条2項）からなる。一般改善指導は、犯罪の責任を自覚させ、健康な心身を培わせ、社会生活に適応するのに必要な知識や生活態度を習得させるための指導とされる。被害者感情の理解、規則正しい生活習慣・健全な考え方の付与、心身の健康の増進、生活設計・行動様式の付与などとして具体化されている。特別改善指導は、改善更生や円滑な社会復帰に支障を来たす受刑者の個別の事情を改善するために行う指導とされ、現在6種類がある（薬物依存離脱指導、暴力団離脱指導、性犯罪再犯防止指導、被害者の視点を取り入れた教育、交通安全指導、就労支援指導）。

③教科指導（104条）には、補習教科指導と特別教科指導がある。前者は、社会生活の基礎となる学力を欠くために改善更生や円滑な社会復帰に支障があると認められる者を対象とする。後者は、学力の向上を図ることが円滑な社会復帰に特に資すると認められる者に対する学力に応じた教科指導である。

矯正処遇は、個別的に行うものとされる。これを支えるのが処遇要領である（84条2項）。処遇要領では、「資質及び環境の調査」の結果に基づき、矯正処遇の目標や基本的な内容、方法が被収容者ごとに定められる（同条3項）。この「資質及び環境の調査」の役割は、処遇調査の制度が担う。それを踏まえて、矯正処遇の種類・内容、受刑者の属性から構成される処遇指標

が指定され、収容される刑事施設と矯正処遇の重点方針が定められるという仕組みがとられている。

(b) 矯正処遇の法的性格

こうした矯正処遇の法的性格が問題である。同じ矯正処遇であっても、作業と改善指導・教科指導の扱いは、刑法と刑処法とで異なっている。

刑法上、禁錮の刑罰内容は刑事施設への拘置に尽きる（13条2項）。それに対し、懲役の刑罰内容には「所定の作業を行わせる」ことが含まれる（12条2項）。刑処法もこれと平仄を合わせ、懲役受刑者には作業を行わせることとする一方（92条）、禁錮受刑者の場合は本人の申出があった場合に作業を行うことを許すことができるものとするにとどめている（93条）。しかし、遵守事項の段になると懲役・禁錮の区別なく「正当な理由なく…作業を怠り、又は…指導を拒んではならない」ものとされ（74条2項9号）、その違反は懲罰対象となる（150条1項）。

実務上、刑事施設の日課では作業が多くの時間を占めており、改善指導や教科指導はその合間に行われているにすぎない。これは、懲役受刑者につき作業のみが刑法上の義務であり、改善指導や教科指導は刑処法上の義務にすぎないためである。ここから、改善指導や教科指導に十分な効果をもたせることを目的として、より強力な法的強制力を得るべく、これらを刑法上も義務づけようとする見解が出てくることになる。

しかし、まず、現行の刑処法の構造として、義務づけの性格が懲役受刑者と禁錮受刑者で同じであるとは理解すべきでない。禁錮受刑者などの作業はあくまで本人の申出に基づいたものであり、自発的な行動である。その作業を怠ったとしても、その実質は約束の違反にすぎない。また、改善指導や教科指導も、刑法上の刑罰内容とはされておらず、そのために犯罪を犯せばそれに服さなければならないものとして事前に予告されているものではない。加えて、それらは、本来的に本人の自発性や自律的な判断なしには効果を得ることが難しい性質のものである。その指導を拒んだことを理由に懲罰を加えるのは、結局のところ他律性を強めるだけである。現在、改善指導や教科指導が拒否されたとしても、そのまま懲罰を加えることはしない実務運用と

第6講　処遇論　　231

なっているのは、このことがよく知られているためであると考えられる。

　近時、現行刑法における作業と改善指導・教科指導との扱いの違いを重く
みて、懲役刑と禁錮刑を一本化した上で、作業とともに改善指導・教科指導
を含む処遇を受けることを拘置とならんで刑罰の内容にしようとする立法構
想が、法制審議会少年法・刑事法（少年年齢・犯罪者処遇関係）部会で議論さ
れている。これは、処遇を受けることを刑処法だけでなく刑法上の義務にい
わば「格上げ」しようとするものである。しかし、改善指導や教科指導が自
由刑の内容に含められることになれば、指導の拒否に対し懲罰を加えないと
いう扱いをすることは難しくなるであろう。そうしなければ、刑罰を執行し
ていない状態が生じるためである。そうすると、他律性は否応なく強まるこ
とになる。

　立法論として、そもそも刑法上の刑罰も、懲役刑を廃止し禁錮刑への一本
化を図るべきである（⇒第3講第6節4自由刑改革の諸問題）。実際の社会復
帰の効果としても、人間の尊厳や個人の尊重を基礎に据える価値選択として
も、処遇を受けるか否かは被収容者本人の自発的・自律的な意思に委ねられ
るべきものである。

(c)　作業とそれに対する報酬

　作業は、広義では懲役受刑者に対する所定の作業（刑法12条2項。労役場
留置被留置者の作業（288条）も含む）、禁錮受刑者・拘留受刑者・未決被拘禁
者による申出に基づく作業（93条）および自己契約作業（39条、自己労作
（婦人補導院法5条））を指す。狭義では所定の作業と申出に基づく作業を、
最狭義では所定の作業を意味する。

　現行制度下において作業は1日8時間を超えない範囲で課され、土曜日・
日曜日・祝日・年末年始は原則休業となる。作業を行った受刑者には作業報
奨金が支給され（98条1項）、原則として釈放時に支給される。2017年度に
おいてその金額（予算額）は一人1ヶ月あたり平均で4,340円であった。同
年の出所者が出所時に支給された作業報奨金の金額をみてみると、5万円を
超える者が35.0％、1万円以下の者が15.5％である。社会復帰を実現するに
は程遠いのが現状である。

作業報奨金が低額であることは、作業の法的性格の理解とかかわっている。刑務作業の意義や目的については、まず、①被拘禁者の労働力を有効利用するための手段ととらえる考え方がある。ローマの公共労働刑（opus publicum）や流刑地における植民地開発に代表されるように、その歴史は古い。日本でも、北海道の開拓や戦時中の造船報国隊や航空機滑走路建設、戦後の道路建設にあたり被収容者の労働力が利用された例がある。今日でも刑事施設運営にあたって妥当するものとされている「刑務所自給自足の原則」にも、この発想がある。作業収入の国庫所得の原則の下で、刑事施設の経理作業（炊事・洗濯・清掃）や営繕作業（施設の新改築・補修）に被収容者の労働力が用いられている。理容師・クリーニング・ボイラーなどの各種職業訓練や資格取得も、施設運営に資するがゆえに促進されている面をもつことは否定できない。

　作業は、②刑罰的害悪（苦痛）として位置づけられることもある。これは、刑罰内容の一部をなし、苦痛を補完するものとして作業をとらえるものである。歴史的には、国家により労働が作出されることで民業が圧迫されるとの議論（民業圧迫論）に直面し、肉体的苦痛を与えるだけで社会的に意味のない苦痛としての労働力を用いる空役[34]が行われたこともあった。しかし、20世紀に入ると人道的理由から、刑務作業は社会的に有用性をもつものでなければならないという有用労働原則が確立された。刑法で「所定の作業」が懲役刑の刑罰内容とされ、刑処法で怠業が懲罰対象とされるように読める規定が置かれるなど、この考えは現行制度にも窺われる。

　③作業に刑事施設の規律秩序維持機能を期待する見解もある。しかし、現行の刑処法の仕組みからいえば、作業は「矯正処遇」の一内容をなすのであるから、作業にこの機能を認めれば、処遇が規律秩序維持の手段になってしまう。規律のための規律、自己目的化した保安規律体制の維持として、矯正処遇が懲罰主義の隠れ蓑となる危険性が高い。

　④作業が改善・更生や社会復帰の機能をもつことも強調されることが多い。歴史を紐解けば、刑事施設の源流にある懲治場において刑罰と労働が結合し

---

(34) 砲丸運びや踏み車、旋回盤の利用がその例である。

ていたことは否定できない。今日、この機能は、労働意欲の醸成として残っている。刑処法も、「作業は、できる限り、受刑者の勤労意欲を高め、これに職業上有用な知識及び技能を習得させるように実施するものとする」（94条）と規定しており、この機能を含ませていることが窺われる。しかし、この機能を認めるとしても、これを法的に強制することができることにはならない。それが許されるかどうかは、価値判断の問題として別途検討が必要である。

　刑罰内容を明確化し、処遇においても自発性と自律性を基礎に置くべきであるとの立場からは、作業を刑罰内容としたり処遇として強制したりすることは許されない。この立場から、作業は、たとえ刑事施設内のものであったとしても、⑤一般労働と同じものとしてとらえられる。日本国憲法の規範構造の下では、憲法上の勤労の義務および権利（27条）に基づくものとしてとらえられるべきことになる。ここで作業は、刑事施設に身体を拘束されている人々に対する国の側での便宜供与ないし弊害除去のための支援手段としての性格をもつことになる。刑罰論や狭義の刑事政策の枠組みではなく、被収容者による労働を国家の刑罰権によっても介入できないものとして位置づけられることになり、賃金制の主張と整合する。

(4) 施設外とのつながりと権利制限

(a) 一般社会とのつながりを保持することの重要性

　自由刑純化論は、自由刑の刑罰内容は移動の自由に制限されるべきことを要請する。そうすると、刑事施設内の生活はやむをえない場合を除いて一般社会と同一のものでなければならない。そのことが移動の自由を物理的に制限されることで難しければ、弊害を除去したり埋め合わせたりする必要がある。

　このように考えてみると、刑事施設の外の世界とつながりを保つ措置は、極めて重要な意味をもっている。それは恩恵ではなく、被収容者の権利ないし国家の義務としてとらえられなければならない。

（b）書籍等の閲覧

　現行法である刑処法は、「刑事施設における被収容者の処遇」を定める第2章中に「書籍等の閲覧」に関する独立の一節を設けている。そこでは、刑事施設の長は、日刊新聞の備付け、報道番組の放送その他の方法により被収容者に対しできる限り主要な時事の報道に接する機会を与えるよう努めなければならないものとされている（72条）。また、刑事施設の規律および秩序を害する結果を生ずるおそれがあるときや矯正処遇の適切な実施に支障を生ずるおそれがあるときを除いて（70条1項）、自弁による書籍等（書籍・雑誌・新聞紙・その他の文書図画（信書を除く）（33条1項5号））の閲覧を禁止または制限することができないこととされている（69条）。

　こうした立法の態度は、旧監獄法が「教誨及ヒ教育」を定める第6章中に「在監者図書、図画ノ閲覧ヲ請フトキハ之ヲ許ス」（31条）との規定[35]を置き、被収容者に対する教化にとり有益であるとの観点から、刑事施設の長の裁量でこれを許すものとしていたことと対照をなしている。こうした変遷の理由は、書籍等の閲覧が憲法で保障された思想の自由や表現の自由（知る権利）の裏づけをもつ権利であることが、旧監獄法下の取扱いに関する最高裁判所の裁判例[36]で示されていたことにあると考えられる[37]。

　書籍等の閲覧については、重要な留保が二つある。一つは、閲覧の禁止や制限の原則禁止が官給によらないで入手した「自弁の」ものとされていることである。これは、書籍等の閲覧が思想信条の自由に関係し、閲覧の対象となる書籍等には個人の嗜好が強く反映されるためである。もう一つは、刑事施設の規律および秩序を害する結果を生ずるおそれがあるときや矯正処遇の適切な実施に支障を生ずるおそれがあるときには、書籍等の閲覧の制限が可能とされていることである。その制限事由となる「おそれ」の程度が問題になる。抽象的な「おそれ」の存在により思想の自由や表現の自由にかかわる重要な権利を制限することには問題がある。被収容者と国との関係はデュ

---

(35) 旧監獄法は、刑事施設に備え付けのもの（官本）と自弁のもの（私本）を区別していなかった。

(36) 最大判昭58・6・22民集37巻5号793頁、最判平5・9・10判時1472号69頁。

(37) 書籍等の閲覧が思想形成や自己発展の他、情操の滋養や余暇の有効な利用にも資するものであることは、言うまでもない。

ー・プロセス関係として規律されるべきであるから、この権利の制限事由となる「おそれ」は現在かつ明白な危険の存在を意味すると解すべきである。

(c) 外部交通
(ア) 外部交通の意義と課題

被収容者と刑事施設外の者との意思連絡を外部交通という。人と直接に会う面会と書面でのやりとりを通した信書の発受、電話を用いた通信が、これにあたる。

自由刑の刑罰内容を移動の自由の物理的制限に限定して理解する場合でも、それに伴い施設外の者と自由に連絡をとることができなくなることは、やむをえない措置ととらえられる。しかし、それは、本来、刑罰の内容ではないはずである。他者と顔を合わせたり、言語・非言語によるコミュニケーションをとったりすることは、人格を発展させるために必要不可欠なことであり、憲法上保障されている幸福追求権（13条）や表現の自由（21条）の一内容をなしていると解される。そうであれば、その制約は刑罰内容と密着する、やむをえない最小限の範囲でしか認められないはずであり、その制約を認めるとしても自由刑の弊害として回復が図られてしかるべきものということになる。また、家族をはじめとする社会関係資本とのつながりを維持・発展させることは、円滑な社会復帰やその結果としての再犯防止の面で必要であり、望ましくもある。

したがって、外部交通はどのような事由により制限されうるのか、その制限はどのような範囲で許されるのかが問題になる。

(イ) 面会

被収容者が外部の者と会うことを手段とする外部交通の方法が、面会である。面会は、直接に顔を合わせ言語や身振り、表情、しぐさなどを通したコミュニケーションの方法であり、その場でのやりとりを重ねることにより展開・発展していく点に特徴をもつ。このような即時的な性格をもつコミュニケーションは、自己の人格を発展させるだけでなく社会性を保持・発展させるために必要不可欠なものであるがゆえに、人権として保障されなければな

らない。また、こうした即時的なコミュケーションは、家族関係や職業関係などを維持・調整するためにも重要であり、円滑な社会復帰のためにも欠かすことができない。他方、即時的であるということは、コミュニケーションの内容を事前に予測できないことを意味する。そのため、その制限の方法が問題になる。

　刑処法は、面会の申し出を行う者により、被収容者の権利に基づく面会（権利面会）と刑事施設の長の裁量に基づく面会（裁量面会）とに分けている。権利面会の相手方は、①受刑者の親族、②受刑者の身分上、法律上または業務上の重大な利害に係る用務（婚姻関係の調整、訴訟の遂行、事業の維持その他）の処理のため面会することが必要な者、③面会により受刑者の改善更生に資すると認められる者（受刑者の更生保護に関係のある者、受刑者の釈放後にこれを雇用しようとする者など）である（111条1項）。これ以外の者との面会は裁量面会となる。その者との交友関係の維持その他面会することを必要とする事情があり、かつ、面会により、刑事施設の規律および秩序を害する結果を生じ、または受刑者の矯正処遇の適切な実施に支障を生ずるおそれがないと認めるときは、刑事施設の長は、これを許すことができるものとされている（同条2項）。面会の回数は、1月につき2回を下回ってはならないものとされる（114条2項）。

　面会にあたり刑事施設の規律および秩序の維持、受刑者の矯正処遇の適切な実施その他の理由により必要があると認める場合、刑事施設の長は、職員の立会い、面会状況の録音・録画の措置をとることができるものとされている[38]（112条）。また、一定の要件の下で、行為や発言を制止したり、面会を一時停止・終了したりすることができるものとされている（113条）。

　こうした制度のあり方は、面会を権利としてではなく恩恵に基づく措置として原則的に所長の裁量に委ねていた旧監獄法上のものとは異なっており、

---

[38] ただし、①自己に対する刑事施設の長の措置その他自己が受けた処遇に関し調査を行う国又は地方公共団体の機関の職員、②自己に対する刑事施設の長の措置その他自己が受けた処遇に関して職務を遂行する弁護士が相手方となる面会の場合、立会い等はできないものとされている。しかし、この場合でも、刑事施設の規律および秩序を害する結果を生ずるおそれがあると認めるべき特別の事情があるときは、例外とされている（112条）。

人権保障および刑事政策の面で進展があったと評価することができる。しかし、面会の権利としての性格や刑事政策効果としての重要性に鑑みれば、そもそも権利面会と裁量面会とを区別することの合理性が認められるかは疑わしい。また、裁量面会の場合、刑事施設の規律および秩序の維持という観点から刑事施設の長の裁量により面会が認められないことがありえ、規律秩序の概念内容次第では面会が認められる範囲が狭くなる構造になっている点にも課題が残る。規律秩序の維持は、刑事施設内における共同生活のために必要とされるものであり、本来面会の制限もその調整の観点からのものに限定されるべきである。

（ウ）信書の発受

　信書とは、特定の者から特定の者に宛てられた、意思や事実などを伝達するための文書図画のことをいう。この信書を発したり受けたりすることで刑事施設外の者と被収容者とがコミュニケーションをとることも、重要な外部交通である。信書の発受は、文書図画を通したものであるから、面会とは異なり、非即時的なコミュニケーションの方法である点に特徴をもつ。

　こうした性格を反映させて、信書の発受は、面会とは違い、相手方により権利によるものと裁量によるものとに区別せずに、原則として権利として保障されている（126条）。しかし、発受する信書に関しては検査が行われえ（127条）、犯罪性のある者その他受刑者が信書を発受することにより、刑事施設の規律および秩序を害し、または矯正処遇の適切な実施に支障を生ずるおそれがある者[39]については、刑事施設の長は信書の発受を禁止することができるものとされている（128条）。もっとも、婚姻関係の調整、訴訟の遂行、事業の維持その他の受刑者の身分上、法律上または業務上の重大な利害に係る用務の処理のため信書を発受する場合は、この例外とされている（128条）。つまり、非即時的なコミュニケーション手段であるという信書の発受の性格は、一面、権利によるのか施設長の裁量によるのかの区別を行わないことに表れ

---

[39]「矯正処遇の適切な実施に支障を生ずるおそれがある者」からは、受刑者の親族が除かれている。

238

ており、他面、事前検査を行うことに表れている。その際、権利面会の②に
あたるような事情がある場合には、信書の発受においても禁止できないもの
とされていることになる。

　そうすると、重要になってくるのが事前検査のあり方である。現行法上検
査を行うことができるのは、刑事施設の規律および秩序の維持や被収容者の
矯正処遇の適切な実施その他の理由により必要があると認められる場合であ
る（127条1項）。もっとも、この検査の方法は段階づけられており、内容の
検査にまで踏み込まない類型が認められている。すなわち、①受刑者が国ま
たは地方公共団体の機関から受ける信書、②受刑者が自己に対する刑事施設
の長の措置その他自己が受けた処遇に関し調査を行う国または地方公共団体
の機関に対して発する信書、③受刑者が自己に対する刑事施設の長の措置そ
の他自己が受けた処遇に関して職務を遂行する弁護士との間で発受する信書
については、これらの信書に該当することを確認するために必要な限度にお
いて行うものとされている[40]（同条2項）。

　こうした制度のあり方は、旧監獄法下の制度のあり方よりも進歩が認めら
れる面をもつ。旧監獄法下では、面会の場合と同じく、信書の発受の相手方
が原則として親族に限定されており（46条2項）、発信と受信のいずれにつ
いても所長の検閲を予定していた（監獄法施行規則130条）。通信の秘密が憲
法上の権利であること（21条2項）や信書の発受が被収容者の社会復帰にと
っても重要な意義をもっていることに鑑みれば、こうした制度のあり方が日
本国憲法の下でも維持されていたことには大きな問題があった。刑処法は、
検査の方法を全面的に行うべきものとはせずに、それを行うことが「でき
る」ものとしていることや、検査を段階づけた上で特定の類型については
「必要な限度において」行い、外形的な検査にとどめている。このことも、
被収容者の権利制限をより小さくするものとして評価することができる。

　しかし、検査を行うか否かは、「刑事施設の規律及び秩序の維持、受刑者
の矯正処遇の適切な実施その他の理由により必要があると認める場合」とさ

---

[40]　もっとも、③については、刑事施設の規律および秩序を害する結果を生ずるおそれがあると認
めるべき特別の事情がある場合はこの限りでないとされている（同条同項ただし書）。

れており、やはり「規律及び秩序の維持」の理解にかかっているという構造
がある。通信の秘密は憲法上の権利であり（21条2項）、事前検査はその権
利の重大な制約であることを考えれば、「規律及び秩序の維持」の具体化が
重要な課題として残っている。

（エ）電話等による通信

　科学技術の発達により、コミュニケーションの手段は多様化してきている。
それが一般社会で通常の手段として定着していれば、社会との同一化原則か
らは、刑事施設内でも外部交通の手段として考慮されなければならない。こ
の点、刑処法は、電話その他電気通信の方法による通信[41]を認めている。
　もっとも、それは、①開放的施設において処遇を受けていることその他の
法務省令で定める事由に該当する場合において、②その者の改善更生または
円滑な社会復帰に資すると認めるときその他相当と認めるときに、刑事施設
の長が「許すことができる」ものとされているにすぎない（146条1項）。①
は、通信の相手方を確認することが難しいという特性に鑑み、許された相手
方以外の者との通信がなされるおそれが小さかったり、それがなされたとし
ても弊害が小さかったりする場合に限定する趣旨と説明される。また、②は、
外部交通の方法は面会および信書の発受で基本的には十分であり、電話等に
よる通信は補完的に許せば足りるため、電話等による通信を許す必要がある
ことを要件とする趣旨であると説明される。電話等を用いた通信にあたって
は、「刑事施設の規律及び秩序の維持、受刑者の矯正処遇の適切な実施その
他の理由により必要があると認める場合」、刑事施設の長は、通信の内容を
確認するため、職員に通信を受けさせたり、その内容を記録させることがで
きるものとされる（147条）。
　ここでの電話等による通信は、刑事施設の長の裁量に基づいて認められる
にすぎない。また、社会復帰も刑事政策上の効用ととらえた上で、改善・社
会復帰やリスク・弊害を考慮して、その通信が認められる仕組みになってい
る。これが被収容者の権利に基づくものではなく、刑事政策上の効用を期待

---

[41]「電話その他…電気通信の方法による通信」には、電子メールも含まれる。もっとも、現在認
められているのは、電話による通信のみである。

240

して認められるにすぎないことは、電話等の通信が受刑者のみに認められ、未決拘禁者には認められていないという点（146条１項を参照）にも表れている。こうした制度のありようは、自由刑の内容を移動の自由の制限に明確に限定し、刑事施設内での生活を一般社会のものとできるだけ同一化し、本来刑罰内容に含まれるべきものではない事柄により生じる弊害の除去を図っていく考えとは、逆の方向性を指向している。

(5) 規律秩序の維持

（a）「規律秩序」概念

　刑処法は、規律秩序の維持を理由に被収容者の権利を制約する措置をとることを予定している。しかし、この言葉は多義的であり、その概念の中身は自明のものではない。この概念の中身を明らかにすることが必要になる。

　施設内処遇は刑事施設内で行われ、自由刑の枠組みが用いられる。そのため、刑事施設内での規律秩序の維持という場合、それがどこから求められているものなのかを明らかにする必要がある。

　施設内処遇が自由刑の枠組みを前提としていることを考えれば、規律秩序の維持は二つの事柄から必要になる。一つは、自由刑の執行に関係するものである。自由刑は移動の自由を制限するものであるから、正当な理由なく施設外に出る逃亡は許されず、防止されなければならない。もう一つは、移動の自由を制限された中での生活に関係するものである。自由刑を執行中の被収容者は否応なく刑事施設内で生活しなければならず、被収容者同士で空間を共にして生活することになる。安全で平穏な共同生活を保持するためには、一定のルールが必要になる。規律秩序の維持は、被収容者本人の生命・身体・自由を守るためにも必要である。

　しかし、必要性があるということは、その措置をどれだけでもとってよいことを意味しない。旧監獄法下の実務運用にみられたように、軍隊式行進や居室内での正座の強制、刑務作業中の一瞬の脇見まで規則違反とすること、出還房時の裸体検身といったことまでが規律秩序維持を名目として行われれば、被収容者の人権が不当に制約されることになる。刑処法も、規律秩序維持のために執る措置は、被収容者の収容確保やその処遇のための適切な環境

の維持、安全かつ平穏な共同生活を維持するため必要な限度を超えてはならない旨を規定している（73条2項）。規律秩序の維持がどのような根拠から何を目的として要請されるのかを具体的に明らかにするとともに、それが被収容者の不当な人権侵害にならないように注意する必要がある。

（b）保安の概念

　規律秩序の維持の問題と関連して整理が必要なのは、「保安」（セキュリティ）の概念内容である。

　主に手段に着目して整理すると、刑事施設における保安には、①物理的保安、②手続的保安、③動的保安（ダイナミック・セキュリティ）がある。①物理的保安は、行動を規制し、逃亡を防ぐためにデザインされている環境のあらゆる要素のことをいう。境界壁や有刺鉄線のあるフェンス、出入口の警備、セキュリテイ・ロックなどがこれにあたる。②手続的保安とは、被収容者の行動の統制を通して行われるものである。薬物検査や監視などがその代表である。③動的保安とは、被収容者と刑事施設職員との信頼関係やコミュニケーションを通したものである。職員の公正さや、施設被収容者のニーズに応える関係性が重要であるとされる。その重要性は、イギリスの刑事施設で起こった暴動を受けて作成されたウルフ・レポートで指摘されており、今日刑事施設運営に関係する国際人権法規範でも重視されている。

　これらは、完全に相互排他的な関係にあるわけではない。しかし、とりわけ被収容者と職員との関係性という点で①②と③とは相容れない側面をもっている。伝統的な「日本型行刑」では、一見、担当制を通して③動的保安を重視しているようにみえる。しかし、それが恩恵的なものとされ被収容者の権利を土台にしているわけではない点、そして被収容者と刑事施設職員との水平的な人間関係が前提とされているわけでもない点に、大きな違いがある。

　諸外国では、治療共同体の考えを活用した刑事施設内での処遇プログラムが注目されるようになっている。これは被収容者と刑事施設職員との水平的な人間関係を求める点で③動的保安を重視することと整合する。この種の処遇プログラムの実施は、規律秩序の維持や保安のあり方と密接にかかわっている。

(c) 遵守事項

　刑処法は、規律秩序維持のために、刑事施設の長が被収容者が遵守すべき事項（遵守事項）を定めるものとしている。遵守事項への違反は、懲罰の対象となる。

　遵守事項とされるのは、①犯罪行為をしてはならないこと、②他人に対し、粗野もしくは乱暴な言動をし、または迷惑を及ぼす行為をしてはならないこと、③自身を傷つける行為をしてはならないこと、④刑事施設の職員の職務の執行を妨げる行為をしてはならないこと、⑤自己または他の被収容者の収容の確保を妨げるおそれのある行為をしてはならないこと、⑥刑事施設の安全を害するおそれのある行為をしてはならないこと、⑦刑事施設内の衛生または風紀を害する行為をしてはならないこと、⑧金品について、不正な使用、所持、授受その他の行為をしてはならないこと、⑨正当な理由なく、作業を怠り、または刑事施設入所時指導・釈放前指導、改善指導、教科指導を拒んではならないこと、⑩その他刑事施設の規律および秩序を維持するため必要な事項、⑪遵守事項または外部通勤時に定められる特別遵守事項に違反する行為を企て、あおり、唆し、または援助してはならないこと、である（74条2項）。その他、刑事施設の長またはその指定する職員は、被収容者に対し、その生活および行動について指示することができるものとされる（同3項）。

　これらの遵守事項は、❶被収容者の安全（①②③⑥）、❷職員の安全（①②⑥）、❸刑事施設の安全管理（①②④⑤⑥⑦⑧⑩⑪）の観点から定められたものと整理できる。しかし、⑨の遵守事項はこれらの遵守事項とは異質であり、いかなる意味で規律秩序と関連しているのかも不明確である。作業および改善指導・教科指導は矯正処遇の一内容をなすから、怠業や各種指導の拒否を懲罰対象とすることは、つまるところ処遇そのものを規律秩序維持の手段とすることを意味する。「処遇」を懲罰主義の隠れ蓑にすることを避けるためにも、⑨は、遵守事項から削除されるべきである。また、⑩は、包括条項となっており具体性を欠いている。遵守事項への違反は懲罰の対象となるのであるから、被収容者からみて事前に具体性をもつものでなければならない。⑩のような包括条項を置くことは「規律のための規律」を生み出したり、保安規律体制を自己目的化したりする風潮を生み出しやすい。削除が検討され

第 6 講　処遇論　　243

るべきである。

(d) 懲罰

　刑処法には、褒賞とともに懲罰の制度が定められている。その制度趣旨は、規律違反行為への対応として制裁を加えることで規律秩序維持の実効性を担保することにある。

　被収容者に対する懲罰には、①戒告、②禁錮受刑者および拘留受刑者の作業の 10 日以内の停止、③自弁の物品の使用または摂取の一部または全部の15 日以内の停止、④書籍等の閲覧の一部または全部の 30 日以内の停止、⑤報奨金計算額の 3 分の 1 以内の削減、⑥ 30 日以内の閉居（懲罰賦課時 20 歳以上の者に関して、特に情状が重い場合には、60 日以内）の 6 種類がある（151条）。

　懲罰を科する理由となるのは、①遵守事項違反、②外部通勤作業時に定められる特別遵守事項の違反、③刑事施設の職員が行った生活および行動についての指示への違反である（150 条 1 項）。遵守事項に加えて指示違反もが懲罰対象とされていることは、「規律のための規律」の施設風土が醸成される危険性を高めている。確かに、懲罰を科するにあたっては、反則行為に及んだ被収容者の年齢、心身の状態・行状、反則行為の性質・軽重・動機・刑事施設の運営に及ぼした影響、反則行為後の被収容者の態度、懲罰が改善更生に及ぼす影響その他の事情を考慮しなければならないものとされている（同条 2 項）。また、懲罰は、反則行為を抑制するのに必要な限度を超えてはならないものともされている（同条 3 項）。保安規律体制の自己目的化を避けるためには、運用上、反則行為への対応にあたりこれらの事柄に十分に注意する必要がある。その反面、遵守事項や指示への違反を広く懲罰対象としておきながら、反則行為への対応にあたり個別事情を考慮することは、被収容者間の不平等な扱いや温情を求める施設風土を醸成することにもつながりかねない。懲罰対象となる遵守事項や指示への違反の範囲があまりに広いこと自体が問題である。

(6) 不服申立て

(a) 不服申立ての意義

被収容者と国とをデュー・プロセス関係でとらえる立場をとるかどうかにかかわらず、刑事施設内にも法の支配が及ぶべきことに、今日異論はない。それを現実のものとするためには、司法による救済に道を開いておく必要がある。しかし、司法的救済には費用や時間がかかる。その短所を補いつつ、被収容者の権利や利益が侵害されている状態を排除するための制度が必要になる。そこで、刑事施設運営が行政として行われていることから行政不服審査法上の不服申立て制度の活用が考えられるものの、この法律は、「刑務所、少年刑務所、拘置所、留置施設、海上保安留置施設、少年院、少年鑑別所又は婦人補導院において、収容の目的を達成するためにされる処分」については審査請求を認めていない（7条1項9号）。その理由は、処分の名宛人が施設内に拘束されている点で特殊な状況下で収容目的または施設内の秩序維持・管理運営上の必要のために行われる処分は、一般的な不服申立手続で規律することに馴染まないことに求められている。しかし、行政不服審査の対象から除外されていることをこのように消極的観点からとらえることは、被収容者の権利や利益の法的な保護のあり方が一般的な行政領域よりも劣っていてもよいと考えることにつながる。一般的な行政不服審査の対象から除外されていることの意味は、刑事施設や少年施設では被収容者の身体拘束が行われ、場合によっては厳正な規律が強制されるがゆえに違法または不当な措置により被収容者の権利や利益が侵害される危険性が一般社会よりも高く、それゆえに一般的な行政の領域よりも迅速かつ実効性のある不服申立て手段が必要になる、という積極面にこそあると考えるべきである[42]。

この点で、旧監獄法下の不服申立てのあり方は、極めて不十分なものであった。旧監獄法下では、請願の一種である情願と事実上の措置である所長面接に不服申立ての機能を担わせることで対応が図られてきた。情願は権利ではあるものの「希望の開陳」の性格をもつにとどまり、一般の行政救済制度

---

[42] 室井力ほか編著『行政手続法・行政不服審査法［第3版］』（日本評論社、2018年）327頁［門脇美恵］を参照。

における不服申立て権のように強力な権利ではないと理解されるものであった。また、所長面接は、心情把握のカウンセリングの性格をも併せもつものであり、被収容者に面接を求める権利はないと理解されていた。

(b) 不服申立て制度の内容

　それに対し、刑処法上は、被収容者の権利に基づき、①審査の申請、②事実の申告、③苦情の申出という不服申立て制度を整備している。①は処分性のある措置を対象として、その取消しなどを通じて被収容者の権利や利益の救済を図ろうとする制度である。それに対して、②は①で救済可能性がない事実行為を対象としており、監督行政庁による監督機能の発動を促すことで刑事施設を適正に運営させることを期する制度である。また、③は広く被収容者が受けた処遇全般を対象としており、刑事施設の長が自主的に必要な措置をとるなどして問題を解決することを期待するものである。これを別角度からみれば、行政不服審査法の特例ととらえられる①を②と③が補完しているといえる。

　①審査の申請は、刑事施設の長が行う自弁物品の使用・摂取の禁止、宗教上の行為の禁止・制限、信書の発受の禁止・差止、懲罰、隔離などの措置を対象として、矯正管区長に対し書面で行う（157条）。申請期間は原則として措置の告知があった日の翌日から30日以内である（158条1項）。申請に対する裁決は、却下、棄却、容認の3種類を内容としており（161条2項）、できる限り90日以内に裁決するよう努めるべきものとされている（同条1項）。採決に不服がある場合、30日以内に、法務大臣に対し、再審査の申請を行うことができる（162条）。

　②事実の申告は、職員による身体に対する違法な有形力の行使など一過性の事実行為を対象として、矯正管区長に対し書面で行う（163条）。矯正管区の長は、事実の有無を確認した上で、結果を本人に通知しなければならない（164条）。

　③苦情の申出は、自己が受けた処遇全般を対象として、法務大臣に対しては書面で、監察官に対しては口頭または書面で行うものである（166条）。この苦情の申出には、申出期間に制限がなく、これへの対応として、法務大臣

なども、誠実に処理し結果を通知しなければならないものとされているだけである（166条3項）。

　刑処法上の不服申立ての制度は、総体としてみれば、行政処分性をもつもの（①）に限定せず、事実行為（②）、そして処遇措置全般（③）をも含む点で、行政不服審査制度よりも対象を広げているといえる。また、審査の申請も、行政不服審査制度のような対等な当事者争訟手続ではなく、矯正管区の長による職権で不服申立ての内容を調査・審理する仕組みがとられており（160条を参照）、被収容者の権利保障の実効性の確保に配慮している面がある。それは、被収容者は、移動の自由を制限され刑事施設内にいることを強いられているために、自ら証拠を収集して不服を申し立てる仕組みをとれば、不可能を強いることになりかねないからである。秘密申立て権を保障していること（169条）や不利益取扱いを禁止していること（170条）、収容開始時の告知事項とされていること（33条1項9号）と併せて、これらの点は、積極的に評価することができる。

　しかし、審査の申請の対象となる事項は限定列挙と解されておりそもそもが狭く設定されている。また、審査の申請は被収容者が自ら行わなければならないものとされており（157条2項）、代理人による申請が認められていない。さらに、行政不服審査法上の不服申立て期間が3ヶ月とされているのに対して[43]、刑事施設法上の審査の申請の申請期間は原則として措置の告知があった日の翌日から30日以内とされている。これは、受刑者に対する保安上の隔離収容の更新期間が1月ごととされていること（76条2項ただし書）や懲罰としての書籍等の閲覧の停止や閉居罰の期間が30日以内とされていること（151条1項4号、6号）などと関連していると考えられる。審査の申請をしようとする時点で既に措置の効力がなくなり、または執行が終了したものは審査の申請による救済の対象にならないと理解されていることから、これと平仄を合わせものといえる。しかし、受刑者の隔離の期間は3月とされているし（76条2項）、審査の請求の対象となる刑事施設の長の措置

---

[43] この3ヶ月という期間は、2016年に行政不服審査法が改正されたことによるものであり、それ以前は60日であった。

には短くない期間継続性をもつものも含まれている。一般的な行政不服審査の対象からの除外の意味は被収容者のより手厚い権利保障に見出すべきなのであるから、こうした期間の限定には問題がある。

第3節　社会内処遇

1　総説

(1)　意義

　伝統的な処遇論は、刑事施設内での拘禁を前提とした施設内処遇であったが、諸外国において、施設内処遇の処遇効果やコストの高さへの絶望が蔓延するとともに拘禁人口の増加に悩まされた結果、20世紀後半からは、犯罪者に社会の中での従前の生活を継続させながら、必要な処遇を実施する社会内処遇が注目を集めている。社会内処遇は、拘禁という形で社会から隔離しつつ、社会復帰処遇を行うことにまつわる基本的なジレンマを免れており、一般論としてより高い処遇効果が期待できる。また仮に、処遇効果が施設内処遇とさほど変わらないとしても、社会内処遇の方が低コストで実施できるため、依然として社会内処遇は優先されるべきであるともいわれる。

　1990年の第8回犯罪防止及び犯罪者処遇に関する国連会議では、いわゆる東京ルールズが採択された。ここでは、非拘禁的処遇を活用すべきこととそこでの対象者の人権を保障すべきことが謳われた。この人権保障という視点は、社会内処遇にとって極めて重要である。というのも、拘禁を代替させ、拘禁人口を減らすことを目的に社会内処遇を拡大し充実させようとする場合、典型的には英米に見られるように、社会内にあっても犯罪者を甘やかさず厳しく監視するとともに管理するという方向性が取られやすいためである。社会内処遇は伝統的には人道的な視点から展開されたソフトな刑事政策であったが、近時は社会奉仕命令に代表されるハードな措置に重点が置かれることが多く、その結果、対象者の人権は軽視されることになりやすい、という問題がある。しかも、現在までのところ、社会内処遇により拘禁人口を減少さ

せるとの目論見は成功せず、拘禁人口は増え続けるとともに、従来は罰金刑等より軽微な処分を受けていた者がハードな社会内処遇を受けるようになり、社会内処遇対象者も増加する、といういわゆるネット・ワイドニング現象が生じている。このことは、社会内処遇に多くの役割を期待しすぎると、制度が失敗することを示唆している。社会内処遇は決して万能薬ではない。相応しい事案を適切に選別し、適切な処遇を行うことが肝要である。

(2) 用語

　社会内処遇という用語は多義的である。典型的には、遵守事項を課して社会内で行動を監督しつつ必要な援助を実施する保護観察のことを意味するが、日本では法務省保護局が所管する業務のことを「更生保護」と称しており、こちらの用語の方が一般的である。更生保護には、刑事施設からの仮釈放や少年院からの仮退院等、保護観察、更生緊急保護、恩赦、犯罪予防活動、犯罪被害者等施策、医療観察制度に基づく精神保健観察が含まれている。他方で、「犯罪をした者及び非行のある少年に対する社会内における処遇に関する規則」は、更生保護法および売春防止法に基づいて行う社会内処遇として、仮釈放等、保護観察、更生緊急保護について規定している。日本での社会内処遇概念には拘禁施設からの仮釈放等が含まれていることに注意を要する。

(3) 沿革

　社会内処遇は大きく、拘禁を回避するためのものと拘禁後のものに分かれる。拘禁を基準に入口段階と出口段階に分かれるといってもよい。

　このうち入口段階の社会内処遇の始まりは、1841年に、アメリカ・ボストンの靴職員であったジョン・オーガスタスが、軽微な犯罪を犯した者の身元を引き受け、監督することを約束して、裁判所に掛け合い、処分保留で釈放されたことに始まる。これがのちにプロベーションとして公式の制度となった。プロベーションとは、裁判所が判決の宣告を猶予して、社会内で行状を監督し、良好であれば、公訴棄却により手続を終了させることをいうが、このうちの社会内での行状の監督がいわゆる保護観察である。

　出口段階の社会内処遇は、イギリスの流刑地であったオーストラリアで

第6講 処遇論　249

1790年に受刑者に希望を与え、監獄内の秩序を守るために条件付釈放制度が開始されたのが起源とされる。これが、刑期満了前に条件を付して暫定的に釈放するパロールである。

他方で、日本での社会内処遇の起源は、1888年に、監獄を出所したが行き場のない者を引き続き拘禁し続ける別房留置制度が廃止されたことを契機に、民間篤志家が出獄人保護事業を担ったのが最初とされる。もっともそれ以前に、1880年に制定された旧刑法において仮出獄が制度化され、仮出獄者は警察による監視を受けていた。その後、1923年に旧少年法が制定され、少年に対する保護観察制度が開始され、少年保護司がその任に当たった。さらに1933年には、司法保護事業法が制定され、民間の保護団体と、執行猶予者の訪問保護を担当する司法保護委員が明文で制度化された。そして、1949年の犯罪者予防更生法制定、1950年の更生緊急保護法制定、1954年の執行猶予者保護観察法制定といった一連の戦後改革により、少年保護と成人保護が統合され、いずれも民間の担い手である保護司に大きく依存した形で保護観察を実施する、という現在の社会内処遇制度の基盤が整備された。これらの法律は種々の改正を経た後、2007年に更生保護法に統合され現在に至っている。

こうした社会内処遇の歴史からわかることは、社会の中での処遇であるだけに、常に民間の担い手との連携が重要となっていることである。

(4) 目的

社会内処遇の目的に関して、旧犯罪者予防更生法は、「犯罪をした者の改善及び更生を助け、…もって、社会を保護し、個人及び公共の福祉を増進することを、目的とする」と規定していたが、更保法は、「この法律は、犯罪をした者及び非行のある少年に対し、社会内において適切な処遇を行うことにより、再び犯罪をすることを防ぎ、又はその非行をなくし、これらの者が善良な社会の一員として自立し、改善更生することを助けるとともに、…もって、社会を保護し、個人及び公共の福祉を増進することを目的とする」と規定する（1条）。

更保法は再犯防止を正面から掲げ、しかもそれを自立・改善更生の援助よ

りも前に規定している。更保法制定の契機となった「更生保護に関する有識者会議提言」(2006年) は、更生保護が重大再犯事件を防げなかったことを踏まえて出されており、その内容は保護観察の充実強化を謳うものであったため、更保法における目的の変化の意義を、犯罪者予防更生法とは異なり、本人の改善更生に役立たなくても、危険な犯罪者から社会を防衛するために必要な措置は毅然として取る、というように更生保護に質的転換が起きたことを意味する、と理解する見解もある。

　しかし保護観察中の再犯を防ぐためには、まずは本人の危険な兆候を早い段階で察知できるよう的確な見守りをしなければならず、それができれば、適切な支援を行うことで危険が犯罪に結びつくことを防げるはずである。的確な見守りなしに、再犯を防止しようとすれば安易に保護観察を取り消して、対象者を拘禁することになるが、これは拘禁人口を増大させることになるし、改善更生は遠のいてしまう。保護観察の充実強化には複数の含意があるが、本人のニーズに即した支援を提供することが重視されるべきである。更保法の目的規定は、再犯防止の措置はその先に「善良な社会の一員としての自立・改善更生」を見据えて、それと矛盾しないように行われなければならないことを規定したものと解すべきであろう。むしろこの目的規定の重点は、「適切な処遇の実施」を謳ったところにあると思われる。旧法下では、主体的な改善更生を援助するのであるからと、危機場面でも放置する対応が一部に見られ、そのことが再犯の一要因となったことを踏まえた改正である。ただしこのことは、主体的な改善更生を援助するという社会内処遇の基本的性格を変更するものではないことに注意が必要である。

(5) 担い手

(a) 更生保護官署

　行政機関としては、地裁所在地50カ所に保護観察所が点在し、保護観察や更生緊急保護に関する業務を行っている。また高裁管轄区域ごとに地方更生保護委員会 (以下、地方委員会) が設置され、仮釈放の審理などの事務を行っている。中央更生保護審査会はその上部機関であり、恩赦の申出や地方委員会の決定の審査を行っている。

（b）保護観察官

　これらの機関で中心的に職務を担っているのが保護観察官である。心理学・教育学・社会学等の専門知識を有しているとされるが、定員が約1000名と圧倒的に少数である。保護観察の実務は、民間の保護司に大きく依存した形で実施されている。

（c）保護司

　保護司は、保護観察官の十分でないところを補う（更保32条）ことを職務とする民間篤志家であるが、非常勤の国家公務員としての身分を有している。給与は支給されないが、実費弁償を受けられる。保護観察所長が法務大臣に推薦し、法務大臣が保護観察所毎に置かれた保護司選考会の意見を聴いた上で委嘱する。全国886の保護区に配属され、保護観察の実施、犯罪予防活動等に従事している。任期は2年であり、再任を妨げないが、76歳で定年となる。定員は52,500人であるが、現員は48,000人を下回っており（2017年現在）、緩やかな減少傾向にある。平均年齢は65歳であり（同）、こちらは緩やかな上昇傾向にある。高齢化、担い手不足が課題である。地域に根付いた保護司の民間性、地域性を十分に発揮しながら保護観察を実施する点に日本の保護観察の大きな特徴がある。保護観察の担い手をめぐっては、保護観察官を増員するなどにより専門性の高い担い手に制度を担わせるべきとの見解や、反対に、保護観察所長の指揮監督を受けており、多かれ少なかれ権力性を有している現在の保護司ではなく、純粋な民間の担い手を求めるべきとの見解もあるが、いずれにしても現在発揮されている保護司制度の良さを打ち消すことになりかねず、慎重な検討が必要である。

（d）更生保護施設

　保護司と並ぶ更生保護の民間の担い手が、更生保護施設である。更生保護施設は、主に保護観察所から委託を受けて、住居がなかったり、頼るべき人がいないなどの理由で直ちに自立することが難しい保護観察又は更生緊急保護の対象者を宿泊させ、食事を給するほか、就職援助、生活指導等を行う施設である。更生保護施設は更生保護事業法により規律されており、法務大臣

の認可を受けて運営されるが、その多くは、特別法上の公益法人である更生
保護法人として税制上の優遇措置を受けている。2017年現在、全国に103
施設あり、収容定員は2,369人である。2016年の委託実人員は8,095人であ
った。ほとんどの在所者は6月未満で退所しており、大部分の入所者は、入
所中に就職し、自己資金を蓄えてアパート等に自立していくことが想定され
ている。しかし近時は多くの更生保護施設に社会福祉士が配置されるように
なり、高齢者・障害者等の就労による自立を前提としない人も受け入れるよ
うになってきている。また社会生活技能訓練（SST）や、酒害・薬害教育を
実施する施設も増えてきている。さらに薬物専門職員を配置し、薬物依存者
に対し重点的な処遇を行う施設もある。

　このように更生保護施設の役割は多様化しつつあるが、元々小規模で、職
員も少ない施設がほとんどであり、対象者の多様なニーズに的確に応えてい
けるのかという問題がある。更生保護施設は就労による自立を目指す伝統的
な対象者に対し、一時的な住居を提供することに特化した方がいいようにも
思われる。

(e) 自立準備ホーム

　2011年度に「住居確保・自立支援対策」として始められたのが、自立準
備ホームの制度である。予め保護観察所に登録した民間法人・団体等の事業
者に対し、保護観察所が、宿泊場所の供与、毎日被保護者と顔を合わせての
生活状況の確認および自立更生のための生活指導、必要に応じて食事の供与
を委託するものである。2017年現在の登録事業者数は375であり、2016年
の委託実人員は1,524人であった。利用期間は平均2月程度となっている。

　自立準備ホームには、ホームレス支援のNPO法人が所有するアパート、
社会福祉法人等が運営する障害者施設やグループホーム、児童福祉法上の自
立援助ホーム、宗教法人や薬物依存者の自助グループが管理する施設など多
様な形態がある。この制度は「緊急的住居確保」の名のとおり、更生保護施
設では不足する居住施設を補完する目的で始められたものである。しかし、
福祉的支援を要する対象者や薬物依存者などは、むしろ更生保護施設よりも
自立準備ホームに適していると思われる。今後、より積極的に自立準備ホー

ムを活用していくことが望まれる。

(f) 更生保護女性会

更生保護女性会は、犯罪予防活動、子育て支援活動、刑務所や少年院の行事への参加協力、更生保護施設入所者への更生支援活動、社会貢献活動・社会参加活動への参加協力を行う、女性のボランティア組織である。全国に1294地区会あり、会員数は16万人程度となっている。ただし近年は減少傾向にある。

(g) BBS会

BBS会とは、非行少年等に、兄や姉のような立場で接しながら、その立ち直りや成長を支援する活動（BBS活動（Big Brothers and Sisters Movement）を行う青年のボランティア団体である。全国に472地区会あり、会員数は4000人台を維持している。

(h) 協力雇用主

協力雇用主は、「犯罪をした者等の自立及び社会復帰に協力することを目的として、犯罪をした者等を雇用し、又は雇用しようとする事業主」（再防14条）のことをいう。2014年の犯罪対策閣僚会議の決定は、2020年までに実際に出所者等を実際に雇用している企業の数を現在の3倍である約1,500社にする、との目標を掲げている。協力雇用主の数は近年増加しており、2008年に6,000人であったものが2017年では18,000人を上回るほどになっている。多くはいわゆる中小企業である。実際に出所者等を雇用している協力雇用主の比率は4％ほどにとどまるが、登録企業数が増えている関係で、実際に雇用されている出所者等の数も増えている。

2 仮釈放

(1) 意義

仮釈放（狭義）[44]とは、懲役・禁錮刑を受けた被収容者に対し、本人の改善更生のために相当であると認められるときに、行政機関の決定により刑期

254

満了前に一定の条件付きで釈放することをいう（刑28条）。類似の制度として、拘留刑・労役場留置の場合の仮出場（同30条）、少年院からの仮退院（更保41条）、婦人補導院からの仮退院（売防25条）がある。これらを総称して、広義の仮釈放という場合がある。

　仮釈放の目的については、諸説がある。①恩恵説は、仮釈放は刑務所内での行状に対する恩典であるとして、施設内秩序の維持を図るための手段として仮釈放をとらえる。受刑者にとって、一日も早く社会に戻るというのは切実な希望であり、仮釈放が現実にこうした機能を果たしていることは疑いないが、秩序維持を仮釈放の本質とすると、所内秩序が安定しさえすれば、仮釈放は行わなくてよいことになりかねず、不適切であろう。

　②刑の個別化説は、仮釈放を刑を事後的に修正することにより、不定期刑化を図ったものであるとする。確かに、収容期間は不定期化するのであるが、仮釈放となっても刑は終了せず、刑期満了までは再度収容される可能性が残っていることからすると、仮釈放の本質を十分にとらえたものとはいいがたい。

　③刑の執行の一形態説は、現在の通説であり、種々の弊害を伴う施設内処遇を早期に終了させ、社会復帰を促進するところに制度の本質を見る。現行制度においては、仮釈放期間は残刑期間であり、仮釈放中も刑期が進行することからすれば、仮釈放になっても刑が執行され続けていると観念するこの理解が現行法に最もふさわしい。

　④刑の一形態説は、社会防衛を重視する観点から、直ちに釈放しては社会にとって危険な犯罪者を仮釈放とし、保護観察を付けて、社会に適応できない場合には再度収容することを予定する見解である。仮釈放後の保護観察を拘禁刑とは別の新たな刑と見る見解であるが、残刑期間主義を採用する現行法とは相容れない。

　⑤刑の執行の一段階説は、③と同様に社会復帰を促進するところに仮釈放の意義を見出すが、③と異なり、仮釈放はすべての被収容者に適用されるべ

---

(44) 狭義の仮釈放には、伝統的に「仮出獄」という用語が用いられていたが、2005年の監獄法改正の際に、「仮釈放」に改められた。

き制度であるとする。社会復帰を段階的に進めていくべきとの構想を理論化した見解であるが、立法論にとどまる。

⑥拘禁緩和説は、社会復帰のためではなく、端的に弊害の大きな拘禁を緩和することに仮釈放の意義を見出す。この見解の背景には、社会復帰目的を強調すると、国家側の裁量が大きくなり、不当な裁量権行使が生じてしまうとの警戒感がある。しかし、拘禁緩和がどのような状態になれば正当化されるかが問題であり、場合によっては極端に消極的な運用がもたらされるおそれもある。

結局、⑤を見据えつつ、③を基礎として検討していくべき、ということになるだろう。

(2) 許可基準

刑法 28 条によれば、仮釈放の形式的要件は有期刑の場合、刑期の 3 分の 1 を経過すること、無期刑の場合 10 年を経過することである。これを法定期間という。また実質的要件は、「改悛の状があること」である[45]。この要件は、社会内処規 28 条で具体化されている。それによれば、①悔悟の情及び改善更生の意欲があること、②再び犯罪をするおそれがないこと、③保護観察に付することが改善更生のために相当であると認められること、④社会の感情が是認すると認められないときでないこと、である。

①は、中心的な要件であり、対象者の主観的な心情の問題である。

②は、対象者についての客観的な評価の問題である。この要件については、伝統的に批判があった。再犯のおそれがないことの判断は難しいため、恣意的になりやすく、また確実に再犯のおそれがない場合にだけ仮釈放を許可するとすると、適用が極めて抑制的になりやすい。さらに再犯のおそれがまったくないとはいえないが、満期釈放にするよりも仮釈放として保護観察を受けることにより再犯のおそれが低下すると見込まれる場合に仮釈放にできなくなる、という問題がある。そこで、現行の通達は、②は通常①から推認されるが、その他の事情をも考慮して判断される、と規定している。確かに、

---

(45) 改悛の「情」を抱いていることではなく、改悛した状態にあることが求められていることに注意されたい。

256

客観的に再犯をせずに生活を送れるかどうかは、本人の意欲や内省の深まり以外にも、釈放後の安定した生活環境の有無にも左右される。そのため、①以外の要素も考慮されざるを得ないが、①が十分である場合、落ち着いた環境はむしろ更生保護の支援によって作っていくべきものであると考え、柔軟に②を認定していくべきだと思われる。

③は、通常①・②より推認されるが、総合的最終的な相当性の判断であるとされる。矯正施設において予定される処遇の内容・効果も考慮して判断される。しかし、①・②を満たしているのに、所内での態度が悪いという理由で仮釈放を否定するのが妥当かという問題がある。

④は、通常①、②および③により推認されるが、なお仮釈放を許すことが刑罰制度の原理および機能を害しないかどうかの最終的確認であるとされる。社会感情による積極的な是認を求めないという趣旨で、現行規則上、二重否定の表現が用いられている。そのため、「是認すると認められない」と積極的に認定できる場合以外は、要件を充足することになる。被害者等や地域社会の住民の具体的な感情は重要な考慮要素になるが、社会感情そのものではない。社会感情としては、より抽象的・観念的な感情が想定されている。この要件があるために、形式的にはかなり早期に仮釈放が可能になっているにもかかわらず、現実には、後述のように、大部分の刑を執行した後でなければ仮釈放が認められないことになっていると思われる。また、裁判官や検察官から表明されている意見もこの段階で考慮されている。そのため死刑が求刑されたにもかかわらず無期懲役となった事件などでは、判決において仮釈放に消極的な意見が述べられていたり、検察官が仮釈放不適の意見を表明することがあり、仮釈放が極めて困難になっている。確かに、現在の実務では応報刑の考え方を基礎としているため、応報の要求を充たすため一定期間の拘禁は必要となる[46]。しかし生の処罰感情を重視して、それ以上に仮釈放に消極的になることには疑問がある。

---

[46] その期間が、現行刑法が定める形式的要件を上回っている可能性はある。

(3) 手続

　対象者が刑事施設に入所すると、刑務所長は速やかに身上調査書を作成し、その地方の地方更生保護委員会および本人の帰住予定地にある保護観察所長に送付する。保護観察所では、社会復帰を円滑に進めるため必要があると認めるときは、保護観察官又は保護司が引受人と面接するなどして、帰住予定地の状況を確かめ、住居、就労先等の生活環境を整えて改善更生に適した環境作りを働き掛ける生活環境の調整を実施する（更保82条1項）。一方、刑事施設長は仮釈放を許すべき旨の申出をするか否かの審査を行うとともに、法定期間が経過すれば、その旨を地方委員会に通告する。そして刑事施設長は、許可基準に該当すると認める場合、地方委員会に対して仮釈放を許すべき旨の申出をしなければならない（同34条）。地方委員会では、申出がなくても、必要があると認めるときは職権で審理を開始でき、その判断に必要な場合は、対象者との面接、関係人に対する質問などにより調査を行うことができる。

　地方委員会による審理は、委員による対象者との面接等の調査を踏まえて、3人の委員による合議体により行われる。その際、被害者等から仮釈放に対する意見、心情を述べたい旨の申し出があった場合、事件の性質、審理の状況その他の事情を考慮して相当でないと認めるとき以外は、意見等を聴取する。仮釈放を許可すべきとの結論に至った場合は、決定により仮釈放を許す処分を行う（同39条）。

　仮釈放の手続については、本人がまったく関与しない構造となっていること、職権審理がほとんど行われておらず、実質的に刑事施設と地方委員会が二重に審査を行う状態となっていること、刑事施設長の申出は行政行為とは言えないため、対象者への告知と聴聞も保障されないこと、地方委員会は仮釈放を許可すべき場合のみ決定を下すため、不許可になった場合に不服申立てを行う機会が保障されておらず、不許可理由の通知等も行われていないことなど多くの問題がある。本人に申請権を認める方向で改革を行うべきであろう[47]。

(4) 仮釈放期間中の処遇

仮釈放が許可されると、仮釈放期間中は保護観察に付される（更保40条）。仮釈放期間について積極的に定めた法令は存在しないが、仮釈放者の所在不明により保護観察が停止される決定がなされた場合、刑期の進行が停止し、所在判明により停止が解除されると進行が再開する旨の規定（同77条）から、残刑期間であると解される。

仮釈放は、①仮釈放中に再犯を犯し、罰金以上の刑に処せられたとき、②仮釈放前の余罪について罰金以上の刑に処せられたとき、③仮釈放前に確定していた余罪についての罰金以上の刑を執行すべきとき、④遵守事項を遵守しなかったとき、に取り消され得る。取り消された場合、釈放中の日数は刑期に算入されない（刑29条）。取消は、地方委員会の決定による。④については、保護観察所長の申出が必要である（更保75条）。

(5) 運用

仮釈放率は、戦後の混乱期には犯罪の激増と刑務所の危機的過密状態を背景に8割を超えたが、その後は低下し、1982年には50.8％を記録した。危機感を覚えた保護局は仮釈放の積極化施策を打ち出し、仮釈放調査を積極的に行うようになった。その結果、1984年には57.6％に回復し、以降は50％後半で推移していたが、厳罰化の風潮が強まった2000年代前半に再び低下し始め、2010年には49.1％を記録した。その後、2012年に再び仮釈放を積極化させる通達が出されてから、上昇に転じ2016年は57.9％となった。仮釈放審理を開始したが、不許可となった比率は、極めて低く、2～5％程度となっている。

定期刑受刑者の刑の執行率を見ると、2003年頃から執行率が上昇し続け、今や80％未満は2割弱、80％台が半分弱、90％台が残り3割強となっている。また刑期1年以下を別にすれば、刑期が長くなればなるほど刑の執行率は上昇し、10年以上の刑期では8割以上が執行率90％台となっている。一

---

(47) 本人に申請権を認めない制度は恩恵説を強く想起させる。しかし、日本でもかつては、本人にパロール出願を認めていた時期があり、注目される。

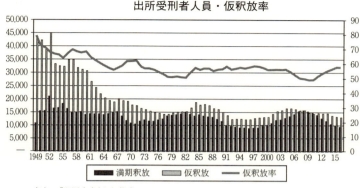

各年の『犯罪白書』より作成

方、無期刑受刑者の仮釈放は1970年代は50名を超えていたが、その後減少し、2007年にはついに0名を記録した。それ以降は毎年4名から11名の間で仮釈放者が出ている。しかし執行刑期は長期化しており、2010年代ではほとんどが執行刑期30年以上となっている。

　仮釈放率は、帰住先のない者など保護環境が悪い受刑者が増加すれば、低下してしまう。しかし生活環境調整を積極的に実施すれば、保護環境を整えることができる場合もある。満期釈放者の半数以上は帰住先が「その他」であり、その大部分は帰住先がないと推測される。居住支援の一層の充実が望まれる。他方で、刑の執行率については運用を見直す余地が大きいように思われる。刑期が長くなるほど刑の執行率が上昇していることからは、本人の仮釈放適性が整うのが遅くなっているのではなく、社会感情を考慮して仮釈放時期が遅らされている可能性が高いように思われる。しかし、仮釈放適性のある対象者は、遅くとも刑期の8割を執行した段階で、社会内での執行に切り替えるべきではないだろうか。

(6) 課題
(a) 考試期間主義採用の是非
　仮釈放制度については、第一に仮釈放期間を考試期間、すなわち社会復帰の可能性を見極めるのに必要な期間とすべきとの主張がある。現行の残刑期

間主義では、行状がよく早期に仮釈放になると長期の保護観察を受けなければならず、反対に行状が悪いと仮釈放が刑期満了直前となって、十分な保護観察期間が確保できないというのである。そこで考試期間主義により、仮釈放期間を残刑期間に拘束されず、保護観察が必要な期間として設定することが提唱される。これに対しては、刑期満了後にも、自由制限を伴う保護観察を実施するのは、罪刑法定主義、責任主義に反するとの批判が強い。考試期間主義は、仮釈放を刑の一形態ととらえ、残刑を執行するのではなく猶予するととらえることで、これらの問題を回避しようとする。しかし、仮釈放の性質をとらえ直しても、残刑に見合う刑事責任を超える負担を負わせることになる可能性は否定できないと思われる[48]。

(b) 必要的仮釈放制度の是非

　現在の仮釈放制度は、保護環境が整わず、そのため再犯に陥りやすい者が満期釈放となり何の支援を受けずに、いきなり社会生活に移行する、といういわゆる仮釈放のジレンマを抱えている。そこで刑の執行の一段階説は、どの受刑者も必ず仮釈放段階を経由して社会復帰を遂げることによるソフトランディングの重要性を主張する。具体的には、一定の比率の刑期が執行された段階で機械的に仮釈放状態に移行するという提案である。

　これに対しては、①事実上の刑期の短縮であり、宣告刑の持つ意義が薄れる、②必要的仮釈放を見越した量刑が行われ、宣告刑が重くなる可能性がある、③再犯可能性が高くても仮釈放となり、社会の安全にとって脅威である、④裁量的仮釈放の運用が停滞し、処遇の個別化に反することになる、といった批判がされてきた。

　しかし、①については、仮釈放制度自体に内在する問題である、②については、必要的仮釈放は機械的に刑の一部を社会内で執行するものであるため、

---

(48) 刑の一形態説は、仮釈放の決定を裁判所に委ねることで処分の事後的変更を正当化するという構想と合わせて主張されることが多い。しかし、そうした法制度は保安処分を有さず、責任主義を重視する日本にはなじまない。なお刑の一部執行猶予制度は、判決宣告時にあらかじめ社会内処遇期間を確保することで、この難点を回避しようとしたものであるが、同時に、釈放時の状態に即して考試期間を設定するという考試期間主義のメリットまで手放した制度である、ということができる。

その部分について刑事責任を果たすのに必要な期間が施設内執行よりは長く算定されても理論上不当ではない、③については、満期釈放になる方が社会にとって脅威である、④については、裁量的仮釈放はより早期の仮釈放を得るための制度としてなお重要な役割を有する、と反論することが可能である。ただし、必要的仮釈放導入後は、現状の保護観察になじみにくいような対象者も対象になるため、保護観察のあり方を工夫する必要がある。

3 保護観察

(1) 意義

保護観察とは、対象者に社会生活を営ませながら、保護観察官と保護司が面接等の方法により接触を保ち行状を把握することや遵守事項等を守るよう必要な指示、措置をとるなどの指導監督を行い、また、自立した生活ができるように住居の確保や就職の援助などの補導援護を行うことにより実施される、対象者の改善更生を図ることを目的とした処分である（更保49条1項参照）。

保護観察には、①刑の執行猶予や宣告猶予に付する形で行われるプロベーション型、②仮釈放に付されるパロール型、③独立の終局処分型がある。現行法上は、❶少年に対する保護処分（同48条1号。1号観察）、❷少年院仮退院者に対するもの（同2号。2号観察）、❸仮釈放者に対するもの（同3号。3号観察）、❹保護観察付執行猶予者に対するもの（同4号。4号観察）、❺婦人補導院からの仮退院者に対するもの（売防26条。5号観察）がある。❶は③型、❷❸❺は②型、❹は①型である。

成人をも対象とする3号、4号観察の法的性質については、①広義の保安処分の一種とする見解、②広義の保護処分とする見解、③一般福祉上の措置と同趣旨のものとする見解、④刑事制裁であるとする見解がある。①については、刑罰でないということしか意味しておらず、法的性質を明らかにしたとはいえない、との批判がある。②については、保護観察は狭義の保安処分とは異なり、人格的危険性に注目したものではなく、環境の劣悪さや保護欠如性に着目したものであるとして、少年法上の保護処分との間に類似性を見出す。しかし、成人に対して少年と同様のパターナリズムで働きかけること

は正当化しがたいという問題がある。③については、再犯の危険性を矯正することを疑問とし、むしろ犯罪をしたことに起因して、刑事制度による援助を受けて更生、社会復帰するための措置ととらえる。しかし一般福祉上の措置というだけでは、障害者や高齢者等ではない犯罪者に対する特有の支援を根拠づけられないという問題がある。④は、保護観察期間を刑期ととらえ、保護観察の内容が刑罰としての苦痛を構成するととらえる。しかし現行法上の保護観察は独立の刑事制裁ではなく、あくまでも執行猶予や仮釈放に付随する処分である。しかもこの構成によると、遵守事項を遵守しないことが刑の不執行状態に直結し、直ちに不良措置として施設収容することになりかねず、改善更生を目的とすることに反する結果をもたらすおそれが強い。結局、保護観察は、②保護処分の一種としつつ、成人をも対象とする以上、自律性を尊重しつつ必要最小限度のパターナリズムを発揮する措置である、と観念するしかないように思われる。

(2) 制度内容

(a) 指導監督と補導援護

　保護観察は、指導監督と補導援護を行うことにより実施される（更保49条1項）。

　指導監督は、保護観察の統制的、権力的側面を象徴するもので、①面接その他の適当な方法により接触を保持し、行状を把握すること、②遵守事項を遵守し、生活行動指針に即して生活し、行動するよう必要な指示その他の措置をとること、③特定の犯罪的傾向を改善するための専門的処遇を実施することにより行われる（同57条）。犯罪または非行に結び付くおそれのある行動をする可能性および保護観察対象者の改善更生に係る状態の変化を的確に把握し、これに基づき、改善更生のために必要かつ相当な限度において行われなければならない（社会内処規41条1項）。

　補導援護は、保護観察の援助的、福祉的側面を象徴するもので、①適切な住居その他の宿泊場所を得ること、当該宿泊場所に帰住することを助けること、②医療・療養を受けることを助けること、③職業を補導し、就職を助けること、④教養訓練の手段を得ることを助けること、⑤生活環境を改善し、

調整すること、⑥社会生活に適応させるために必要な生活指導を行うこと、⑦その他、対象者が健全な社会生活を営むために必要な助言その他の措置をとることにより行われる（更保58条）。対象者が自立した生活を営むことができるようにする上での困難の程度を的確に把握し、これに基づき、その自助の責任を踏まえつつ、いずれかの適当な方法によって、必要かつ相当な限度において行われる（社会内処規41条2項）。

　指導監督と補導援護は一体的かつ有機的に行われることが予定されている（同41条3項）。

(b) 遵守事項
　保護観察対象者には遵守事項が課せられる。一般遵守事項とは、①再犯、非行のない健全な生活態度の保持、②呼出し・訪問、面接への対応、求められた場合の生活の実態を示す事実の申告・関係資料の提示により、指導監督を誠実に受けること、③（住居を定められる仮釈放等の場合を除き）住居の固定、届出、④住居への居住、⑤転居、7日以上の旅行の際の事前許可、である（更保50条）。すべての対象者に一律に課される基本的な遵守事項であり、①以外は、保護観察実施の前提を構成している。

　これに対して、特別遵守事項とは、違反した場合に不良措置が取られ得ることを踏まえ、以下の範囲について、対象者の改善更生に特に必要があると認められる範囲内で具体的に定められるものである。①犯罪性のある者との交際、いかがわしい場所への出入りなど、犯罪又は非行に結び付くおそれのある特定の行動の禁止、②労働従事、通学など健全な生活態度を保持するために必要と認められる特定の行動の実行又は継続、③7日未満の旅行、離職など事前に把握しておくことが重要な特定の事項の事前申告、④専門的知識に基づく特定の犯罪的傾向を改善するための体系化された処遇の受講、⑤法務大臣が指定する施設など改善更生にとって適当な場所への一定期間宿泊、⑥善良な社会の一員としての意識の涵養、規範意識の向上に資する地域社会の利益の増進に寄与する社会的活動への従事、⑦その他指導監督を行うために特に必要な事項（同51条）。④は専門的処遇プログラムの受講を、⑤は指定施設（現状では自立更生促進センターのみ）への宿泊を、⑥は社会貢献活動

をそれぞれ義務づけるものである。

特別遵守事項は、それに違反したからといって直ちに犯罪に結びつくわけではない。あくまでも、この方針に従って行動することが改善更生にとって特に有用だと判断された事項である。改善更生の筋道は多様であり、本人の主体的な意欲も重要である。改善更生の押し付けとならないよう留意する必要があろう。

特別遵守事項は、保護観察開始時および保護観察中の状況に応じて、随時設定されるが、必要がなくなれば取り消される。設定主体は、保護観察処分少年、保護観察付全部猶予者については保護観察所長であるが、設定・変更は裁判所の意見に基づいて行う。取消しについては裁判所の意見は聴取しない。仮退院者、仮釈放者、保護観察付一部猶予者についての設定主体は地方委員会である。一般遵守事項の通知は、前2者については保護観察所長が、後3者については矯正施設の長が書面を交付することにより行う。特別遵守事項の通知は、後3者について釈放までに特別遵守事項が設定されていれば矯正施設長が、それ以外は保護観察所長が書面を交付して行う（同52～55条）。書面交付の際は、遵守する旨の誓約を求める（社会内処規53条）。

特別遵守事項とは別に、保護観察対象者には生活習慣や交友関係の改善等を図るため、生活又は行動の指針が定められる場合がある。指針が定められると、対象者にはこれに即して生活し、行動するよう努める義務が生じる（更保56条）。生活行動指針は遵守事項とは異なり、違反しても不良措置に結び付くことはない。

(c) 応急の救護

補導援護の一環として、対象者が適切な医療、食事、住居その他の健全な社会生活を営むために必要な手段を得ることができず、改善更生が妨げられるおそれがある場合には、①公共の衛生福祉に関する機関その他の機関から必要な応急の救護を得られるように援護、② ①で対応できない場合、保護観察所長自ら行う救護、または③更生保護事業を営む者その他の適当な者に委託して行う救護が行われる（更保62条）。衣服の現物支給、食費や交通費の援助、更生保護施設に委託した上での宿泊場所の提供などが行われている。

(d) 良好措置と不良措置

	良好措置	不良措置
1号観察	解除、一時解除	警告、施設送致申請、家庭裁判所への通告
2号観察	退院	戻し収容
3号観察	不定期刑の終了	保護観察の停止、仮釈放の取消し
4号観察	保護観察の仮解除	仮解除の取消し、執行猶予の取消し申出
5号観察		仮退院の取消し

　良好措置とは、指導監督・補導援護を必要としないほどに更生した場合、保護観察満了前に一時的または終局的に保護観察を終了させる措置をいう。

　1号観察は、保護観察を継続する必要がなくなった場合、解除され、保護観察は終局的に終了する（更保69条）。また改善更生に資すると認めるときは、一時解除される（同70条）。一時解除となると、指導監督および補導援護は実施されず、特別遵守事項も適用されない。一般遵守事項の一部のみが課される状態となる。2号観察は、保護観察を継続する必要がなくなった場合、正式な退院となる（同74条）。3号観察は、少年に対する不定期刑の場合に刑が終了する（同78条）のを除き、良好措置がない。4号観察は、健全な生活態度を保持し、改善更生できると認められる場合、仮解除され、1号観察の一時解除とほぼ同様の扱いとなる（刑25条の2第2項、27条の3第2項、更保81条）。

　立法論として、成人を対象とする3号、4号観察への良好解除の導入を検討すべきであろう。とりわけ保護観察期間が長期に及ぶ4号観察と一生涯に亘る無期刑の仮釈放については、導入の必要性が高い。なお、法制審議会少年法・刑事法（少年年齢・犯罪者処遇関係）部会では4号観察に関して良好解除の導入は見送られたものの、仮解除を促進するために、主体を地方委員会から保護観察所に変更することが検討されている。

　不良措置とは、対象者に遵守事項違反又は再犯等があった場合にとられる措置である。1号観察では新たに虞犯事由がある場合に、家裁に通告され、新たに保護処分をすることができる（更保68条）。また、遵守事項を遵守しなかった場合、遵守するように警告し、なお遵守事項を遵守せず、その程度が重い場合は、家裁に対して、少年院等の施設へ送致する決定を申請する措置が2007年の少年法改正で導入された（同67条2項、少26条の4）。2号観

察については、遵守事項を遵守しなかったと認めるとき、家裁に対し少年院への戻し収容を申請する（更保75条）。3号観察については、再犯等で罰金以上の刑を受けた場合、遵守事項を遵守しなかった場合等に、地方委員会が仮釈放の取り消しを決定する（刑29条1項、更保75条）。また、仮釈放者の所在が判明しないため、保護観察を行うことができなくなったときは、地方委員会の決定により保護観察が停止される（更保77条）。保護観察が停止されると、刑期の進行も停止する。4号観察は、再犯等により実刑に処せられた場合は必要的に、再犯等により罰金刑に処せられた場合、遵守事項を遵守せずその情状が重い場合（全部猶予の場合）、全部猶予となった前刑が発覚した場合（全部猶予の場合）、遵守事項を遵守しなかった場合（一部猶予の場合）は裁量的に、裁判所に決定により執行猶予が取り消される（刑26条、26条の2、27条の4、27条の5、刑訴349条、349条の2、更保79条）。5号観察は、遵守すべき事項を遵守しなかった場合、地方委員会の決定により仮退院が取り消される（売防27条）。

　遵守事項違反による不良措置は、1号観察と保護観察付全部執行猶予の場合を除き、単に「遵守しなかった」ことを要件とする。これらの場合は、当初から社会内処遇となっているため、収容に慎重を期しているが、一旦施設収容を経験している他の場合はその配慮を要しないということであろう。しかしながら、遵守事項違反があった場合に機械的に不良措置をとることは、保護観察の目的である改善更生に資さず、すべきではない。特別遵守事項違反での取消しが正当化されるとすれば、今にも再犯に陥りそうな状態であることが客観的に認定可能であり、その徴表として遵守事項違反が行われた場合であろう。また一般遵守事項違反についても、保護観察関係の維持がまだ見込めるのであれば、不良措置は控えるべきであろう。

(3) 処遇内容
(a) 処遇の実施者
　保護観察は、対象者の特性、とるべき措置の内容その他の事情を勘案して、保護観察官又は保護司が実施する（更保61条1項）。

　通常は1人の対象者を保護観察官と保護司が協働して担当する。保護観察

官の専門性と保護司の民間性、地域性の両方を活かす狙いがあるとされる。保護観察の開始当初は、本人の居住地区を担当する保護観察官が面接し、その結果を踏まえ、保護観察事件調査票と保護観察の実施計画を担当保護司に送付する。担当保護司は、書面を参照しつつ、対象者と適当な接触（多くの場合、月2度ほどの対象者の来訪と月1度ほどの担当者の往訪）を保ち、行状を把握しつつ、必要な助言指導を実施する。対象者の生活が不安定化したり、再犯・再非行のおそれが大きくなった場合などは、保護観察官に指導を要請し、それでも収まらないと、不良措置が考慮される。

　これに対して、長期刑仮釈放者、暴力的性向を有し、生活状況又は精神状態が著しく不安定な者などについては、保護観察官が直接処遇を実施する。

（b）段階別処遇

　対象者は、改善更生の進度や再犯可能性の程度、補導援護の必要性等に応じて4区分された段階に編入される。

　S段階は、長期刑仮釈放者や重大事件少年などが編入され、更生保護施設での特別処遇や保護観察官による直接担当等、濃密な処遇が行われる。

　A段階は、処遇が著しく困難であると認められる者が編入され、担当保護司による月3回程度の面接に加え、保護観察官による少なくとも3月に1回の往訪を実施する。

　B段階は、処遇が困難であると認められる者が編入され、担当保護司による月2回程度の面接、1回程度の往訪に加え、保護観察官が少なくとも6月に1回程度面接を実施する。

　C段階は、処遇が困難でないと認められる者が編入され、必要に応じて保護観察官の面接や担当保護司の月2回程度の面接等により生活実態の把握を中心とした処遇を行う。

　ほとんどの事件は当初、C段階に編入され、遵守事項違反等が認められると段階が上げられる。反対にA、B段階でも、経過が順調であれば、一つ下の段階に変更される。S、A段階で遵守事項を遵守しないと、不良措置が検討されることになる。

(c) 類型別処遇と専門的処遇プログラム

　対象者の問題性その他の特性を類型化して把握し、各類型ごとに共通する問題性等に焦点を当てた効率的処遇を実施している。シンナー等、覚せい剤事犯、問題飲酒、暴力団関係、暴走族、性犯罪等、精神障害等、中学生、校内暴力、高齢、無職等、家庭内暴力（児童虐待、配偶者暴力）、ギャンブル等依存の13類型がある。

　一部については、独立したプログラムとして、心理学等の専門的知識に基づき、認知行動療法を理論的基盤として開発された、体系化された手順による専門的処遇プログラムとして実施されている。性犯罪者処遇プログラム、薬物再乱用防止プログラム、暴力防止プログラム、飲酒運転防止プログラムの4種があり、特別遵守事項として受講が義務づけられる。保護観察官が5回にわたり、対象者に面接し、ワークシートに書き込ませるなどの方法で自己の問題性を考えさせるとともに、ロールプレイング等の方法で、犯罪に至らないための行動方法を指導している。

(d) 自立更生促進センター

　自立更生促進センター（広義）は、適当な引受人がなく、民間の更生保護施設でも受入れが困難な仮釈放者等を対象とし、保護観察所に付設した宿泊施設に宿泊させながら、保護観察官による濃密な指導監督や充実した就労支援を行う施設である。

　仮釈放者を対象とし、問題性に応じた重点的・専門的な処遇を行う狭義の自立更生促進センターが北九州と福島に、主として農業の職業訓練を実施する就業支援センターが北海道の沼田町（少年用）と茨城（成人用）に設置されている。狭義の自立更生促進センターに入所する場合は、特別遵守事項として宿泊が義務付けられる（更保51条2項5号）。

　民間の更生保護施設には受け入れられない人にも帰住先を提供する発想は望ましいが、それらの対象者が必然的に保護観察官による濃密な指導監督を必要とするのか、この施設への宿泊のみを特別遵守事項として義務づける必要があるのかなど制度設計に整合性があるのか、再検討が必要なように思われる。

(e) 社会貢献活動

　社会貢献活動は、2013年改正で新たに導入された特別遵守事項である（更保51条2項6号）。当初、諸外国と同様の社会奉仕命令を導入することの是非が議論されたが、制裁的要素を有する社会奉仕命令を導入するためには、裁判所で刑としてあるいは執行猶予の際の条件として言い渡す必要があるが、いずれにしても判決前調査制度が存在しない状態では運用が困難であるということで、制裁的要素をなくし、純粋に改善更生のための措置である特別遵守事項として制度設計されたのが現行法である。

　従来から少年に対しては同意に基づく任意の措置として、社会性を育み、社会適応能力を向上させることを目的に社会参加活動が実施されてきた。このうち、公共の場所での清掃活動や福祉施設での介護補助活動等は、「善良な社会の一員としての意識の涵養及び規範意識の向上に資する地域社会の利益の増進に寄与する社会的活動」である社会貢献活動として義務づけられることになった。これに対して、陶芸教室、料理教室、スポーツ活動等は社会参加活動として従来の枠組みで実施されている。

　社会貢献活動は社会の役に立っていることを実感することで、改善更生を果たすことを目指している。この種の活動にそうした効果があることは確かであろうが、しかしそれが「改善更生のために特に必要」とまでいえるのかは疑問である。また重点は、更生保護女性会会員やBBS会員とともに活動の過程でコミュニケーションをとることにあるとされており、そうであれば従来型の社会参加活動の枠組みでの実施を成人にも拡大すれば足りたのではないかと思われる。社会貢献活動の義務づけにより、従来型の社会参加活動の実施がやりづらくなりかねないとの弊害もある。

(4) 実施状況

　保護観察対象者は過去30年減少し続けている。主たる要因は、保護観察処分少年の減少である。その分だけ、成人の比率が上昇傾向にある。

　保護観察期間について、1号、2号観察については、おおよその処遇期間が決まっている。3号観察については、2月以内が2割、2月〜3月が2割、3月〜6月が4割と非常に期間が短くなっている。あまりに短期の保護観察

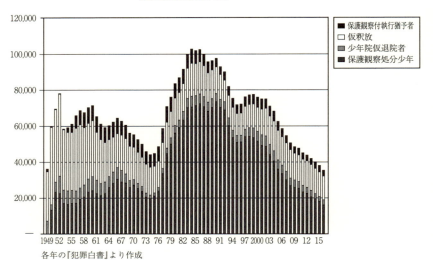

各年の『犯罪白書』より作成

では十分な効果を発揮し得ないため、仮釈放の早期化が望まれる。4号観察については、3年以下が5割、3年〜4年が3割、4年〜5年が2割と、こちらは非常に期間が長くなっている。執行猶予期間が、社会内処遇の必要性ではなく、言渡し刑期より長期間という基準で設定されているためだと思われる。あまりに長期間の保護観察は対象者の自律性を損なうおそれがあるし、生活が軌道に乗り順調に推移していれば保護観察は不要であろう。前述のように、良好措置としての仮解除をより積極的に活用するほか、解除により保護観察を終了させることも立法論として検討すべきであろう。

　不良措置についてみると、1号、2号観察で不良措置が取られる件数は年間に数名から数十名程度と非常に少ない。3号観察で仮釈放が取り消される件数は、近年は年間600件程度、取消で終了する割合は5％未満である。4号観察で執行猶予が取り消される件数は年間800件程度、比率は25％程度である。4号観察の方が取消率が高いのは、保護観察期間が長期に及ぶことの他、3号観察対象者は元々更生の見込みが高いと判断されているのに対し、4号観察対象者は単純執行猶予では再犯の可能性があると判断された層が中

心であることにもよると思われる。なお、更生保護法施行に伴い、不良措置が積極化され取消率が上昇することが懸念されたが、統計上、取消率はむしろ同法施行前よりも低下している。

4　更生緊急保護

満期釈放者、単純執行猶予者、起訴猶予者、罰金・科料の言渡しを受けた者、労役場出場・仮出場者、少年院退院者・仮退院期間満了者等に対し、申し出に基づいて、保護観察対象者に対する応急の救護と同様の措置を講じることを更生緊急保護という（更保85条）。

応急の救護と同様に、①保護観察所長自らが行う自庁保護、②更生保護法人等に委託して行う委託保護に分かれる。一般福祉優先の原則が法律上規定されている。

保護観察とは異なり、本人の申出を条件とする任意のものである。

刑事手続・保護処分上の身体拘束を解かれた後6月の範囲で行われるが、本人の更生を保護するために特に必要があると認められるときは更に6月を超えない範囲で延長される。延長措置は、対象者の高齢化等で6月では自立への筋道を立てられない者が増加していることを踏まえて導入されたものである。

なお近時、検察庁と連携して、起訴猶予者に対し、勾留中から環境調整を行い、釈放後速やかに更生緊急保護を実施する、「起訴猶予者に係る更生緊急保護の重点実施等の試行」が実施されている。

5　新しい社会内処遇

(1)　出口支援

罪を犯した知的障害者、高齢者の中には、刑事施設を出所しても直後に再犯をして施設に舞い戻る層が存在している。刑事施設での処遇は、自由を剥奪され窮屈な集団生活を送らざるを得ない経験を通じて、罪を反省し、再犯をしないよう強い意志を固めさせることを意図しているが、こうした層の人たちの中にはそうしたメカニズムの作動が期待しづらい人がいる。福祉の支援を受けられなかったがために、罪を犯さざるを得なかったのであれば、福

祉の支援を提供することこそが重要だと考えられるに至ったのである。

　そこで、法務省と厚生労働省が連携して、全都道府県に地域生活定着支援センターが設置され、高齢や障害を抱え、帰住先の受刑者を特別調整対象者として選定し、出所時に介護・医療等の福祉サービスにつなぐ取り組みが行われるようになった。

　具体的には、刑務所に社会福祉士・精神保健福祉士が配置され、特別調整の候補者をピックアップして、保護観察所に通知する。保護観察所では、面接等により本人の意向や状況を確認し、正式に対象者とするか否かを決定する。対象者として選定されると、保護観察所から各都道府県に設置された地域生活定着支援センターに協力依頼がなされる。地域生活定着支援センターは社会福祉協議会や社会福祉法人などの民間の法人・団体が業務を受託している形態がほとんどであり、社会福祉士などの福祉の専門家が業務を行っている。このセンターが、福祉施設など受入先の調整を行う。

　出口支援をめぐっては、①これまで出所者等を受け入れてこなかった福祉施設等が、出所者を受け入れることに抵抗感を抱き、受け入れ先が特定の施設に偏ってしまう、②出所者等に対し再犯防止を意識して通常の利用者とは異なる行動規制等をしてしまう、③センターの実力にばらつきがある、④大部分の特別調整対象者が、福祉側の受け入れ体制の問題もあり満期釈放になっている、等の課題も多い。それでも、出所者に支援を提供することで、再犯に陥ることなく社会生活を営ませる取り組みが開始されたことの意義は大きい。

(2) 社会奉仕命令

　社会奉仕命令は、上述の社会貢献活動とは異なり、独立した刑事制裁として公益奉仕労働への従事を義務づけるものである。欧米で、拘禁人口が増加し、拘禁費用が増大するとともに、拘禁を代替できる社会内刑罰として導入され、拘禁人口を減少させることに貢献することが期待された。

　社会内にいて、拘禁されているのと同程度の刑罰効果を有しなければならないため、一般に、奉仕活動に従事する時間は100時間等と長時間に及び、そのため従事する期間も長期間となる。拘禁を代替するほどの十分な苦痛を

感じさせつつ、拘禁の弊害を生じさせることなく、かつ対象者に社会に対する償いを実感させ贖罪を果たさせるとともに、社会の側からも受け入れてもらう体制を構築することで、積極的な特別予防効果を発揮することが狙いとされている。

しかしながら、十分な苦痛を感じさせようとすると、更生の鍵となる安定した就労は困難となる。奉仕活動の内容も、拘禁の苦痛を代替させるためには、過酷なものになるおそれがある。また償いや苦痛賦課のために、犯罪者であることがわかる形で奉仕活動を行わせる場合、名誉刑的な要素を伴うことになり、負のレッテルが貼られてしまうことにもなる。こうした理論的な問題のほかにも、どんなに社会奉仕命令を厳しいものとしても、拘禁の苦痛とは落差があるため、拘禁刑を代替することはできず、かえって従来は伝統的な社会内処遇で対応されてきた層に対して社会奉仕命令が適用されることになる、というネット・ワイドニング効果が生じやすい、とされる。

日本でも、1990年に法制審議会刑事法部会財産刑検討小委員会において、罰金未納者に対する労役場留置の代替策として社会奉仕命令を導入することが検討された。しかし、労役場留置者の多くは住居不定・無職であり、社会奉仕が有用か疑わしい等の反対意見が強く、導入は見送られた。この指摘は本質的であり、日本でも社会奉仕命令を導入する意義があるとすれば、拘禁を代替する場合だと思われる。具体的には、現状で執行猶予となっていない短期自由刑が代替できるのであれば、導入には意義がある。しかし、短期の自由刑で敢えて実刑になっている事案は、それなりの理由があると想定され、それを社会奉仕命令で代替できるかにはなお慎重な検討が必要である。またネット・ワイドニング効果の発生も警戒しなければならない。少なくとも過剰収容が問題となっていない状況で、社会奉仕命令を導入する必要性は大きくない。

(3) 電子監視

電子監視とは、犯罪者を社会内にとどめ、電子足輪などを装着させ、監視する制度である。もともと、在宅拘禁を言い渡された対象者に夜間など指定時間に在宅していることを確認するために用いられていたが、現在は、GPS

を活用して所定の立ち入り禁止場所に立ち入らないことを確保するためにも
用いられている。

　このように電子監視の本質は、遵守事項の履行確保手段であり、何らかの
働きかけを行っているわけではない。そのため、電子監視は、保護観察の際
の遵守事項の一内容として用いられるだけでなく、判決で電子監視が命じら
れることもあり、さらに刑終了後の保安処分の内容として用いられる場合、
保釈の際の遵守事項として用いられる場合もある。

　電子監視が拘禁を代替するという場合、何が代替されるのかが問題である。
拘禁の苦痛を代替する効果は必ずしも大きくない。電子監視の再犯防止効果
に期待する立場は、隔離効果の代替を期待していることになるが、拘禁刑と
は異なり働きかけの要素が欠ける電子監視では再犯リスクが解消しない。そ
こで社会内処遇として、必要かつ有効な働きかけをしつつ付加的な行動監視
手段として用いることが考えられるが、必要かつ有効な働きかけを提供する
前提であれば、必ずしも電子監視は必要ないのではないかとの疑問が生じる。
電子監視により、遵守事項違反が可視化されるため、機械的な保護観察取消
しにつながるおそれもある。

　保釈の際の利用は、逃亡防止のためであれば恒常的な行動監視は過剰にな
り得るし、罪証隠滅防止を果たそうとすれば、ウェアラブルカメラの装着義
務づけ等のより徹底した監視が必要になりかねない。保安処分としての利用
には、刑の執行を終えているにもかかわらず、プライバシーを侵害すること
の相当性および正当性が深刻な問題となる。

　以上のように、電子監視を活用することには問題が多いと思われる。

【参考文献】

相澤育郎「ソーシャル・インクルージョンと犯罪者処遇」龍谷大学矯正・保護総合センター研究年報 5 号（2015 年）16-36 頁

伊藤康一郎「医療モデル（Medical Model）」藤本哲也編『現代アメリカ犯罪学事典』（勁草書房、1991 年）279-284 頁

鴨下守孝『全訂 2 版 新行刑法要論』（東京法令出版、2009 年）

松本勝編『更生保護入門［第 5 版］』（成文堂、2019 年）

刑事立法研究会編『刑務所改革のゆくえ』（現代人文社、2005 年）

刑事立法研究会編『非拘禁的措置と社会内処遇の課題と展望』（現代人文社、2012 年）

刑事立法研究会（土井政和＝正木祐史＝水藤昌彦＝森久智江編集）『「司法と福祉の連携」の展開と課題』（現代人文社、2018 年）

津富宏「犯罪者処遇は有効である」犯罪と非行 110 号（1996 年）98-127 頁

林眞琴ほか『逐条解説 刑事収容施設法［第 3 版］』（有斐閣、2017 年）

福田雅章『日本の社会文化構造と人権』（明石書店、2002 年）

本庄武＝武内謙治編『刑罰制度改革の前に考えておくべきこと』（日本評論社、2017 年）

本庄武「変革期の自由刑における刑務作業の意義」酒井安行ほか編『国境を超える市民社会と刑事人権』（現代人文社、2019 年）283-306 頁

事項索引

[あ]

RNR モデル …………………………210
アノミー理論 ………………………29
アムステルダム懲治場 ……………80
アレインメント ……………………182
石川島人足寄場 ………………95, 215
一次的予防 ……………………36, 63
一般恩赦（政令恩赦）……………145
一般改善指導 ………………………229
一般遵守事項 ………………………263
一般情状 ………………………………7
一般的権力論 ………………………220
一般予防 ………………………………72
一般予防論 …………………………201
移転効果 ………………………………19
入口支援 ……………………………173
医療観察制度 ………………………134
医療モデル（メディカル・モデル）…… 102,
    207
ウルフ・レポート …………………241
エビデンス・ベイスト・ポリシー
    （Evidence based Policy、EBP）………20
LRA 原則 ……………………………221
延納・分納 …………………………114
応報 …………………72, 90, 92, 188, 256
応報刑論 …………………………7, 198, 201
オーバン制 …………………81, 95, 214, 218
恩赦 …………………………………144

[か]

戒告 …………………………………243
改善更生 ……………………205, 249, 253, 261

改善指導 ……………………………229
外部交通 ……………………………235
学問としての刑事政策 ………………3
仮釈放 ………………………………197
仮釈放委員会（パロール・ボード）……207
過料 ……………………………………83
科料 …………………………………69, 103
換刑処分 ……………………………117
監獄法 ………………………………215
監獄法改正調査委員会 ……………216
間接公開 ……………………………179
既決施設被収容者の法的地位 ……218
起訴強制 ……………………………175
起訴猶予 …………9, 157, 170, 176, 184, 197
規範意識 ………………………………73
求刑 …………………………………189
教科指導 ……………………………229
協議・合意制度 ……………………183
狭義の犯情 ……………………………7
行刑改革会議 ………………………217
行刑制度調査委員会 ………………216
行刑の「近代化」、「国際化」、「法律化」…217
行刑法改正委員会 …………………216
行刑累進処遇令 ……………………224
行政警察活動 ………………………154
強制執行 ……………………………113
矯正処遇 ………………………222, 228
矯正処遇の法的性格 ………………230
行政不服審査法 ……………………244
供用物件 ……………………………117
規律秩序の維持 ……………………240
禁錮 ……………………………………94
禁錮廃止論 …………………………100
禁絶処分 ……………………………130
緊張理論 ………………………………29

グッド・ライブズ・モデル ……………210
苦情の申出 ……………………………245
刑事施設 ………………………………161
刑事施設視察委員会 …………………222
刑事収容施設 …………………………161
刑の一部執行猶予 ……………………197
刑の個別化 ………………………188, 198
刑の執行の免除 ………………………145
刑の消滅 ………………………………143
刑の全部執行猶予 ……………………194
刑の量定 ………………………………187
刑罰インフレ …………………………41
刑罰廃止論（アボリッショニズム）……82
刑法犯 …………………………………23
刑務所自給自足の原則 ………………232
刑余者復格促進運動 …………………143
血讐（フェーデ）…………………… 78, 106
嫌疑不十分 ………………………170, 176
検挙件数 ………………………………24
検挙率 …………………………………24
減刑 ……………………………………145
検察官司法 ……………………………10
検察審査会 …………………………9, 174
厳正独居方式 …………………81, 95, 218
厳罰化 ……………………………44, 174
権利面会 ………………………………236
行為責任 ………………………………7
行為責任主義 ………………125, 190, 192
考試期間主義 ……………………197, 259
更生緊急保護 …………………………271
更生保護 ………………………………248
更生保護施設 …………………………251
交通反則金（制度）……………… 82, 104
交通反則通告制度 ………………41, 111
行動ないし実践としての刑事政策………3
公判前整理手続 ………………………177
公民権停止 ……………………………140

合理的選択理論 ……………………32, 35
拘留 ……………………………………94
勾留 ……………………………………159
個別恩赦 ………………………………145
個別処遇の原則 ………………………223
コミュニティ ………………………62, 66
コミュニティ・ポリシング……………36
コントロール理論（社会的絆理論）……29

[さ]

財産刑 ……………………………69, 83, 103
裁判員制度 ………………177, 185, 191
再犯者率 ………………………………25
裁判の公開 ……………………………177
再犯防止 …………………… 10, 249, 272, 274
再犯防止推進計画 ………………… 11, 143
再犯防止推進白書 ……………………11
再犯率 …………………………………25
裁量面会 ………………………………236
作業 ………………………………229, 231
作業報奨金 ……………………………231
残虐な刑罰 ……………………………70
三次的予防 ……………………………36
三者即日処理方式 ……………………110
GL モデル ……………………………210
資格制限 ………………………139, 194, 197
資格の回復 ……………………………142
自己契約作業 …………………………231
自己労作 ………………………………231
事実の申告 ……………………………245
施設内処遇 ………………………201, 213
執行猶予 …………………………115, 193
指定通院医療機関 ……………………137
指定入院医療機関 ……………………137
指導監督 ………………………………262
児童自立支援施設・児童養護施設送致

…………………………………128	自立準備ホーム …………………………252
司法警察活動 …………………………154	侵害原理 ……………………………………39
司法取引 ………………………………183	人口比 ………………………………………24
社会関係資本（ソーシャル・キャピタ	審査の申請 ……………………………245
ル）………………………………………33	信書の発受 ……………………………237
社会貢献活動 …………………………269	心神耗弱者 ……………………………132
社会貢献作業（社会奉仕作業）………115	心神喪失者 ……………………………132
社会資源（ソーシャル・リソース）……33	心神喪失者等医療観察制度 …………134
社会的犯罪予防 …………………………36	身体刑 ………………………………………71
社会内処遇 ……………………………201	請願 ………………………………………244
社会復帰調整官 …………………………137	制限の緩和 ……………………………227
社会奉仕命令 …………………………272	精神保健審判員 …………………………135
若年者に対する新たな処分 …………129	生成物件 ………………………………118
ジャスティス・モデル（公正モデル）…208	生来的犯罪者 ……………………………28
自由刑純化論 …………………96, 233	責任主義 ……………………………8, 127
自由刑の単一化 …………………………99	積極的特別予防論 ……………………202
修正された特別権力関係論 …………220	セレクティブ・サンクション（選択的
集団編成 ………………………………225	処罰）……………………………31, 42
修復的司法（リストラティブ・ジャス	全刑法学 …………………………………13
ティス）……………………………61, 82	宣告猶予 ………………………………197
受刑者の処遇の原則 …………………227	相対的応報刑論 …………8, 75, 188, 202
受刑者分類調査要綱 …………………224	組織犯罪法 ……………………………121
取得物件 ………………………………118	組成物件 ………………………………117
遵守事項 ………………………………242	措置入院 ………………………………132
情願 ………………………………………244	即決裁判手続 …………………………180
状況的犯罪予防（環境犯罪学）…35, 64	損害賠償命令 ……………………………54
消極的特別予防論 ……………………202	
常時恩赦 ………………………………145	**[た]**
常習累犯 ………………………………102	
少年院送致 ……………………………128	対価物件 ………………………………118
処遇 ……………………………201, 204	大赦 ……………………………143, 145
処遇指標 ………………………………225	対人的保安処分 …………………………126
処遇調査 ………………………………223	代替主義 ………………………………127
書籍等の閲覧 …………………………234	ダイバージョン ………7, 31, 42, 62, 165
所長面接 ………………………………244	代罰規定 ………………………………109
所定の作業 …………96, 99, 230, 231	対物的保安処分 …………………………126
自立更生促進センター ………………268	代用監獄 ………………………………161

事項索引　279

択一主義 ·················127
段階別処遇 ················267
短期自由刑 ················101
地域生活定着支援センター ·········272
地方更生保護委員会 ········250, 257
地方再犯防止推進計画 ···········11
懲役 ····················94
懲役廃止論 ················100
懲治場 ················95, 214
懲罰 ····················243
懲罰的損害賠償（制度）········85, 106
直接公開 ·················179
治療処分 ·················130
賃金制 ··················233
追徴 ················103, 117
通信傍受法 ·············44, 155
停止公権 ·················139
適正手続 ·············31, 176
敵味方刑法 ················46
出口支援 ·················271
手続的保安 ················241
デュー・プロセス関係論 ········221
テロ等準備罪 ············45, 156
転移 ····················65
転嫁罰規定 ················109
電子監視 ·················273
点の理論 ·················188
電話等による通信 ···········239
当事者主義 ··············174, 176
統制の網の拡大（ネット・ワイドニン
　グ）············42, 70, 248, 273
動的保安（ダイナミック・セキュリテ
　ィ）··················241
道徳原理（モラリズム）·········39
特赦 ················143, 145
特捜事件 ·················169
特別恩赦（特別基準恩赦）········145

特別改善指導 ···············229
特別教科指導 ···············229
特別権力関係論 ·············219
特別遵守事項 ···············263
特別調整 ·················272
特別法犯 ··················23
特別予防 ··············72, 172
特別予防論 ················201
徒刑 ····················95
所－須々木論争 ··············16
取調べ ··················157

[な]

二次的予防 ················36
二次被害 ···············50, 53
二重処罰 ·················83
日常活動理論（ルーティーン・アクテ
　ィヴィティ理論）···········35
日数罰金制度（単位罰金制度）·····116
日本型行刑 ·············217, 241
日本型刑事司法 ··············8
認知件数 ··················24

[は]

ハート－デヴリン論争 ··········38
剥奪公権 ·················139
パターナリズム　→　保護原理
罰金 ················69, 82, 103
発達犯罪学（ライフコース論）·····33
幅の理論 ·················188
破廉恥罪 ···············95, 100
パロール（型）···········249, 261
判決前調査 ················190
犯罪暗数 ··················26
犯罪化 ··················38

犯罪学 …………………………………13
犯罪原因論 ………………………………27
犯罪者名簿 ………………………………42
犯罪統計 …………………………………22
犯罪人名簿 ………………………………142
犯罪被害実態（暗数）調査 ……………27
犯罪報道 …………………………………180
犯罪予防活動 ……………………………63
犯情 ………………………190, 192, 197
ハンズ・オフ（hands-off）原則 ………219
被害者参加制度 …………………………59
被害者補償制度 …………………………55
非刑罰化 …………………………………38
被拘禁者処遇最低基準規則 ……………216
非拘禁的処遇 ……………………………247
非行副次文化論 …………………………30
微罪処分 ……………………………6, 165
非施設化 …………………………………31
必要的仮釈放 ……………………………260
人質司法 …………………………160, 182
ピナル・ポピュリズム …………………47
非破廉恥罪 …………………………95, 100
非犯罪化 ……………………………31, 38
秘密申立て権 ……………………………246
フェリ草案 ………………………………29
4D主義 …………………………………31
不寛容（ゼロ・トレランス）…………36
付審判 ……………………………………9
復権 ………………………………………145
物理的保安 ………………………………241
不定期刑 …………………………102, 207
不服申立て ………………………222, 244
ブライトウェル懲治場 …………………80
不良措置 …………………………………265
プロベーション（型）…………248, 261
分化的接触理論 …………………………29
分類処遇制（度）…………………215, 223

併科主義 …………………………………127
閉居 ………………………………………243
ペンシルバニア制 …………81, 95, 214, 218
保安 ………………………………………241
保安処分 ……………………………7, 125, 274
報酬物件 …………………………………118
法の支配 …………………………217, 244
防犯ボランティア ………………………65
保護観察 ………128, 194, 207, 258, 261, 274
保護観察官 ………………………………251
保護原理（パターナリズム）…39, 133, 135,
　204, 262
保護司 ……………………………………251
保護処分 …………………………………128
保釈 ………………………………159, 274
補習教科指導 ……………………………229
没収 ………………………………………103
補導援護 …………………………………262
補導処分 …………………………………131
ポリスパワー ……………………133, 135

[ま]

麻薬特例法 ………………………………119
民業圧迫論 ………………………………232
民刑分離 …………………………………106
無規範状態（アノミー）………………30
無罪推定 …………………163, 171, 173, 191
名誉刑 ………………………………71, 139
面会 ………………………………………235
申出に基づく作業 ………………………231
目的刑論 …………………………………201
モラル・パニック ………………………31

[や]

破れ窓（割れ窓）理論 ………………36, 64

事 項 索 引　　281

優遇措置 ……………………………… 227

［ら］

烙印押し（スティグマ）………………… 8
ラベリング・アプローチ ………………30
リーガル・モラリズム ………………… 100
リスク社会 ………………………………47
リスク・ニード・応答性モデル………210
略式請求 ………………………………… 6
略式手続 ……………………………110, 180
留置施設 ……………………………… 161
量刑 …………………………………… 186
量刑傾向 ……………………………189, 192
量刑検索システム ……………………… 191
量刑相場 ……………………………9, 189
良好措置 ……………………………… 265
両罰規定 ……………………………… 108
累進処遇制（度）……………………215, 223
労役場留置……………………………113, 273

[著者紹介]

武内 謙治（たけうち・けんじ）

1971年　熊本県に生まれる
2000年　九州大学大学院法学研究科博士後期課程修了、博士（法学）
現　在　九州大学大学院法学研究院教授
主著：『少年法講義』（日本評論社、2015年）、『少年司法における保護の構造』（日本評論社、2014年）、（編著）『少年事件の裁判員裁判』（現代人文社、2014年）、（共編著）『刑罰制度改革について考えておくべきこと』（日本評論社、2017年）ほか。

本庄　武（ほんじょう・たけし）

1972年　福岡県に生まれる
2001年　一橋大学大学院法学研究科博士後期課程修了、博士（法学）
現　在　一橋大学大学院法学研究科教授
主著：『少年に対する刑事処分』（現代人文社、2014年）、（共編著）『刑罰制度改革について考えておくべきこと』（日本評論社、2017年）ほか。

けいじ せいさくがく
刑事政策学

2019年12月20日　第1版第1刷発行
2023年2月20日　第1版第3刷発行

著　者　武内謙治・本庄　武
発行所　株式会社日本評論社
　　　　〒170-8474　東京都豊島区南大塚3-12-4
　　　　電話　03-3987-8621（販売）　　-8592（編集）
　　　　FAX　03-3987-8590（販売）　　-8596（編集）
　　　　振替　00100-3-16　https://www.nippyo.co.jp/
印刷所　平文社
製本所　井上製本所
装　幀　林　健造
検印省略　© K. Takeuchi, T. Honjo 2019
ISBN 978-4-535-52380-7　　Printed in Japan

JCOPY 〈(社) 出版者著作権管理機構　委託出版物〉
本書の無断複写は著作権法上での例外を除き禁じられています。複写される場合は、そのつど事前に、(社) 出版者著作権管理機構（電話03-5244-5088、FAX03-5244-5089、e-mail:info@jcopy.or.jp）の許諾を得てください。また、本書を代行業者等の第三者に依頼してスキャニング等の行為によりデジタル化することは、個人の家庭内の利用であっても、一切認められておりません。

現実に立ち向かい「知」の力を求める読者へ
理論知と実践知の饗宴、少年法の世界へようこそ

法セミLAW CLASSシリーズ

少年法講義

武内謙治[著]

少年法の世界を生き生きと描き出す本格的な教科書。歴史的かつ実証的な視点から、法の理念、仕組み、体系を丁寧に説き起こす。　■定価4,730円(税込)

なぜ、刑事裁判は生きているのか
裁判員裁判制度は何をもたらしたのか

刑事裁判は生きている

門野 博[著]

犯罪の事実認定の要となる重要テーマについて、近年の刑事裁判の変革の歩みをたどり、実務の到達点と、今なお残る課題を論じる。　■定価4,290円(税込)

日本評論社
https://www.nippyo.co.jp/